Nós familiares

A terapia como ela é

Capa: Marcelo Bicalho
Revisão: Júnia Carvalho

Dados Internacionais de Catalogação na Publicação (CIP)
(Câmara Brasileira do Livro, SP, Brasil)

M722n

Molina-Loza, Carlos Arturo, 1950 –
Nós familiares : a terapia como ela é / Carlos Arturo Molina-Loza - Belo Horizonte : ArteSã, 2004.
xvi, 248 p. ; 16 x 23 cm.

ISBN 85-88009-09-9

1. Psicoterapia de família 2. Psicoterapia de família – Estudo de casos 3. Terapeuta e paciente
I. Título

04-3403 CDD-616.89156

Índices para catálogo sistemático:

1. Terapia familiar : Ciências médicas
616.89156

ArteSã: Rua do Ouro, 136 – 1006
30220-000 Belo Horizonte, MG
Secretaria e administração: Janice Silvério
Fone-fax [55] [31] 3227 14 53
molina_l@uol.com.br

Carlos Arturo Molina-Loza

Nós familiares
A terapia como ela é

ArteSã

Belo Horizonte

Aos meus clientes
Aos meus colegas psicopedagogos
Aos meus alunos em terapia familiar

Sumário

Descubrir lo desconocido
no es una especialidad de Simbad,
de Érico el Rojo o de Copérnico.
No hay un solo hombre que no sea un descubridor.
Empieza descubriendo lo amargo, lo salado, lo cóncavo,
lo liso, lo áspero, los siete colores del arco
y las veintitantas letras del alfabeto;
pasa por los rostros, los mapas, los animales y los astros;
concluye por la duda o por la fe
y por la certidumbre casi total de su propia ignorancia.

Jorge Luis Borges
Atlas

Palavras liminares

Este livro tem suas raízes em um outro que foi gerado há quase dez anos. Aquele livro havia recebido o nome de Nós familiares. *Não me lembro das circunstâncias exatas mas, poucos dias antes de ser concluído, foi rebatizado e nasceu com outro nome:* Destino familiar, desatino terapêutico. *Lembro-me como se fosse ontem. Escrever, editar e distribuir* Destino *foi, ao mesmo tempo, uma loucura e uma aventura maravilhosa. Quando as pessoas sabiam que encararia a tarefa só, sem nenhum tipo de ajuda, suspiravam e sentenciavam: "Isso não pode dar certo." Eu ficava amedrontado, mas havia feito minha opção. Estava decidido a teimar. Confesso, quando vi todos esses livros da mesma cor, do mesmo tamanho, empilhados na minha frente, tremi. Ser autor é uma coisa. Ser lido, outra.*

Qual seria seu destino? Ficar encalhado como auguravam os mais pessimistas? Ou fazer seu caminho e chegar até os leitores como ousava sonhar eu? Na época, sem medir as conseqüências, arregacei as mangas e parti para a luta. Hoje, retrospectivamente, posso falar do "nosso destino". Depois de tornar-me editor, Destino *guiou meus primeiros passos pelo mundo da distribuição artesanal. Quando havia cumprido sua missão... esgotou-se. Essa é a razão da sua ausência. Por isso deixou de circular por aí. Um dia, quem sabe, talvez decida aceitar o desafio de uma reedição (revista e corrigida, claro). Hoje minha tarefa é outra. Tenho nas mãos sua continuação: este* Nós familiares *que não será rebatizado.*

Por que Nós familiares*? Por dois motivos. Primeiro, porque acredito que quando famílias e terapeutas se unem na busca de novas saídas saudáveis, constituem uma grande família. Uma família amorosa e destemida que não foge do confronto com suas emoções e afetos. Uma família capaz de apoiar-se em seus recursos e potencialidades para vencer suas dificuldades.*

Nós *também porque é assim que muitas vezes nos aparecem as dificuldades: como nós muito apertados que exigem de toda a nossa criatividade e empenho para serem desatados.*

Para escrever Destino familiar, desatino terapêutico *contei com a inestimável ajuda do meu* alter ego. *Ele me fez ouvir sua voz e, amavelmente, colocou-se à minha disposição para auxiliar-me na tarefa da escrita. Sem sua ajuda nunca teria escrito o primeiro livro. Ele continuou ao meu lado e nunca deixou de estimular-me.* "Quando vamos continuar a escrever?" *Foi sua pergunta favorita durante todo este tempo. Com ele fiz os primeiros rascunhos do trabalho que agora apresento. No decorrer das páginas deste livro poderás, novamente, participar das nossas conversas. Lembra-te, este também será um livro aberto. Queremos ouvir tua voz. Com prazer receberemos teus comentários e observações.*

A porta da nossa sala de trabalho está aberta. Entra. Tu és, querido leitor, nosso convidado.

Uma conversa que vem de longe

— Esta conversa está pendente desde que, em meados de 1996, acabamos Destino familiar, desatino terapêutico, *lembras? Naquela ocasião tu tomaste a iniciativa e começaste. Desta feita, quero ser eu quem abre o jogo e inicia a conversa.*

— Ah, então tu vais escrever e eu vou te fazer o tipo de perguntas que tu me fizeste quando escrevemos Destino*?*

— Nada disso, só quero começar. Tenho algumas observações a fazer. Escuta, depois dos comentários recebidos pelo livro, parecer-me-ia bom tirar algumas lições.

— Tudo bem, então começa.

— Obrigado. Da observações dos leitores desprende-se que um dos maiores méritos do trabalho foi o de apresentar um tema interessante e profundo, de uma forma leve e até divertida. Isso os agradou e levou-os a se aprofundarem no tema, sem ter a impressão de lidar com um pesado tratado, um árduo manual.

— Sim, segundo tudo indica, a leitura foi agradável.

— Não foi uma tarefa, foi uma ação...

— Deixa esse tipo de comentário para depois, quando tenhamos explicado o significado disso.

— Está bem. Voltemos ao assunto. Durante tuas palestras para pais sempre frisas a importância do jogo e da brincadeira na aprendizagem das crianças. Concordarias comigo se dissesse que isso também vale para os adultos? É mais fácil assimilar algo leve e bem humorado, do que um calhamaço árduo, mesmo se for algo interessante e profundo.

— Claro, estou de acordo.

— Então, acho que deveríamos ludrificar *mais este novo livro.*

— Ludrificar? Que queres dizer com isso?

— Ludrificar significa tornar mais lúdrico. Sim, já sei, vais dizer: "Não é lúdrico, é lúdico." Cometes um pequeno erro. Ambas as expressões são corretas, são equivalentes. Não basta que escrever seja divertido para ti, deverá ser também divertido para os leitores.

— E tu tens uma idéia de como ludrificar *o trabalho?*

— *Sim. Proponho que além das "Histórias do baú", contes algumas das tuas* "intervencinhas". *Na minha opinião, tens algumas muito interessantes e simpáticas. Elas ludrificariam o trabalho.*

— *Intervencinhas?*

— *Sim. As* intervencinhas *são aquelas que não chegam a ser* intervenções. *As intervenções obedecem a um projeto de conjunto, têm um objetivo tático ou estratégico. As* intervencinhas *são mais simples, ocorrem inesperadamente e contribuem, de forma parcial, para o resultado final.*

— *Legal, então queres algumas dessas* intervencinhas, *contadas em separado, sem necessariamente trazer à tona todo o processo. Tudo bem. Assim faremos.*

— *Fora isso, continuaremos com as nossas* diversas, *tal qual fizemos no primeiro trabalho.*

— *Outra palavra nova!? Que* diversas *são essas?*

— Diversas *ou* diversações *vêm da mistura de diálogo (não é exatamente isso que fazemos) e conversa (ninguém muito equilibrado fica conversando sozinho por aí).* Diálogo + conversa... *dá* diversa. *Isso que fazemos neste momento seria uma das nossas* diversas.

— *Tudo bem. Se pensavas que tinha a intenção de dispensar-te, estavas equivocado. Eu também gosto das nossas* diversas. *E a expressão pode, também, carregar o sentido de diferente. Muito bem. Elas vão continuar.*

— *Há outra coisa. O livro não deverá ter uma seqüência lógica. Os capítulos podem ser lidos independentemente um do outro. Cada um pode ser concebido como uma porta independente de entrada. Por isso, proponho uma divisão em Portas e não em Partes.*

— *Às vezes, como o trabalho de organização do livro é tão complexo, tenho a impressão de que não seriam nem partes nem portas, senão... partos! Mas tudo bem, está combinado. Agora vejamos como ele vai ser construído.*

"Uma onda de desconfiança,
de ódio por vezes,
sobretudo de indignação moral,
levanta-se repetidamente
contra o primeiro inovador."

Max Weber
A ética protestante e o "espírito" do capitalismo

Novas viagens pelo Brasil afora

— Novamente viajaremos pelo Brasil. Mas, antes de mais nada, devemos falar da minha "teoria da tarefa". Ela nos espera por trás da primeira porta... Depois, vou trazer algumas das situações vividas e registradas em diversas localidades.

— Eu havia proposto que abordássemos a questão do fracasso em terapia familiar. Vais ter coragem de fazê-lo? Sei muito bem que esse tema não é do agrado dos terapeutas.

— Prova disso é a flagrante falta de material a respeito. Quando levantaste a questão iniciei uma pesquisa e os resultados foram medíocres. De duas uma: ou nossos colegas não fracassam ou não gostam de abordar o tema.

— Desculpa, o importante aqui não é saber se os colegas fogem dessa reflexão, mas se tu tens coragem de abordá-la. Terias medo de abrir o coração e mostrar tuas fraquezas? Concebes o fracasso como uma mancha indelével na tua folha de serviços?

— Não é nada disso! Fracassar faz parte de jogo. Refletir sobre o fracasso também. E é isso que nos espera por trás da segunda porta: desceremos até Florianópolis onde encontraremos uma família especial que nos deu muitas lições sobre esse assunto. "Se ele não mudá... eu é que vou me mudá" *é um trabalho feito com a família de um jovem excepcional e com a qual, apesar de todos nossos esforços, não conseguimos concluir satisfatoriamente a intervenção terapêutica.*

— Está combinado. E depois?

— Pararemos em Belo Horizonte. Vamos viajar de trem: veremos a família que eu chamava de "família do trem". Ela nos aguardará na terceira porta...

— Família do trem... só o nome dava para suspeitar que se trata de uma terapia mineira.

— Sim, "Um trem na cabeça", relata o trabalho realizado com uma família que nos trouxe um menino terrivelmente danado e que não aprendia nada na escola. Ela constitui um bom exemplo de terapia familiar breve e bem sucedida.

Escuta, antes de encerrarmos o papo queria falar da organização de alguns textos. Eu opto por apresentar as sessões de forma extensa. Pretendo, com isto, evitar a impressão dada por alguns colegas de que suas intervenções, brilhantes, claro, são as responsáveis pelas mudanças ocorridas durante a terapia.

— A mudança é produto de infinidade de pequenas trocas entre a família e os terapeutas e não apenas das intervenções do terapeuta.

— Exato.

— Uma última questão: haverá outras portas?

— Não, mas teremos várias histórias do baú, as quais, como dizes, servirão para ludrificar o texto. A idéia era incluir dois outros textos, "Uma chave *livre do ch voa..." e "Nem vítima, nem sobrevivente, simplesmente... gente!" O primeiro é uma reflexão sobre o uso da metáfora em terapia de família. O segundo aborda o tema do abuso sexual. Trata-se de uma intervenção terapêutica com uma jovem adulta, abusada pelo pai durante a infância.*

— E?

— Esses textos migraram para outros livros. Não vou falar deles aqui (porque os projetos dos quais fazem parte ainda não estão prontos), mas prometo notícias para breve.

— É quando vais falar do teu trabalho com família que estejam às voltas com problemas espirituais...

— Bem lembrado. Em princípio havia pensado incluir aqui a história dos "Macacos verdes fritos", uma família com um menino que previa as coisas e tinha "problemas com os espíritos". Mas como decidi publicar um livro que contivesse exclusivamente trabalhos dedicados a esse tema, resolvi deixar os "Macacos" para fazer parte desse trabalho.

— Como se chama o livro?

— Está quase pronto. O título principal é: O espírito da coisa *e terá um subtítulo.*

— Antes de entrar na matéria devemos lembrar-nos que estes trabalhos, em sua maioria, foram realizados nos anos 80. Já as reflexões foram feitas ao longo dos últimos anos. Algumas das idéias propostas são produto de experiências que vieram depois das intervenções terapêuticas propriamente ditas.

— O mesmo ocorre com boa parte das leituras que enriqueceram a reflexão. Àquelas feitas nos três últimos anos foram incluídas, sob forma de citações, em notas ao final de cada capítulo. Está claro?

— Acho que sim... mas eu quero voltar à "teoria da tarefa", *além dos trabalhos grandes...*

— Tudo começa com uma pequena explanação da uma teoria que, penso, pode ser muito útil para os terapeutas e para as pessoas interessadas nos processos de aprendizagem e crescimento em geral. Vira a página e saberás do que se trata.

PRIMEIRA PORTA

Teoria da tarefa

Qual seria a função dos terapeutas?

Serei eu, porque nada é impossível,
Vários trazidos de outros mundos, e
No mesmo ponto espacial sensível
Que sou eu, sendo eu por 'star aqui?

Fernando Pessoa
Mensagens

Uma teoria com t... minúsculo

— Deixa-me ver se entendi... Insinuas que tens uma *Teoria*, com T maiúsculo, uma proposta explicativa do processo terapêutico?

— Não exageres! Eu não disse que ia fazer uma reflexão filosófica sobre a essência da nossa profissão. Isso é um projeto bem mais ambicioso. (Devo confessar-te, isso sim, há muitos anos uma questão não me sai da cabeça: "Qual poderia ser o fator essencial, o elemento determinante dos processos de mudança?" A existência de abordagens e propostas terapêuticas tão diferentes, e mesmo contraditórias, tem me conduzido à seguinte pergunta: "Existe um elemento comum a todas elas? Haveria, por trás das aparentes diferenças, sugeridas pelas diversas técnicas e teorias explicativas, um 'algo mais' que explicaria sua eficácia?")

— Este parêntese ficou grande. Aproveitemos a idéia. O que te levou a fazer essa reflexão?

— Em primeiro lugar, a leitura de alguns relatos clínicos, sobretudo quando, além da exposição dos resultados terapêuticos, eles incluíam uma reflexão dos porquês explicativos da sua eficácia. Em segundo, a análise das consultorias realizadas com colegas que pertencem a uma linha de pensamento diferente da minha. Muitas vezes, na minha opinião, a mudança ocorrida não tinha origem no fator valorizado pelo terapeuta ao fazer seu relato. O fato de eu ter percebido, nesses casos, uma outra possibilidade, levou-me a pensar que, no meu trabalho, mesmo se identificar claramente um fator de mudança, outras pessoas também poderiam tirar conclusões diferentes.

— Não foi essa a reflexão que apresentaste em "A magia da mudança"? (Molina-Loza, 1991).

—Sim, mas nesse trabalho elaborei apenas metade da questão: uma intervenção terapêutica bem sucedida pode ser explicada a partir de epistemologias diferentes. A outra metade seria muito mais interessante: "A essência terapêutica — o fator curativo, o elemento transformador — seria algo que todas as abordagens terapêuticas têm em comum?"

— Vou te fazer uma proposta. Voltemos agora à questão da *"teoria da tarefa"* e, prometo, mais à frente, lanço a questão filosófica: "Esconde-se por trás da diversidade de técnicas e teorias uma essência, um fator único, que explicaria a eficácia terapêutica?"

— Não compliques minha vida. Eu só quero expor uma série de idéias muito simples e despretensiosas, cujo objetivo é facilitar o trabalho dos nossos colegas. Chamei de teoria, mas foi mais uma brincadeira. Não pretendo e nem vou elaborar uma teoria coerente, que depois teria de divulgar e defender. De jeito nenhum. Eu apenas reflito sobre o meu trabalho e não almejo descobrir leis gerais imutáveis.

— Lembras Steve De Shazer (1996) quando diz: "Eu não tenho teorias, as teorias atrapalham o terapeuta."

— Nesse ponto concordo com ele. Quando disse isso, eu retruquei: "É curioso, li um par de livros de um De Shazer (1986a, 1986b), mas esse deve ser seu irmão, porque esse De Shazer expõe uma série de teorias — a teoria binocular da mudança, por exemplo — que, por sinal, pareceram-me muito interessantes." Sabes qual foi sua resposta? "Ah! Mas essas são teorias pequenas, não atrapalham. Eu não preciso comprovar a teoria binocular da mudança em cada atendimento. Se não for adequada ao trabalho que estou fazendo, não importa, não a utilizo. Eu falo das grandes teorias, daquelas que 'obrigam' o terapeuta a agir de uma forma específica." (De Shazer, 1996.)

— E qual é tua teoria?

— Bem, aquela da qual falei em São Paulo e Gramado (Molina-Loza, 1995, 1996b). Poderia dividi-la em duas partes. Ambas têm relação com a tarefa terapêutica. A primeira é uma reflexão sobre o que leva as pessoas a procurarem uma terapia: a dificuldade que não conseguem resolver. A segunda tem a ver com a questão que levam ao terapeuta: *"O quê fazer?"* E, conseqüentemente, com *a resposta* proposta pelo terapeuta à demanda dos clientes.

— Vamos com calma. Expõe as duas partes, uma por uma. Talvez fique mais claro.

A vida é feita de ações e tarefas

— Está bem. Tentarei ir devagar. Ao refletir a respeito da atividade humana, fiz uma descoberta: ela pode ser *artificialmente* dividida em *ações* e *tarefas*. Isto é, tudo que o ser humano faz na sua existência pode ser entendido como uma ação ou uma tarefa. Mas essa divisão só fará algum sentido se concordarmos na definição de cada uma delas.

— Sugiro que consultemos o dicionário *Aurélio* e resolvamos de imediato essa questão. Vejamos as definições:

> **Ação.** [Do lat. *actione.*] S. f. **1.** Ato ou efeito de atuar; atuação, ato, feito, obra. **2.** Manifestação de uma força, de uma energia, de um agente. **3.** Maneira como um corpo, um agente, *atua sobre outro efeito: ação do tempo; ação de um medicamento; ações químicas.* **4.** Capacidade de mover-se, de agir: *Ao ser-lhe apontado o revólver, ficou sem ação; A má notícia deixou-o sem ação.* **5.** Movimento, funcionamento: *pôr em ação o motor do carro.* **6.** Modo de proceder; comportamento, atitude: *Pratica más ações.* **7.** Exercício da força, do poder de fazer alguma coisa. **10.** Ocorrência, acontecimento, sucesso.

— Observa como, no caso da ação, trata-se de um fazer em si, que não é fruto da obrigação. Na tarefa teremos um *"ter de"*, coroado por uma conseqüência, que pode ser uma punição:

Tarefa. [Do ár. ocidental *Taïahâ.*] *S.f.* **1.** Trabalho que se deve concluir em determinado prazo e, algumas vezes, por castigo. **2.** Modalidade de contrato de trabalho em que se calcula o salário pelo serviço executado; empreitada.

— Está claro. A ação seria aquilo que fazemos porque fazemos e a tarefa aquilo que fazemos porque *temos de* fazer. Do contrário deveremos arcar com as conseqüências, geralmente uma punição.

— Perfeito. Agora quero chamar tua atenção para um outro fato curioso: as ações podem transformar-se em tarefas e as tarefas em ações!

— Todas, indistintamente?

— Vou tentar demonstrá-lo. Dá-me um exemplo de ação. Verás como é transformável em tarefa.

— Comer.

— Para quem *tem de* fazer uma dieta, comer passa a ser uma tarefa, em muitos casos de difícil realização. Para as crianças, com freqüência, a verdura ou a sopa estão mais para tarefa do que para ação.*

— Dirigir.

— É tarefa para um motorista de serviço. Pode ser ação, também para ele, no domingo, quando passeia com sua família.

— Dormir.

— Dormir não é tarefa quando não se tem insônia, nem a obrigação de levantar-se no dia seguinte bem cedo para trabalhar, mas...

— Está claro.

— Queres ver agora como as tarefas também podem transformar-se em ações?

— Vamos lá. Estudar.

— Eu estudo pelo meu próprio desejo, não por obrigação. Faço-o por puro prazer.

— Cozinhar.

— Não é tarefa quando se cozinha de vez em quando, por prazer.

— Parece lógico. Mas, uma vez que divides a vida... ou melhor, as atividades humanas, em ações e tarefas...

---

* Para uma simpática história de sopa, verduras e tarefas ver: "Molina, devolve meu dinheiro", mais adiante nas páginas 146 a 148.

Uma fórmula algébrica

— Agora vem a segunda parte, a mais interessante. Para explicá-la de forma mais clara terei de propor uma fórmula de aspecto algébrico. Vamos ver o que te parece:

$$\forall T > P \Rightarrow F_1 \Rightarrow F_2 \Rightarrow P' < P$$

— Muito interessante e, sobretudo, perfeitamente claro!

— Espera um segundo. Se me deixares colocar as equivalências dos símbolos, poderás entender a formulação:

Para toda (∀) tarefa (**T**) maior que a pessoa (**P**), teremos como resultado um fracasso (**F_1**), o qual trará como conseqüência uma frustração (**F_2**). A resultante será que, após a seqüência, a pessoa sairá modificada (**P'**) e ficará menor que a pessoa original (P)[1]

— Assim ficou melhor...

— Eis o complemento da fórmula:

$$\forall T < P \Rightarrow S_1 \Rightarrow S_2 \Rightarrow P' > P$$

Para toda (∀) tarefa (**T**) menor que a pessoa (**P**), teremos como resultado um sucesso (**S_1**), o qual trará como conseqüência uma satisfação (**S_2**). A resultante será que, depois da seqüência, a pessoa sairá modificada (**P'**) e ficará maior que a pessoa original (**P**).

T: Tarefa, **P**: Pessoa, **F_1** : Fracasso, **F_2**: Frustração, **P'**: Pessoa modificada, **S_1**: Sucesso, **S_2**: Satisfação

— Muito bem. Mas essa formulação implicaria em uma afirmação com a qual eu não concordo: segundo ela, todas as experiências de fracasso seriam nocivas para o crescimento das pessoas.

— Tens toda razão, isso é incorreto. Pouco tempo após formular a teoria, e quando ainda me deleitava com sua aparente parcimônia,[2] lembrei-me de uma frase ouvida em diversas oportunidades: "Foi com os meus fracassos que mais aprendi." Isso é reconhecido por quase todo mundo. A experiência do insucesso é base necessária para o crescimento pessoal.

— Base necessária, mas insuficiente.

— Exato. Isso me fez reiniciar o processo de busca. Havia dois caminhos. Um de *descida*, curto e fácil: descartar, sem delongas, *minha teoria*. Reconhecer que não servia e... jogá-la fora.

— O outro caminho representava uma *subida*, longa e difícil.

— Como sabes, "na descida todo santo ajuda... mas é na subida que a coisa muda". A questão que se colocava era: "Como conciliar as duas afirmações em uma só teoria?"

Achei uma pista em uma afirmação de Seligman: *"A privação da experiência de lidar com o insucesso produz desamparo (...) O jovem que não adquirir nenhuma experiência no trato da ansiedade e da frustração, que nunca passou por um insucesso para depois se recuperar, será incapaz de lidar com o fracasso, o tédio ou a frustração quando isso se tornar crucial. Sucesso demais, uma vida excessivamente fácil, faz da criança um ser desamparado quando finalmente aparece o primeiro fracasso."* (Seligman, 1977, [144]*).[3]

— Perfeito, mas isso significa que precisamos reformular a teoria: não é o fracasso em si, como havias afirmado, que leva a pessoa a ficar menor.

— É algo mais.

Aprender a fracassar

— Tens uma idéia do que seria esse "algo mais"?

— Vamos tentar refletir. Creio que as idéias de Seligman poderão ser de grande utilidade para a reformulação da *teoria da tarefa*. No seu extraordinário trabalho sobre o desamparo, ele insiste várias vezes em duas idéias básicas. De acordo com a primeira, não é o choque em

---

* Os números entre colchetes remetem às páginas do livro em que se encontra a citação.

si que produz o desamparo, mas sim a aprendizagem de que esse choque é incontrolável. *"A condição suficiente para produzir fracasso na fuga não é o trauma em si, mas sim a aprendizagem de que nenhuma resposta, qualquer que seja — nem ativa nem passiva — pode controlar o trauma."* (Seligman, 1977, [27].)

— Antes de passar à segunda idéia, gostaria de chamar a atenção para dois elementos da fala dele: a *incontrolabilidade* da experiência e a *aprendizagem* dessa mesma incontrolabilidade durante a própria experiência.

— Muito bem, agora vamos para a segunda idéia: *"Quando enfrenta eventos nocivos sobre os quais não tem controle, acontece com o homem (...) [que] sua motivação para responder sofre drástica redução. (...) O que se aprende quando o meio ambiente é incontrolável tem profundas conseqüências sobre o repertório comportamental como um todo." (Op. cit.* [29].)

— Teríamos, pois, um terceiro elemento: a *redução da motivação* para responder e sua irradiação para além da experiência específica.

— A experiência do fracasso em uma situação traumática incontrolável ensinaria ao ser humano que, por mais que ele faça, não pode influir no rumo dos acontecimentos. Isto provocaria uma diminuição da sua motivação e traria como conseqüência problemas cognitivos e distúrbios emocionais. (*Op. cit.* [51-52].)

— Esses novos elementos permitem reformular a teoria. A tarefa maior e incontrolável, que transmite a mensagem da incapacidade de se modificar a situação, é traumática. Ela diminui tanto a pessoa como sua motivação: "Nada do que eu faça pode mudar as coisas, não vale a pena tentar."

— Dito de novo, com as palavras de Seligman: *"O que produz a auto-estima e a sensação da competência e protege contra a depressão, não é apenas a qualidade absoluta da experiência, mas a percepção de que foram as próprias ações que controlaram a experiência." (Op. cit.* [92].)

— Se continuarmos com a reformulação e baseados nos novos elementos teríamos que:

$$\forall Ti > P \Rightarrow F_1 \Rightarrow F_2$$

Para toda tarefa incontrolável (**Ti**) maior do que a pessoa (**P**) teremos um fracasso (**F1**) que provocará uma frustração (**F2**).

— Mas, nessas circunstâncias, não teríamos reunido as condições para uma aprendizagem negativa ("nada do que eu faça poderá modificar a situação") o que, como vimos, seria condição necessária para a diminuição da pessoa (P), postulada anteriormente. O elemento faltante é a repetição. Porque uma única experiência incontrolável poderia não ser suficiente para a pessoa aprender que não adianta tentar fazer nada. *É a repetição da tarefa maior e incontrolável que conduz à aprendizagem da impotência, à perda da motivação.* Isto é, a uma pessoa modificada e menor. Assim, teríamos que:

$$\forall (Ti)^n > P \Rightarrow F_1 \Rightarrow F_2 \Rightarrow (\alpha -) \Rightarrow P' < P$$

$(Ti)^n$: Tarefa incontrolável repetida **n:** inúmeras vezes, **P**: Pessoa, **F_1**: Fracasso, **F_2**: Frustração **(α–)**: aprendizagem da impotência **P'**: Pessoa modificada, menor do que a pessoa original **P**.

— Se traduzirmos, temos que para toda ($\forall$) tarefa incontrolável, (**Ti**) repetida inúmeras vezes ^{n}, que for maior do que a pessoa, teríamos um fracasso (**F_1**) que produziria uma frustração (**F_2**), o que provocaria uma aprendizagem negativa de impotência (α–), que levaria a pessoa modificada pela experiência (**P'**) a ser menor do que a pessoa original (**P**).

— Muito bem. E como fica a outra seqüência?

— Para falar da outra seqüência, precisaríamos lembrar várias coisas. Primeiro: a importância da crença da pessoa em relação aos motivos do fracasso. Seligman (1977) relata a seguinte experiência de pesquisa em laboratório: dois grupos enfrentaram situações de desconforto durante a realização de uma tarefa. Eles foram divididos de acordo com uma simples diferença: os membros de um grupo tinham direito, caso o desejassem, de suprimir a fonte do dito desconforto. Os membros do outro grupo eram submetidos ao mesmo desconforto sem possibilidade de modificação. Os membros do grupo 1, mesmo sem modificarem a situação, pelo simples fato de achar que poderiam fazê-lo, tiveram desempenhos superiores na resolução da tarefa. [143]

Ou seja: se a pessoa acreditar que o insucesso se deve a uma utilização inadequada dos seus recursos pessoais (a uma deficiência pessoal interna, que pode ser mudada) e não a uma suposta impossibilidade externa, isto é, a uma também suposta imutabilidade da realidade, esse mesmo insucesso poderá servir para o seu crescimento. Essa realidade externa pode ser vivenciada como controlável *("Eu posso fazer algo para que ela mude")* ou como incontrolável *("Nada do que eu possa fazer mudará qualquer coisa nessa realidade").* No primeiro caso teremos possibilidade de crescimento, no segundo não.

— Resumindo: o acúmulo do dito fator (α–) conduziria à afirmação "não adianta tentar, nada posso fazer para mudar a situação".[4]

— Sim, o choque traumático que se aprende a controlar não provoca desamparo (diminuição da motivação para a ação), nem aprendizagem da impotência (Seligman, 1977 [22-23]), mas contribui para o crescimento da pessoa.

— Por isso quando uma pessoa diz "eu posso fazer algo para mudar a situação" é porque suas experiências positivas lhe permitiram um acúmulo do dito fator (α+).

— Exato. Agora vejamos como ficariam os complementos da nossa fórmula.

$$\forall(Tc) < P \Rightarrow S_1 \Rightarrow S_2 \Rightarrow (\alpha+) \Rightarrow P' > P$$

Para toda (∀) tarefa controlada pela pessoa (**Tc**), que seja menor do que ela (**P**), teremos um sucesso (**S_1**) que provocará uma satisfação (**S_2**) que reforçará a aprendizagem da confiança nos próprios recursos (**α+**). Assim, a pessoa que sai da seqüência (**P'**) será maior do que a pessoa original (**P**). Também teríamos que:

$$\forall(Tc) > P \Rightarrow F_1 \Rightarrow (\alpha+)\ t_1 \Rightarrow S_1 \Rightarrow S_2 \Rightarrow P' > P$$

Toda tarefa (∀) cujo controle esteja (**Tc**) nas mãos da pessoa, poderá ser maior do que a pessoa (**P**) e conduzir ao fracasso (F_1). Mas sua crença nas suas possibilidades e recursos (**α+**) poderá permitir a realização de uma nova tentativa (t_1) que, coroada de sucesso (S_1), provocará uma satisfação (S_2) que se traduzirá pelo crescimento da pessoa, isto é, a pessoa modificada (**P'**) será maior do que a pessoa original (**P**).

— Muito bem, mas me parece indispensável insistir na idéia de que só a experiência prévia de sucesso (a acumulação do fator α+) permite que os novos desafios sejam encarados com chances de sucesso.[5]

— Este seria o lugar indicado para lembrar que quando o bebê é impedido de realizar acúmulo originário de experiências de sucesso, as experiências de fracasso podem ser vivenciadas como devastadoras.[6]

E de que maneira isso tudo tem a ver com o trabalho terapêutico?

— Está na hora de darmos mais um passo. Que utilidade teria isso tudo para o nosso trabalho? Ao refletir em termos dessa "teoria", chego à simples conclusão de que todo o nosso trabalho poderia ser analisado a partir desse ponto de vista. Responde à seguinte pergunta: Por que as pessoas nos procuram?

— Porque enfrentam dificuldades, é óbvio!

— Está bem. Nesse caso, dificuldade pode significar não conseguir realizar algo. Assim, o fracasso em uma tentativa teria adquirido uma importância vital. Dito em outras palavras, no contexto da *"teoria da tarefa"*...

— Dirias: a pessoa sente-se menor do que a tarefa e após algumas tentativas frustradas de realização, passou a acreditar que não tinha controle sobre a situação, isto é $\mathbf{P < (T_i)^n}$.

— Exato! E a partir daí podemos avançar mais um pouco. Lembra: os terapeutas de família não recebemos apenas indivíduos. Podemos dizer que, para nós, **P** seria equivalente tanto ao indivíduo quanto ao casal ou à família. Se o nosso trabalho nos confronta sistematicamente com a questão de uma ou mais pessoas que se sentem menores do que a sua tarefa (que lhes parece incontrolável), poderíamos dizer que a tarefa do terapeuta consiste na resolução de:

$$P < (T_i)^n.$$

Tarefa do terapeuta: a pessoa (o cliente do terapeuta) **P** é menor do que sua tarefa **T** incontrolável **i** repetida ^{n} vezes.

"Ninguém muda ninguém"

— Se nos atermos no que diz o ditado popular: *"Ninguém muda ninguém"...*

— Com o qual é muito fácil concordar.

— Teríamos que nossa tarefa não consiste em tentar modificar **P.**

— O qual nos deixa somente uma opção: mudar **T**! Excelente. Quer dizer que a função do terapeuta — ou seu objetivo — seria modificar **T**.

— E quando falas de modificar, utilizas a palavra certa. Porque vejo duas possibilidades de modificação de **T**. A primeira seria de **T** para T, isto é, diminuir a tarefa. A segunda seria de **T** para *t*.

— Isto merece uma explicação.

— Perfeito. A modificação da tarefa — que pode ser conseguida através da sua diminuição — traria como conseqüência que ela deixasse de aparecer para a pessoa como fora do seu controle. Uma tarefa controlável, e solucionável pela pessoa, permitiria o rompimento com a seqüência (**n**) de fracassos. Por outro lado, também podemos conseguir o mesmo objetivo se mudarmos a tarefa por completo. Pensa bem, vamos repetir o raciocínio. Quando uma pessoa fracassa diante de uma dificuldade (e quanto mais ela fracassa pior é), mais chances tem de sentir-se *incapaz*, de aprender a ser impotente. À medida que fracassa, a pessoa se convence de que só pode fracassar. Isto é, aprende a fracassar.

Não é infreqüente ouvir as pessoas dizerem: "Eu não tenho sorte", "Comigo sempre ocorre que...", "Eu nunca consigo..." e assim por diante. Quando encaram a tarefa, essas pessoas já o fazem com uma expectativa de fracasso. E os fracassos acabam por ser a confirmação dessa mesma expectativa. (Uma criança que sofre uma derrota, seguida por outras nove derrotas, adquire um sentimento de derrota. Este precede o enfrentamento da tarefa e, ao menor indício de fracasso, ela já está derrotada, Seligman, 1977, p. 126.)[7]

Mas quando consegues que uma pessoa aborde uma tarefa completamente diferente, para a qual não dispõe de um aprendizado prévio de fracasso, as possibilidades de sucesso são muito maiores.

— Sim, mas apenas conseguirias que a pessoa realizasse uma tarefa não relacionada com aquilo que a preocupa. Com isso não se avançaria grande coisa.

— Sim e não. Primeiro porque a tarefa proposta pode ser, de alguma maneira, uma metáfora da dificuldade maior que não se consegue vencer. A realização da tarefa diferente, "metafórica", contém uma poderosa mensagem de realização. Por outro lado, podes constatar que a satisfação da realização funciona como uma nova aprendizagem: a pessoa, ao realizar a tarefa modificada, tem o prazer da realização. Da mesma forma que se aprende a fracassar, aprende-se a ter sucesso. Quando se tem sucesso na tarefa modificada, então pode-se encarar a tarefa antiga de forma diferente.

— Isto é, a tarefa ficaria do mesmo tamanho, mas a pessoa teria crescido e passado a ser, por conseguinte, capaz de resolver aquela tarefa que foi maior do que ela e sobre a qual não tinha controle. O resultado seria: **(P+(α+) > Tc).** (A pessoa mais sua experiência de sucesso seria maior do que a tarefa controlada.)

— Muito bem!

— Mas agora, mesmo depois de termos enriquecido a questão do tamanho da tarefa com os elementos de incontrolabilidade e aprendizagem do fracasso, creio que, em muitos casos, a *"teoria da tarefa"* tem um furo (e grande). Imagina uma tarefa **T** muito menor do que **P**. Nesse caso a realização seria muito fácil e não traria satisfação nem crescimento.

— Ótimo. Tua observação permite-me fazer um esclarecimento. Não podes esquecer o dito sobre a atividade humana. Quando **T** é muito menor do que **P**, deixa de ser **T** para ser **A**!

— Como assim?

— Lembra, **A**... significa Ação.

— Tens razão, está claro. O terapeuta não proporia tarefas tão pequenas que fossem apenas ações, algo que se faz simplesmente porque se faz, e sim tarefas com um certo grau de dificuldade mas controláveis e, por conseguinte, realizáveis. Muito bem. Mas, de qualquer forma, gostaria que ilustrasses isso com muitos exemplos. Para que não fique uma teoria "teórica", insossa, e sim estimulante. Procede, então, à demonstração da utilidade da teoria na prática quotidiana do consultório.

"Alguém muda alguém..."

— Antes de passar aos exemplos, quero agregar algo. Depois de elaborar essas idéias, descobri que há *um* caso em que o *"ninguém muda ninguém"* não se aplica. Existe uma situação em que *"alguém pode mudar alguém"*. Percebes? Isso é muito importante!

— A própria pessoa?

— Justo. Eu posso mudar *a mim mesmo*. E quando estou confrontado com as pessoas que têm uma dificuldade, minha tarefa fundamental consiste em mudar-*me* e, só secundariamente, em mudar a tarefa das pessoas. Preciso descobrir qual é a tarefa que tenho condições de resolver e crescer ao fazê-lo. Será a minha transformação pessoal que servirá no processo de modelização da mudança das outras pessoas.

— E como colocarias isso, concretamente, em termos da tarefa do terapeuta?

— No início, a tarefa do terapeuta (**T^t**) parece-me voltada para a redução da tarefa (**T**) do cliente, sua transformação em algo controlável que possa ser resolvido, para que deixe de ser menor do que ela. Assim:

$$\mathbf{T^t = (P + (\alpha +) > Tc)}$$

De tal forma que o nosso objetivo seria sempre conseguir que essa seqüência se transformasse em uma diminuição da tarefa (T) da pessoa (**T → T**), diminuição que, claro, envolve a possibilidade de controle (**c**) por parte da pessoa e permite uma nova aprendizagem (α+). Assim:

$$(P + (\alpha +) > Tc\,(\tfrac{1}{2}))$$

Ou também:

$$(P + (\alpha +) > Tc/2)$$

A pessoa (**P**), que aprendeu a utilizar suas capacidades (α+), passaria a ser maior do que sua tarefa controlável (**Tc**), porque esta, ao ser multiplicada por ½, seria dividida pela metade. A proposta de tarefas metafóricas realizáveis provocaria um efeito semelhante àquele conseguido ao dividirmos a tarefa controlável por dois (**Tc/2**), ou seja, ao se propor uma parcela da mesma tarefa.

Ao final, concluo: a tarefa do terapeuta (T^t) pode ser definida como a elevação à potência **n** da própria pessoa do terapeuta:

$$T^t = (P^t)^n$$

A tarefa do terapeuta (T^t) será a busca de um crescimento acelerado pela relação com os seus clientes. Dito em outras palavras: a pessoa do terapeuta (P^t), multiplicada pelo número ^{n} de confrontos terapêuticos com os seus clientes, traria como conseqüência uma mudança no próprio terapeuta e na relação com os seus clientes, o que, por sua vez, provocaria uma mudança nos mesmos clientes.

Motivação extrínseca e motivação intrínseca

— Voltamos à afirmação de que o terapeuta — sua mudança — vem a ser o fator central do processo terapêutico de mudança e de que as mudanças dos seus clientes serão conseqüência do crescimento dele (Molina-Loza, 1996b).

— Exato. Mas isso exige maiores desenvolvimentos.

— Falamos, de novo, de motivação... Vamos precisar assumir uma posição em relação à questão. Em primeiro lugar, aceitaremos que, segundo a sua localização, haverá dois tipos de motivação: a intrínseca e a extrínseca, como proposto por Deci & Flaste, (1998). Acompanhemos esses autores no desdobramento dessa idéia.

Estamos motivados intrinsecamente quando fazemos aquilo que fazemos pela atividade em si, pelo prazer da sua realização, sem esperar recompensas externas. E obedecemos a uma motivação extrínseca quando nos propõem um reforço externo para que façamos aquilo que temos de fazer.

Uma das constatações mais surpreendentes, ao menos para mim, é a de que a motivação extrínseca traz como conseqüência a morte da motivação intrínseca: quando uma pessoa motivada intrinsecamente para fazer algo (faz por desejo, por prazer e não por um outro objetivo) recebe uma recompensa pelo que fez, tem tendência a perder a motivação intrínseca e passar a depender da motivação extrínseca. (*Op. cit.* [32-33].)

— E como se explica isso?

— Ouve os autores. Para eles "qualquer ocorrência que diminua a sensação de autonomia das pessoas, que as faça sentir-se controladas, deve diminuir sua motivação intrínseca e, bem provavelmente, terá outras conseqüências negativas". (*Op. cit.*, p. 40)

— De certa forma, retornamos à idéia de *controle* proposta por Seligman (ver *supra* pp. 8-9).

— Sim, e segundo Deci & Flaste (1998), o simples fato de proporcionar uma "possibilidade de escolha" à pessoa, permitiria que ela "fortalecesse sua motivação intrínseca" [43]. Percebes como ambas as propostas confluem? Possibilidade de controle e possibilidade de escolha? Se o direito à escolha fortalece a autonomia da pessoa, a função do terapeuta seria também a de contribuir para que as pessoas tomem decisões e façam escolhas nas situações onde antes se sentiam sem opções.

— Ou seja, quando estavam diante de tarefas incontroláveis, que as haviam derrotado. Muito bem, agora surgiu uma dúvida. Se for verdade que a motivação extrínseca atenta contra a motivação intrínseca, como fica o fato de um terapeuta (motivado intrinsecamente pelo afeto que tem pelos seus clientes) receber um reforço extrínseco (um pagamento pela sessão)? Isso não mataria sua motivação?

— Bem pensado. Essa é uma das contradições da nossa civilização. E creio que os terapeutas devemos estar muito conscientes desse risco: trabalhar só porque para isso nos pagam. Isso não representaria apenas a morte da motivação intrínseca. Representaria a morte do terapeuta como tal.

Vou te dar o exemplo dos desportistas para que vejas como realmente a motivação extrínseca pode atentar contra a intrínseca. Recentemente (25-01-98) celebrou-se a reabertura do Morumbi com um jogo entre o São Paulo e um combinado Flamengo-Santos. Poucos minutos antes da partida, Romário saiu do estádio porque os organizadores não concordaram em pagar-lhe o que ele exigia pelo jogo: 20.000 dólares. Esse Romário baixo astral, que só joga se recebe esse cachê, é muito diferente do Romário que organiza os eventos de *futvolei*, nos quais não recebe um tostão e sempre é um dos maiores entusiastas.

Precisamos aprender a conviver com essa contradição e, no quotidiano, buscar formas de motivação intrínseca que favoreçam o desenvolvimento da pessoa. Quando se ensina a uma criança a busca de recompensas em troca do que deveria fazer espontaneamente (realização de uma atividade qualquer como fazer as tarefas escolares, estudar música, praticar um esporte, por exemplo), sói ocorrer que ela passa a procurar as ditas recompensas diretamente, mesmo que para isso tenha de usar atalhos que contradigam a realização da atividade referida. Nesse caso, perde-se a motivação intrínseca, cuja característica principal seria que ela constitui sua própria justificativa (*op. cit.*, [55]).

Uma das opções consiste em utilizar a recompensa extrínseca de forma não controladora, de modo que fortaleça a possibilidade de escolha da pessoa e, por conseqüência, sua autonomia (*Op. cit.*, [44]).

— Podes dar um exemplo disso.

— Muito bem. Vejamos a utilização do elogio. O impacto que ele vai causar em uma pessoa depende diretamente da sensação que ela terá da qualidade do mesmo. Se o elogio for percebido como controlador, ele não fortalecerá a motivação intrínseca. Se ele for percebido como não controlador, servirá como estímulo para sua motivação intrínseca e para aumentar sua autonomia.

— Como isso se aplica na situação do terapeuta diante do seu cliente?

— De muitas formas! "As pessoas precisam se sentir competentes e autônomas para que a motivação intrínseca seja mantida (...) para serem intrinsecamente motivadas, precisam perceber a si próprias como competentes e autônomas, precisam sentir que são eficazes e autodeterminadas. (...) Quando as pessoas têm êxito em uma atividade, as pesquisas mostram que provavelmente elas percebem a si próprias como seres mais competentes." (*Op. cit.* [89].) Nossa tarefa fica, assim, clarificada. É tanto o prazer que *eu* encontro na relação com esse cliente (o privilégio de ser testemunha do seu crescimento), quanto a mudança que ocorre na minha vida, que me estimulam. Interajo com ele e lhe devolvo, verbalmente, minha apreciação pelo seu crescimento e pelos seus progressos. O terapeuta não depende diretamente do progresso do seu cliente, depende do seu próprio crescimento pessoal. E ele, como pessoa, passa a ser estímulo de crescimento para o outro. Minha motivação intrínseca, nessa relação, torna-se envolvente e funciona como um convite que — respeitando a autonomia da outra pessoa — propõe certos desafios controlados (tarefas menores que visam a romper a inércia de uma aprendizagem de paralisia). Estes desafios, ao serem aceitos pelo cliente, abrem caminhos para novas descobertas pessoais.

Este tema tem para nós, terapeutas, uma importância crucial. Às vezes eu tenho a impressão de que as pessoas poderiam ser divididas — segundo sua posição quanto à origem daquilo que ocorre em suas vidas — em duas metades: aquelas que se consideram vítimas de algum fator ou elemento que poderíamos catalogar como externo ("fiz aquilo porque estava bêbado", "é genético, meu pai, minha mãe eram assim", "estava em período de tensão pré-menstrual", "você me irritou", "tu me provocaste", "não tenho sorte", "comigo sempre acontecem essas coisas" e por aí afora) e aquelas pessoas que assumem que sua vida é o produto das decisões que tomaram (ou, se quiseres, que deixaram de tomar, o que não deixa de ser uma decisão).

Se acreditarmos que o trabalho do terapeuta consiste em contribuir para que as pessoas "assumam a responsabilidade pela sua existência e pelas suas atitudes" (Madanes, Keim, & Selser, [p., 21], 1997, Molina-

Loza, 1998), não teremos nenhuma dificuldade em afirmar que o terapeuta é um motivador da motivação intrínseca das pessoas.

— E que realiza essa motivação da motivação intrínseca das pessoas a partir da sua própria motivação intrínseca. Nosso trabalho com hipnose constitui um bom exemplo disso. Rossi (1994) apresenta um notável exemplo de como a motivação de uma pessoa pode determinar altos e baixos na evolução da sua doença e da sua saúde. Ele chama a atenção para "a falha das nossas tentativas na comunicação e cura da mente-corpo como atualmente existem" (p. 29). Nossa tarefa consistiria, desse ponto de vista, no aprimoramento dessa comunicação.

— É isso. E agora, antes de encerrar esta parte, quero lembrar-te que as observações de Bettelheim (1972), realizadas no campo de concentração, confirmam plenamente o afirmado. Lembra da sua constatação: os prisioneiros que — apesar das atrozes condições de vida impostas pelos carrascos nazistas — conseguiam manter uma escolha pessoal, uma atividade própria por eles decidida, conseguiam sobreviver com uma relativa facilidade. Os que perdiam essas possibilidades — e que eram chamados de "muçulmanos" devido ao seu comportamento passivo — passavam a deteriorar-se com uma rapidez incrível, sem que houvesse nenhuma mudança externa notável. A perda do direito de escolher, de controlar algo, por mínimo que fosse, conduzia à perda do desejo de viver e, finalmente, à morte. A motivação (intrínseca) é a vida.[8]

— Muito bem, o aspecto teórico está bastante claro. Agora estou ansioso para que, antes de passarmos à segunda parte, apresentes alguma história que ilustre o que acabas de dizer de uma forma simples. Concordas?

— Não vejo razão para tanta pressa. O livro estará cheio de exemplos, mas tudo bem. Já que antes falei de dirigir, contarei uma história de direção:

"A mulher pirou, eu não sou instrutor de auto-escola!"

Esta história ocorreu em Fortaleza, alguns anos atrás. Ao chegar ao meu consultório vi, diante da porta, um carro velho, batido e desconhecido. Ao entrar deparei-me com uma senhora, de pouco de mais de cinqüenta anos, que aguardava por mim. Era a minha cliente das quatorze horas (havia chegado antes da hora marcada). Quando a chamei para entrar, levantou-se rapidamente e já na porta começou a falar: "Vim lhe procurar porque preciso aprender a dirigir..." Eu não me contive e pensei: "A mulher pirou, eu não sou instrutor de auto-escola!" Disse sentir-se muito dependente. Apesar de ter um chofer, quando ele saía para fazer alguma diligência, ela ficava presa. Muitas vezes teria feito várias coisas se soubesse dirigir. Já havia tentado aprender muitas vezes, sem sucesso. Por isso tinha vindo me procurar. Enquanto falava, lembrei-me do carro batido que havia visto ao chegar e lhe perguntei.

—*"Como a senhora quer aprender a dirigir?"*

—*"É o meu motorista que vai me ensinar."* Respondeu.

Eu lhe disse:

— *"Esse carro branco que está lá fora é seu?. É nesse carro que a senhora pretende aprender a dirigir?"*

Com uma expressão de surpresa ela me respondeu:

—*"É sim. Por quê?"*

Antes de replicar, lembrei-me de minha avó. Quando ela via que não cuidávamos de algo que nos era útil dizia: *"Depois de um bom serviço, um mau pagamento!"* Uma vez, ela ouviu um dos meus irmãos xingar sua bicicleta. Sem hesitar disse-lhe: *"Não faça isso não, peça desculpas à bicicleta! Ela lhe leva e lhe traz. Peça perdão!"* Só teve sossego quando o moleque pediu desculpas à bicicleta. Ao voltar do reino das lembranças, sem hesitar falei:

— *"A senhora é muito sem-vergonha!"* Seus olhos ficaram bem arregalados. *"A senhora quer aprender a dirigir nesse carro?"* Ela dava mostras de não compreender o motivo da minha pergunta e questionou-me:

— *Por que não posso aprender a dirigir no meu carro?*

— *Esse carro está batido, não está? Quanto tempo faz que esse carro foi batido?*

— *Já tem uns três meses, uns três ou quatro meses, sim.*

— *É sem-vergonhice, sim! Como a senhora ousa pretender que o carro que a senhora usa — que a leva e traz, que lhe presta tantos serviços — lhe ajude a aprender a dirigir se nem levá-lo à oficina para que o consertem, leva? É muita sem-vergonhice! A senhora quer mesmo aprender a dirigir?*

— *"Quero muito, sim. Preciso."* Respondeu-me, um pouco sem jeito.

— *"Então vamos fazer um trato. A senhora vai pedir ao seu motorista que a leve a um lugar onde não haja ninguém. Aí pare o carro e o mande descer e se afastar por cinco a dez minutos. Quando ele estiver longe — e não possa ouvir sua fala — peça desculpas ao seu carro. Quero que reconheça diante dele a sem-vergonhice de pretender que ele lhe ajudasse a aprender a dirigir se a senhora nem o levava ao mecânico. Quero que lhe prometa: "nunca mais vou deixar passar tanto tempo sem lhe proporcionar a assistência adequada". Em seguida, a senhora se comprometerá a, no dia seguinte, levá-lo ao mecânico. Depois lhe dirá que quando ele sair, novinho em folha, espera que ele lhe ajude a aprender a dirigir. Está claro?"*

— *"Está sim."* Respondeu-me, seriamente.

— *"E fica combinado: a senhora só vai começar seu aprendizado quando o carro estiver pronto, depois da nossa próxima sessão."*

Com a ajuda de Laurel & Hardy

Ela se já preparava para sair, mas lhe pedi que ficasse mais um pouco. Queria que durante os próximos quinze dias fizesse um pequeno exercício.

—De novo lembras-te da avó?

—Não, lembrei de Laurel & Hardy (o Gordo e o Magro). Quando vires o exercício que lhe pedi, entenderás por quê.

— *"Quero que a senhora cruze seus braços e coloque as mãos nos joelhos, a direita no joelho esquerdo e a esquerda no joelho direito. Deixe o braço direito por cima do esquerdo. Assim:* (Ver figura 1.)*

Depois, quero que levante os braços, descruzando-os e cruzando-os novamente, de tal forma que a mão direita, que estava no joelho esquerdo, suba até seu nariz, e a mão esquerda, que estava no seu joelho direito, suba até sua orelha direita. (Ver figuras 2 e 3.)

---

* As seguintes ilustrações são da artista plástica mineira, Miriam Quick Doll.

A seguir, a senhora irá descruzar novamente os braços e a sua mão direita, que estava tocando seu nariz, desce, descruzando-se até que ela se apóie novamente no seu joelho esquerdo. Enquanto isso, a sua mão esquerda, que estava na sua orelha direita, desce, descruzando pela direita, até apoiar-se no seu joelho direito. Aí, a mão esquerda sobe de novo e cruza-se com a direita, para que esta se cruze novamente com a mão esquerda e toque seu nariz. Enquanto isso, a mão direita vai para sua orelha esquerda.

Quero que a senhora repita a operação até conseguir realizá-la sem errar. Assim. (Ver figuras 4, 5 e 6.)

— Eu vi isso em um filme deles. É o Gordo quem faz e pede ao magro para imitá-lo. Nesse momento, ela deve ter pensado: *"Onde é que eu vim parar? Ele deve estar doido!"*

— Sabes que não? Talvez pelo fato de eu já ter dado a bronca sobre a sem-vergonhice, ela me ouviu seriamente, tentou fazer os movimentos, sem sucesso, é claro, mas combinou comigo que faria tudo direitinho.

— Por falar nisso, não sei se sabes que, em português, sem vergonha é uma expressão muito forte, diferente de falta de vergonha.

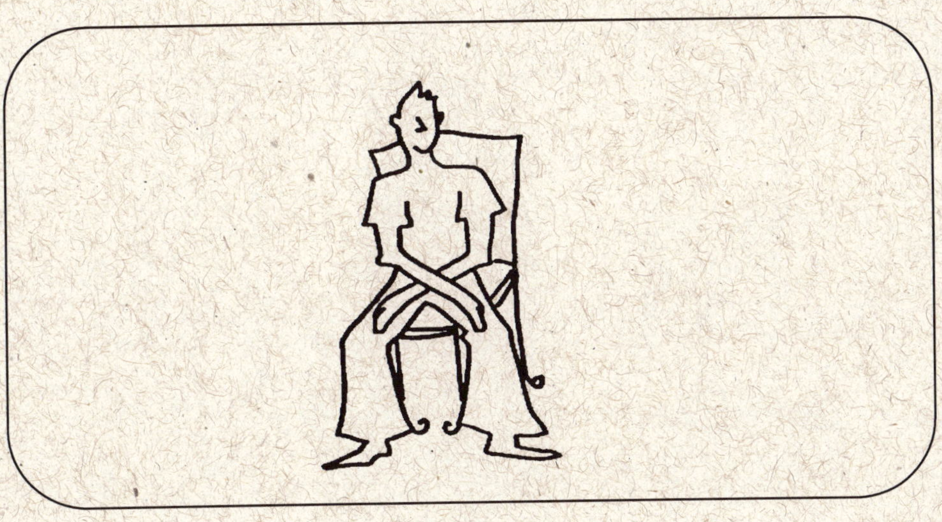

Figura 1

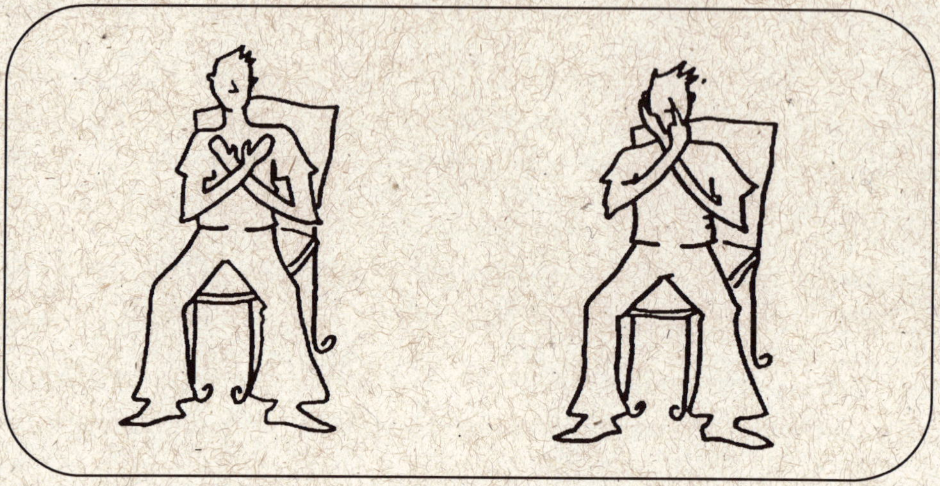

Figuras 2 e 3

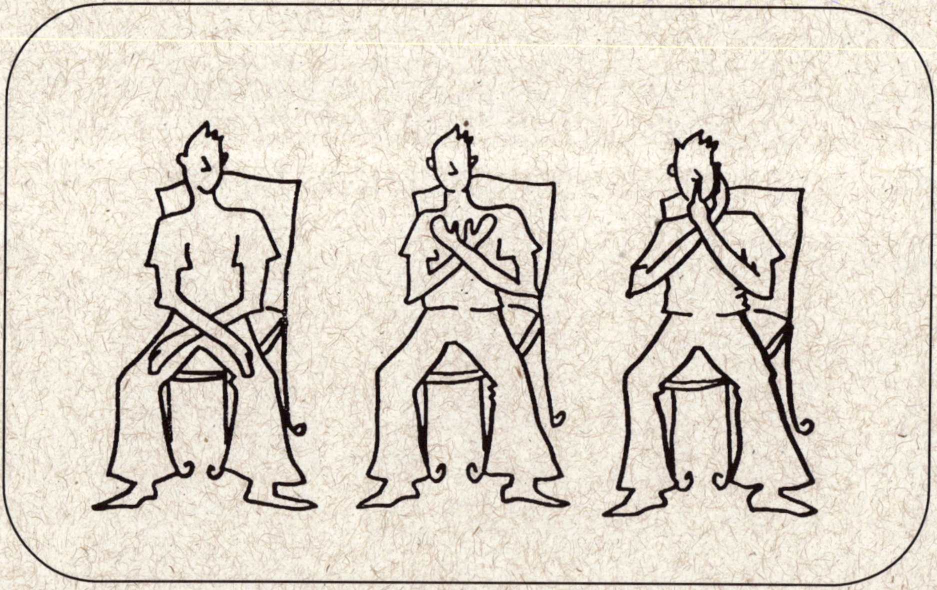

Figuras 4, 5 e 6

— Agora eu sei, mas na época não sabia e chamei-a de sem vergonha. Acho que ela me deu um "desconto" e percebeu que, na minha meia língua, no meu "portunhol", eu queria dizer falta de vergonha.

— Bem, mas ela fez a tarefa?

— Tudo direitinho. Quando chegou para a segunda sessão, não sabia o que me contar primeiro: se sobre sua conversa com o carro ou sobre o exercício. O carro estava consertado, haviam conversado e ela sabia perfeitamente fazer o exercício. Eu fiquei muito satisfeito. Falamos de muitas coisas e, no final da sessão, dei-lhe os parabéns e lhe disse que antes de liberá-la para começar a sua aprendizagem queria que fizesse outra série de exercícios. Primeiro teria de esticar as pernas e apoiar os calcanhares no chão. Nessa posição deveria mexer as pontas dos pés alternadamente, de cima para baixo. Quando o pé direito estivesse para cima, o esquerdo teria de estar embaixo. Depois, deveria adicionar um movimento com a mão direita, de trás para frente, de frente para trás. Quando conseguisse fazer isso, precisaria realizar, com a mão esquerda, à altura do peito, um movimento semicircular. Por último, teria de agregar um movimento da cabeça da esquerda para a direita.

— Tudo ao mesmo tempo?

— Foi exatamente essa a pergunta que ela me fez. E eu respondi: *"Tudo ao mesmo tempo. Até daqui a quinze dias."*

— Ela conseguiu fazer?

— Ao voltar sabia fazer tudo. E esse dia liberei a aprendizagem:

— Agora a senhora pode aprender a dirigir. Só tem mais uma coisa. Vai aprender a dar partida e a sair em primeira marcha. Vai aprender direitinho a utilizar a primeira marcha, mas não tem direito a experimentar a segunda. E, quando sair em primeira, tem direito a que o carro dê alguns pulinhos...

— Na sessão seguinte, ela estava muito satisfeita. A primeira coisa que me disse foi:

— O senhor sabe? Ganhei parabéns do meu motorista. O carro não deu aqueles pulinhos que o senhor falou! Saiu direitinho todas as ve-

zes. Já sei utilizar a primeira marcha. Posso passar para a segunda marcha?

— Autorizei a segunda marcha. E continuamos nesse ritmo. Quando me disse: "Já sei passar e usar a segunda", liberamos a terceira. Mas ela não esperou a liberação da quarta nem da quinta marchas. Desobedeceu-me! Ao voltar, já havia avançado na aprendizagem.

— Aprendeu a dirigir?

— Claro. E demos por encerrado o trabalho. Algum tempo depois, estava de novo sentada na sala de espera. Havia levado uma sobrinha para uma consulta. Quando me viu, abriu um grande sorriso, levou a mão ao bolso e tirou sua carteira de motorista para me mostrar. Estava muito feliz e satisfeita. Havia ido de carro e era ela quem dirigia, claro.

— Muito bem. Agora quero que utilizes a "teoria da tarefa" para explicar esse processo.

— Ótimo. Vejamos: sua tarefa **(T)** era aprender a dirigir. Essa tarefa, óbvio, era maior do que ela **(P)**. Suas diversas tentativas ^{n} mal sucedidas haviam lhe ensinado que ela não conseguia, nem conseguiria. Eu transformei a tarefa dessa forma:

$$(\mathrm{Ti})^n = (t_1 + t_2 + t_3 + t_4 + t_5 + t_6 + t_7)$$

$(\mathbf{Ti})^n$ = aprender a dirigir
t_1 = falar com o carro e pedir desculpas
$\mathbf{t}_2$ = levar o carro para o mecânico
t_3 = fazer o exercício de Laurel & Hardy
t_4 = fazer os movimentos combinados de pés, mãos e cabeça
t_5 = dar partida e utilizar a primeira marcha
t_5 = passar para a segunda marcha
t_6 = passar para a terceira marcha
t_7 = passar para a quarta marcha...
t_x = fazer muitas coisas na vida

Do "eu não dou conta" ao "eu consigo"

— No primeiro encontro, sem dúvida, tínhamos $\mathbf{P} < (\mathbf{Ti})^n$. Cada uma das tarefinhas era t_c, o que permitiria, inicialmente, uma *desaprendizagem* (do "eu não dou conta", já definido como α-) e, posteriormente, uma nova *aprendizagem* (do "eu consigo", também definido como α+).

— E a partir do segundo encontro ficou claro que $(\mathbf{P} > t_1)$ e assim por diante $(\mathbf{P} > t_n)$.[9]

— A questão agora seria saber o porquê das tarefas?

— Não é óbvio? Shhht! Não me interrompas. Já sei: vais dizer que preferes uma boa explicação ao inútil chavão de que é óbvio. A primeira tarefa induz à idéia de que aprender a dirigir pode ser algo mais que se sentar e tentar seguir as ordens do instrutor. Suas dificuldades anteriores (seus fracassos e, muito importante, seu aprendizado da impotência) podem ter sido "interpretados" por ela como produto de fatores que ela não podia controlar. A "tarefa" atual colocava a questão novamente na sua mão: ela tem o controle e, por conseguinte, a possibilidade de escolher. Isto lhe permite, inclusive, aprender a dirigir.

Agora, por que a tarefa de Laurel & Hardy? Isso é muito simples. Uma das dificuldades das pessoas mais idosas que querem aprender a dirigir é uma certa falta de coordenação motora. Como essa falta de coordenação pode ter conseqüências graves quando se dirige um carro, o aprendiz de motorista dedica uma extrema atenção (extrem-a-tensão) à situação, o que aumenta consideravelmente suas chances de erro. Errar no movimento que eu lhe pedi que executasse não passaria de uma coisa engraçada, não traria maiores conseqüências. Por outro lado, o exercício funcionava como um treinamento de coordenação motora. Quando a pessoa pega um carro pode realizar essa série de novos movimentos de forma mais descontraída e eficaz. A outra tarefa, movimentos alternados de pés, mãos e cabeça, também tem o mesmo propósito de adestramento motor.

Ao pedir-lhe que treinasse só a partida e a utilização da primeira marcha, queria apenas que ela transformasse o pequeno sucesso em um grande sucesso. Ainda não sabia dirigir, mas poderia estar muito satisfeita porque "sabia utilizar a primeira marcha". Está claro?

— Ótimo. E essa explicação vai permitir-me agregar uma idéia nova. Quando a aprendizagem da nova competência pessoal, a realização da nova tarefa conduz a (**P** > t_1), teremos que (t_1 = **A**). Não te parece?

— Como?

— A tarefa que se resolve satisfatoriamente pode passar a ser uma ação.

— É isso! Aquilo que era tão complicado passa a ser feito porque se faz e não porque se tem de fazer. E essa pessoa que cresceu diante da sua tarefa (**P** > t_1) terá mais chances de fazer da segunda tarefa algo mais simples e divertido, porque será maior do que esta (**P** > t_2).

— Muito bem. Podemos agregar que a satisfação de fazê-lo pode ser uma satisfação em si (motivação intrínseca), que corresponde a um aumento da autonomia da pessoa.

Agora, antes de expor a segunda parte da reflexão, quero perguntar-te: será que ela só queria aprender a dirigir? Sua demanda não era algo mais abrangente, como dirigir sua vida, ganhar mais autonomia, aumentar sua auto-estima?

— Sim, sem dúvida. E isso tudo foi feito e elaborado enquanto nos dedicávamos à questão concreta. Durante o processo, que não durou muito tempo, ela também cresceu como pessoa. Liberou-se de uma série de amarras. Mas se não falei disso com mais detalhe é porque, como sabes, não tinha a intenção de mostrar a terapia como um todo, mas apenas a parte que podia exemplificar melhor a utilização das tarefas. Nos exemplos apresentados nos capítulos dois e três poderás saciar tua curiosidade em relação aos processos completos.

Antes de passarmos à próxima reflexão, queria dar-te alguns exemplos de autores que utilizam esse "fatiamento" da tarefa, bem como sua transformação, no trabalho com pessoas para as quais a própria existência passou a ser uma tarefa quase impossível.

Seligman (1977) apresenta vários exemplos, próprios e alheios, claramente marcados pela proposta da redução da tarefa percebida como irrealizável pela pessoa e que, após sua realização, trouxeram mudanças significativas: Bibring (1953), Burgess (1968).

Beck (e cols., 1997) transformam a luta contra a depressão em uma série de pequenas batalhas que serviriam para que a pessoa "reaprenda"[10] a reagir adequadamente às diversas situações que lhe são colocadas pela vida. Isto é, mudarem a tendência cognitiva negativa adjudicando-lhe um caráter mais positivo.

— Obrigado. Queria que continuássemos, mas agora fiquei com uma dúvida que me parece importante. No final das contas, tua "teoria da tarefa" não seria tão despretensiosa como tu afirmas?

— Posto que falas nisso, devo contar-te que, com a esperança de receber uma crítica sobre o conteúdo do texto, entreguei-o a algumas pessoas. Quando recebi a cópia das mãos de Maria José, esperava por um texto todo rabiscado e cheio de sugestões críticas. Mas ela se limitou a dizer-me: *"Você está propondo uma teoria da motivação a partir da sua experiência clínica. Se quiser ser respeitado pela Academia, tem que ir buscar o que as outras teorias da motivação propõem e fundamentar melhor o seu trabalho."* (Esteves de Vasconcelos, SD)

— E aí?

— Fui buscar. E concordo com ela. Minha "teoria da tarefa" pode ser entendida como uma proposta de teoria da motivação para terapeutas. Segui seu conselho (como ela disse, para franquear o diálogo com a Academia) e submeti a proposta original às modificações que apresentamos acima.

—Então podemos abordar a segunda parte da reflexão?

Do problema familiar... ao problema dos terapeutas

— Recentemente, ao refletir sobre os problemas que as famílias costumam trazer-nos para a terapia, cheguei à conclusão de que, na grande maioria dos casos, para não dizer em todos, a pergunta que nos formulam não tem resposta.

— Como!? Se ao final muitas vezes saem tão satisfeitas justamente porque encontraram uma solução para os seus problemas!

— Presta atenção, não queimes as etapas! Quando dizes "solução para os seus problemas", não falas do problema que nos trouxeram, da pergunta que nos formularam, falas das suas dificuldades em geral. E eu não disse que isso era impossível. Acompanha-me: eu afirmo que os problemas apresentados pelas famílias não têm solução. Se tivessem, as próprias famílias já as teriam encontrado e não viriam nos procurar. Elas vêm para colocar-nos uma questão para a qual não têm resposta. De fato, vêm para prender-nos no seu enigma... sem saída.

— Explica melhor.

— Tentarei. Se aceitas que formulemos a demanda da família sob forma de pergunta, ficará mais fácil. Em síntese, as famílias nos perguntam: "Que fazer com...?" E, no fundo, essa pergunta vem acompanhada de uma afirmação dolorosa: "Nós já fizemos de tudo e... não conseguimos!"

— Ah! Claro, porque eles não conseguem sair e ter uma visão de fora do seu próprio contexto. E, assim sendo, não são capazes de imaginar soluções.

— E a cada tentativa a coisa fica mais difícil, "mais impossível". Acúmulo familiar de fator (α–).

— Por outro lado, muitas vezes a queixa não corresponde à real demanda. A primeira exigiria uma resposta contraditória com a exigida pela segunda.

— Como, por exemplo, naquelas situações em que nos trazem uma criança com dificuldades escolares, mas cujos pais se negam a abordar a questão do casal...[11]

— E como respondem a essa questão os grandes mestres da terapia?

— Vou apresentar minha visão. Eu considero que todos os grandes terapeutas passaram, cientes disso ou não (isso é irrelevante), por essa constatação: "Estamos diante de um problema insolúvel. Todas as nossas qualidades, tão úteis fora do contexto terapêutico, parecem inúteis quando se trata de responder à demanda familiar."

— Queres dizer, por acaso, que nossa tarefa é impossível?

— Se nossos consultórios estivessem incluídos no território do social seria, sim. E, na maioria dos casos, seríamos impotentes. Para nossa felicidade, o consultório é um território livre, um território "anticultural" (Whitaker, *in* Neil & Kniskern, 1990), no qual não vigoram as normas do trato social. É um território permanentemente fertilizado pela livre circulação de nossas fantasias mais irreais. É graças a isso que podemos nos abster de assumir a responsabilidade pela busca daquela resposta impossível.

— A opção seria simplesmente não responder?

— Não, esta constatação não nos obriga a ficar confinados à medíocre neutralidade de escuta descompromissada e passiva. Não vamos dizer ao cliente que é ele quem deve encontrar uma resposta nova para sua velha pergunta. Estamos em uma encruzilhada interessante e, para sair dela, precisamos de uma fórmula.

— Qual?

"Se não podes responder à sua pergunta... coloca-lhes uma que eles possam responder"

— Em um dia muito doido quis fazer-me a seguinte pergunta (sempre perguntas): "E o que fazer se não podemos fazer nada por eles?" Uma voz — mistura de inúmeras vozes — pareceu responder-me: *"O fato de eles terem tentado tantas e tantas vezes desfazer o nó das suas contradições, acostumou-os a lidar com nós. O deles — o seu nó — está tão gasto e apertado que ninguém, fora eles, poderia desfazê-lo. Tentá-lo seria dar mostras de onipotência. Mas se aprenderam a gostar de nós... poderias emprestar-lhes o teu. Mas tu, por sinal, sabes qual é o teu?"*

Aí pensei: É verdade, eu tenho um nó. Intuo que tenho e que o uso. Isso não significa que eu saiba qual é. Portanto, talvez o melhor caminho seja pedir aos mestres, aos nossos mestres, que nos mostrem seus nós e a forma como eles os utilizam.

— Que pensas fazer?

— Acompanha-me. A grande jogada seria conseguir trocar de problema, levar a família a ter de resolver um problema diferente àquele trazido por ela. Digo trocar, de propósito, para que não se confunda com mudar. Eu creio que esse é o mudar ao qual Haley faz referência ao falar da solução do problema: "A primeira obrigação de um terapeuta é mudar o problema apresentado pelo cliente. Se este objetivo não for atingido, a terapia será um fracasso. O terapeuta não deverá dividir sua atenção em relação a outras questões e esquecer seu objetivo primário. Além disso, focalizando sua atenção sobre o sintoma, ele tem do seu lado a principal alavanca e a oportunidade para produzir mudança. O problema apresentado é o que mais interessa ao cliente. Quando o terapeuta trabalha com ele, obtém sua cooperação." (Haley, 1972 [126].)

A família traria, como te dizia, seus problemas insolúveis. Diante disso, o terapeuta colocaria seu próprio problema para ser resolvido pela família. Ao resolver o problema do terapeuta, a família daria um primeiro passo na sua capacitação para resolver aquele problema antes insolúvel.

— Seria uma mudança de **T** (Tarefa do cliente) por ***t*** (tarefa metafórica proposta pelo terapeuta), como explicavas antes?

— Exato. Por isso, agora quero que passemos em revista as propostas de alguns dos mais importantes terapeutas de família. Veremos como eles resolvem a questão. Vamos procurar aleatoriamente. Quem sugeres?

— Salvador Minuchin...

— Bem, vamos a ele. Para mim, quando Minuchin enfrenta a família e vê a confusão em que estão envolvidos e a idéia que eles mesmos têm dos seus problemas, simplesmente diz: *"Não é nada disso não, o problema de vocês é que vocês têm fronteiras muito rígidas (ou muito difusas, segundo o caso). Vamos ter de estabelecer fronteiras mais nítidas."*

— A família não precisaria resolver o problema que a trouxe. Deveria resolver o problema das fronteiras colocado por Minuchin? Interessante.

— Vou insistir de novo. Eles estavam enrolados nos seus problemas insolúveis. Resolver o problema do Minuchin resulta-lhes muito mais fácil. Ao fazê-lo, crescem e se tornam capazes de resolver a sua vida!

— Na tua opinião, isso vale para todo o mundo, para todos os terapeutas?

— Para todos os terapeutas dignos desse nome, não para aqueles fiéis seguidores de um chefe, simples reprodutores mecânicos das lições do grande guru. Esse tipo de "terapeuta" coloca o seguinte problema para as famílias: "Agora como vamos nos safar dele!?" Fazemos a prova com um outro criador?

— Criadora, pode ser? Virginia Satir...

— Ótimo. Sabes qual é a sua resposta aos problemas das pessoas? "O *problema de vocês é que não sabem metacomunicar, metacomunicar conscientemente.*"

— Gostei... Jay Haley?

— *"Vocês têm hierarquias muito confusas. Deverá proceder-se a uma diferenciação das hierarquias."*

— Isso não significaria que eles simplesmente afirmam: *"Seus problemas são decorrentes de..."*

— Talvez isso parecesse extremamente linear para o gosto de todos nós!

—Bem, vamos para a Itália. Que me dizes do grupo de Milão?

—No caso deles, a coisa é ainda mais clara. Lembras que quando começaram a trabalhar com as famílias *"de transação esquizofrênica"* eles afirmaram que *"a família colocava um paradoxo para os terapeutas"*? Pois bem, para mim, simplesmente se trata da mesma inversão. *"Não queremos o paradoxo de vocês... vamos ver se vocês são tão feras como para resolverem o nosso contra-paradoxo!"*

— Ummmm... é sempre uma troca do *"seu problema pelo nosso"*. Agora que estamos na Itália, vejamos o Andolfi.

— Lembras das suas provocações? Então, seria algo assim como: *"Vocês querem provocar-me, vejamos se conseguem enfrentar e resolver minhas provocações!"*

—Bonito, realmente. Mas deixa-me fazer-te uma pergunta. Andolfi deixou de ser essencialmente um provocador. Ele mesmo te disse isso.

— Boa lembrança. Mas isso só ajudaria a confirmar a minha hipótese. Maurício Andolfi mudou, mas isso não significaria que tenha deixado de colocar problemas às famílias. O terapeuta responde ao problema da família com o *seu problema*, não com um problema qualquer. De certa forma, poderíamos parafrasear o ditado popular e perguntar para o terapeuta: *"Dize-me qual é o problema que colocas às famílias e te direi quem és."* Não te parece pelo menos curioso que Salvador Minuchin, argentino, formado em Israel, e cuja atividade se realizou fundamentalmente nos Estados Unidos, tenha se preocupado tanto com fronteiras?

— Sim. Ele não é apenas formado em Israel, é judio e morou em um bairro judio de Buenos Aires. Imaginas as fronteiras entre a comunidade judia e o resto dos "porteños"?

— Que fronteiras!

— Estou curioso por saber o que me dirias de um dos meus terapeutas favoritos: Whitaker. Qual era o problema que ele colocava?

— *"Confusão! Falta confusão."* E ele introduzia sua própria dose de confusão. A família que se virasse com ela. E era maravilhoso. Ele, inclusive, deixa muito claro que percebe que o problema central é ele e não as famílias com as quais trabalha: *"Sinto-me à vontade para pressionar a família, porque acredito que eles têm um potencial ilimitado. Eles têm capacidade de expandir e progredir, basta que eles tenham coragem de tentar."* (Whitaker & Bumberry, 1990. [31] O sublinhado é meu.) A questão central aí é a da crença dele, porque essa crença o acompanha com todas as famílias, ela não é utilizada somente com algumas delas.

Mais um exemplo? Em uma ocasião em que expunha essas idéias, Edith Tilmans olhou para mim com um sorriso e me disse: *"E tu sabes qual seria o problema que eu coloco para as famílias?"*

— Quis colocar-te um problema?

— Não, porque eu conhecia um pouco do seu trabalho. Não foi difícil responder-lhe. Sabes como ela inicia os atendimentos das famílias? Pesquisa junto com elas quais poderiam ser as conseqüências *"desagradáveis"* caso se consiga a mudança. Ela quer ter garantias de que o resultado da terapia não vai ser pior do que o problema existente. E só aceita entrar no terreno da mudança quando tem certeza de que a desestabilização que o processo pode provocar não será mais grave para a família do que o problema que a trouxe. (Tilmans-Ostyn, Meynckens-Fourez, Org., 1999.)

Ela pede às famílias: indiquem-me se vou muito rápido. Se eu acelerar muito, lembrem, o freio está com vocês. Volta e meia fala do freio. Por isso eu a chamo de *Madame du Frein* (Madame do Freio).

— Qual seria, então, o problema que ela coloca?

— *"Provem-me que não acontecerá nada de ruim com vocês e começaremos a terapia!"*

— E aí?

— Achou graça, não teve outro remédio. Riu e assentiu.

— Realmente, é isso mesmo.

— Vou te dar um outro exemplo explícito. No prefácio de *Lealtades invisibles*, Ivan Boszormeny-Nagy disse claramente: *"Apesar da obra não conter material autobiográfico, sabemos que os nossos conceitos e pontos de vista como autores transparecem nossas experiências e crenças, tanto profissionais quanto privadas. O autor de mais idade* (Boszormeny-Nagy) *deve ter descoberto um novo balanço de lealdades depois do seu radical afastamento, vinte e cinco anos atrás, de todo seu campo existencial, quando se trasladou do seu país natal, a Hungria, para os Estados Unidos. Mesmo que na época não tivesse outra alternativa a não ser se comprometer com o seu novo país e as novas oportunidades que este lhe oferecia, interiormente deve ter-se sentido movido por uma* lealdade invisível que o atava a certas pessoas — seus pais, em particular — *os quais lhe transmitiram seu profundo interesse e confiança no gênero humano."* (Boszormeny-Nagy, Spark, 1983. O sublinhado é meu.)

— Queres dizer que Boszormenyi-Nagy também apenas endossa sua pergunta para os seus clientes?

— O "apenas" é por tua conta. Eu digo que ele utiliza sua pergunta pessoal para provocar o processo: *"Quais são as lealdades que os levam a comportar-se da maneira que se comportam?"* Essa nunca seria uma pergunta levada à terapia por nenhuma família... mas, diante de Boszormenyi-Nagi, ela precisa ser "respondida".

Uma terapia de múltiplo impacto

— Essa conversa toda desperta uma dúvida relacionada com tua preocupação sobre o elemento essencial a toda terapia: haveria, no fundo, diferenças reais entre as abordagens dos diversos terapeutas?

— É interessante que chames a atenção para esse aspecto da história. Como poderás ver no decorrer deste livro, em alguns momentos cabe a pergunta: teríamos utilizado aqui uma abordagem estratégica, estrutural, comunicacional ou existencial? A resposta será não, mas ficará um ponto a ser esclarecido. Essa pergunta seria motivada pelo fato de eu ter feito intervenções extraídas dessas abordagens ou pelo fato de atingir os mesmos resultados que se conseguiriam ao utilizar essas abordagens? Quando um terapeuta escolhe sua pergunta — sua pergunta pessoal — que é anterior ao fato de ele ter se transformado em terapeuta...

— A pergunta do terapeuta surge antes de ele surgir como terapeuta? Vá mais devagar, explica isso melhor.

— Está bem. Humberto (Maturana, SD) fala muito claramente disso. As perguntas que levaram Albert Einstein à realização das suas maiores descobertas foram todas feitas quando ele era um jovem estudante, não depois de ter-se transformado em um cientista de renome. Estas perguntas são, segundo Maturana, perguntas de uma pessoa comum, não necessariamente de um cientista. A inquietação — a pergunta — precede a existência do cientista (do terapeuta, no nosso caso).

— Dá-me, então, alguns exemplos de perguntas do quotidiano formuladas por cientistas.

— Sem problema. A da maçã na cabeça de Isaac Newton.

— Com certeza. Então também a da banheira (Eureka!) vazante do Arquimedes.

— Por que a maçã caiu e não subiu?

— Por que a água da banheira transborda quando eu afundo nela?

— É isso. Assim, também, a pergunta que o terapeuta coloca para seus clientes é a sua pergunta pessoal, a pergunta à qual *ele* precisa responder, e cuja origem é anterior a sua decisão de tornar-se terapeuta. Ela só se transforma em uma forma eficaz de intervenção *a posteriori*. (Mas, não te esqueças: eles, os mestres, nem sempre são conscientes do fato de fazerem *sua* pergunta.) Agora está claro?

— Mais ou menos...

— Tudo bem, continuemos. Quero agregar um corolário a essa questão. A insistência do terapeuta em colocar seus clientes diante de *sua* pergunta traz como conseqüência que estes se encaixem cada vez mais nela. Terapeutas cuja pergunta tem a ver com sonhos... atraem clientes que sonham.

— Ou também pode ser que os clientes sonhem para terapeutas interessados em sonhos.

— Sim. Terapeutas preocupados com tarefas atrairiam clientes com bom desempenho em tarefas propostas por terapeutas que gostam de prescrever tarefas...

— Seus clientes aprenderiam a realizar tarefas.

— Essa é a idéia.

— Se quisermos assumir uma postura mais radical... diríamos: cada terapeuta vê o que decide ver![12]

— Sem dúvida, o problema do terapeuta constituir-se-ia em uma espécie de lente através da qual ele próprio examina a realidade.

— Dito de forma maturânica (nem sei se ele aprovaria a expressão!): seria a maneira que ele tem de *construir a realidade...*[13]

— E isto também valeria para os estudantes de terapia familiar...

— Como assim?

— Claro, cada um procura o tipo de mestre que...

— Tem a ver com sua pergunta.[14]

— Se está claro, então podemos voltar ao assunto. A pergunta pessoal do terapeuta (travestida de abordagem, de epistemologia), serve como porta de entrada, como elo entre o terapeuta e a família: com ela se toca o sistema, atinge-se seu núcleo. A partir daí haverá um efeito em cadeia. Isto permitirá que, caso o resultado da terapia seja positivo, ele possa ser analisado segundo as diferentes abordagens.

— Quero ver se entendi. Um terapeuta comunicacional, ao promover uma comunicação-metacomunicação aberta e sadia, também, paralelamente, corrigiria hierarquias, definiria fronteiras, etc?

—Exatamente! Em um seminário de formação, realizado em Porto Alegre, eu vivi uma experiência que ilustra justamente isso. Tratava-se da supervisão, ao vivo, do trabalho com uma família (que passei a chamar de família da Ch*ave*) e cujo relato é apresentado em outro lugar (Molina-Loza, SD). Os terapeutas participantes, membros de diversas escolas, ao comentarem as intervenções, afirmavam, respectivamente, ter visto um trabalho estrutural, estratégico, comunicacional, experiencial, etc. Eu dizia "não é". E não era, mas, ao mesmo tempo, sabia ser justo reconhecer que era.

— Significa que quando o trabalho é bem feito o resultado deverá ser visível em vários níveis?

— É isso. E para deixar isso tudo mais claro vou tentar fazer um gráfico ilustrativo.

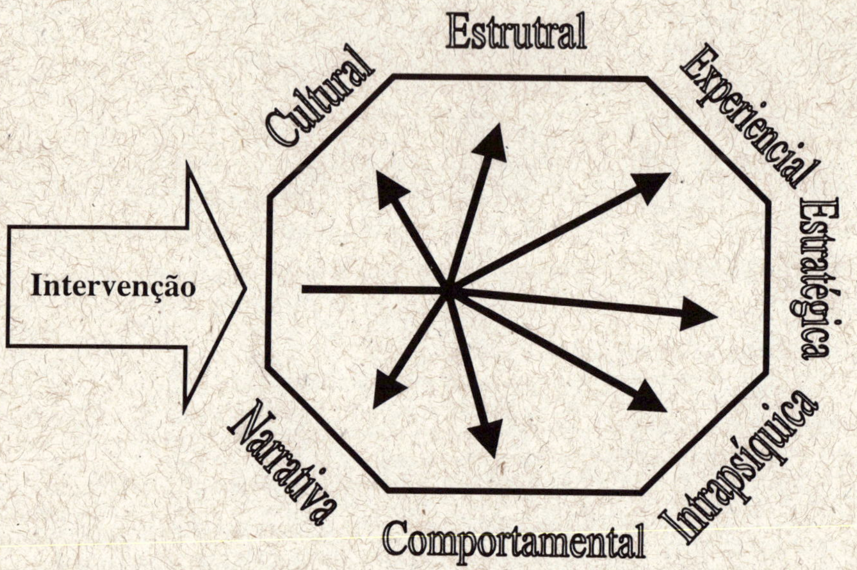

Terapia de múltiplo impacto a partir de uma porta de entrada.

— Quando dizes intervenção...

— Não quero necessariamente dizer que cada um dos movimentos efetuados pelo terapeuta tenha essa abrangência. Refiro-me ao processo como um todo. Uma *intervenção*, uma seqüência de sessões, permitirá uma variedade de intervenções (comunicacionais, estratégicas, experienciais, etc.). Isso nos permite conservar a liberdade. A liberdade de utilização daquilo que julgamos válido naquele momento específico para aquela família específica.

— O terapeuta que não pertence a nenhuma escola, nem à própria, e que chamaste em outro lugar de *terapeuta miscelânico* (Molina-Loza, 2000a).

— Sim. Agora...

— Permite-me um segundo. Algumas das tuas colocações têm a virtude de deixar-me preocupado. Imagino a interpretação que podem receber. Coisas do tipo "o Molina simplifica demais..." e por aí afora. Eu falava aqui com meus botões, de novo, sobre a questão da "pergunta do terapeuta". Entendi e concordo, cada um usa sua pergunta. Mas gostaria que ampliasses um pouco essa reflexão. Poderias, por exemplo, utilizar alguns deles (dos nossos mestres) e mostrar, com mais detalhes, de que maneira *transformam* sua própria questão pessoal em elemento chave do processo terapêutico? De que forma utilizariam seu questionamento pessoal para questionar as famílias?

De novo sobre o problema do terapeuta

— Muito bem, vamos lá. Acho legal esmiuçar mais o tema. Vou voltar ao exemplo de Maurizio Andolfi.

Nos seus primeiros trabalhos, ele e seus colegas colocam a ênfase naquilo que seria uma característica comum aos sistemas rígidos: a incongruência da sua demanda. Esta, *grosso modo*, poderia ser resumida da maneira seguinte: "Queremos que resolva o problema, mas ele não tem solução". Para que não fique nenhuma dúvida a esse respeito, vou transcrever uma série de citações nas quais isso é dito de forma explícita: "A expectativa familiar, que *quer* ver *fracassar* o *terapeuta* para confirmar a fatalidade da situação." [39] (Andolfi, *et alii*, 1985. Os sublinhados são meus.) E umas páginas mais adiante: "Não reparar na incongruência entre uma demanda substancial de imutabilidade, entre uma demanda de cura e uma definição mais ou menos explícita de incurabilidade..." (*Ibid*. [63].) Eles se sentem provocados pela incongruência da família e decidem que a sua intervenção mestra será também uma provocação: "Se a família *provocava* e controlava *o terapeuta* através do paciente designado, o terapeuta também tentaria, pelo mesmo canal, provocar a família e controlar o sistema terapêutico." (*Ibid*., [68]. O sublinhado é meu, mas a expressão paciente designado é deles!)

Interessa-me destacar aqui a idéia de que é a família quem provoca (o que tornaria necessária a contra-provocação dos terapeutas). O paradoxo colocado pela família tornaria necessário o paradoxo dos terapeutas. "A utilização do paradoxo terapêutico está motivada pelo fato de que, com freqüência, existem famílias que solicitam ajuda mas que, ao mesmo tempo, parecem rejeitar qualquer oferecimento nesse sentido." (Andolfi, 1985, [114].)

Os terapeutas reagiriam diante da injunção da família: "Fundamentalmente estas famílias demandam o impossível do terapeuta: modificar uma situação, respeitando as regras das relações que têm contribuído para sua manutenção. A experiência clínica nos mostra que esta dupla expectativa está destinada a orientar o terapeuta para o trabalho de cura de um grupo que, do seu lado, age de comum acordo para demonstrar a inutilidade desse mesmo trabalho." (Andolfi., Menghi, 1987, [67].) E um pouco mais à frente: "Nós consideramos a mensagem transmitida pela família como uma provocação e tentamos formular uma estratégia terapêutica que consiste em uma contraprovocação que responde a essa mensagem." (*Ibid.* [68].)

Encerro a seqüência com um último excerto: "Nosso enfoque consiste em considerar a mensagem transmitida pela família como uma *provocação* e em tentar formular uma estratégia terapêutica que constitua uma resposta para esta mensagem. Respondemos de imediato com uma *contra-provocação*, utilizando o paciente identificado como contato de acesso para quebrar as defesas do sistema familiar." (Andolfi *et alii*, *in* Andolfi, & Zwerling, 1985, [212]. Os sublinhados são dos autores.)

— Está bem, entendi. Andolfi (assim como os seus colegas) vê na atitude das famílias uma provocação, a qual se deve responder com uma contra-provocação. E daí?

— E daí! Não percebes? É o terapeuta quem *decide* ver uma provocação na atitude das famílias. A rigor, elas não vão procurar ninguém para provocá-lo. A provocação é criada pelo terapeuta e tem a ver com uma problemática pessoal dele (não da família). Ele parte da sua própria problemática (sente-se provocado) e resolve criar um problema equivalente para a família: contra-provocá-la. A família, ao ser confrontada com esta contra-provocação, que a surpreende e, de certa forma, a coloca diante de um enigma que deve ser resolvido, vê-se obrigada a agir e resolver a situação.

Mas eu não quero falar das famílias. Quero provar-te que o problema da provocação era dos terapeutas e não delas. Para isso, apresentar-te-ei a nova atitude de Andolfi alguns anos depois: "Em tal situação de contradição [ajudá-la a mover-se, fazendo com que ficasse parada], a família procurava fazer com que o terapeuta desempenhasse aqueles roteiros e papéis mais sintônicos à manutenção do *status quo*. *Considerávamos essa atitude como resistência à mudança* e a desencorajávamos muito, ou até a contrariávamos por considerá-la improdutiva. *A um nível* [sic] *mais subjetivo*, o *terapeuta percebia como uma recusa à sua pessoa*, portanto, à terapia. Freqüentemente, esse *sentimento de recusa* e inutilidade levava o terapeuta a tentar modificar, desde o início, a imagem de si mesmo que apresentava à família; opunha-se de maneira obstinada às tentativas da família de envolvê-lo em um jogo 'aparentemente' sem perspectivas. Mas ignorava que o ato de opor-se ao jogo já incluía sua participação e seu envolvimento." (Andolfi, Angelo, 1989, [19]. Todos os sublinhados são meus.)

A provocação, como intervenção indispensável, é abandonada e só sobrevive com uma outra acepção: "Há diferença entre a intenção de ser provocatório e sê-lo realmente (...) Ser provocatório significa tocar aspectos emocionais significativos para as relações familiares, ou atingir imagens e esquemas perceptuais enrijecidos no tempo; trata-se de elementos que o sistema e seus componentes procuram manter inalterados, porque lidar com eles os deixa muito indefesos." (*Ibid.* [47].)

Neste e em um outro trabalho o terapeuta passa a ser o eixo da questão: "O trabalho do terapeuta relacional com a família torna-se uma narração, um tipo de texto que o terapeuta relacional e a família contribuem para escrever. Isto consiste em criar um contexto de escuta e acentuar as capacidades que os indivíduos têm de dialogar com o objetivo de criar um novo enquadramento e gerar uma nova perspectiva." (Andolfi, 1996, [13].)

Como podes ver, estamos longe da oposição família (desejosa de envolver o terapeuta com uma provocação) versus terapeuta (obrigado a se defender com uma contra-provocação). O terapeuta *relacional* é um nexo que facilita uma nova construção. Quem mudou? As famílias? Duvido. Mudaram os terapeutas, mudaram seus questionamentos pessoais. Mudaram seus problemas. Isso conduziu à mudança do problema que colocam para as famílias.

Funciona porque acreditam ou acreditam porque funciona?

— Isso levanta uma outra questão. O fato de abandonar tão categoricamente uma abordagem (porque ela não é adequada) significa que tudo que contaram daquilo que fizeram, quando a utilizavam, não era verdade?

— Bela pergunta! Não. Significa que se deixou de funcionar é simplesmente porque eles deixaram de acreditar nela. Não deixaram de acreditar nela porque deixou de funcionar, é o contrário. Aquilo que escreveram e disseram, no contexto no qual o fizeram, continua a ter sua relativa validade.

— Seria então a crença do terapeuta que faz funcionar as intervenções, aquilo que conduz ao sucesso?

— Não quero responder de forma absoluta, mas posso afirmar-te que essa crença constitui um elemento fundamental do processo. Sem a crença do terapeuta... nada feito. Assim se resolve o enigma da ineficácia dos seguidores-imitadores dos grandes mestres. Eles podem utilizar, de forma inócua, as mesmas intervenções que, nas mãos dos criadores, provocaram grandes transformações.

— Isso, por outro lado, significa afirmar que se a visão de Andolfi mudou é porque sua questão pessoal mudou. Se ele não é mais um provocador é porque esse deixou de ser seu problema?

— Exato. E ele o confirmou ao mostrar seu trabalho durante o nosso Congresso de Gramado.* E foi também isso que eu quis ressaltar na minha participação no encerramento do Congresso, quando comentava suas intervenções: a mudança no seu estilo de trabalho e sua correspondência com a mudança da sua pessoa.

— Esse mesmo processo poderia ser descrito também em relação a Salvador Minuchin?

— Sim, a todos eles. Sem fazer uma revisão tão longa do seu trabalho, vou ilustrar a idéia com dois dos seus textos mais conhecidos

* III congresso Brasileiro de Terapia Familiar, Gramado, Rio Grande do Sul, Julho/agosto de 1996.

em português. No primeiro, um capítulo inteiro é dedicado à questão das fronteiras: "As fronteiras de um subsistema são as regras que definem quem participa e como." (Minuchin, 1982, [58].) E mais adiante: "A função das fronteiras é de proteger a diferenciação do sistema." (*Ibid.* [59].)

Essas fronteiras serviam-lhe, inclusive, para definir aquilo que seria um sistema sadio ou não: "Para o funcionamento apropriado da família, as fronteiras dos subsistemas devem ser nítidas. Devem ser definidas suficientemente bem para permitir que os membros dos subsistemas levem a cabo suas funções, sem interferência indevida, mas devem admitir contato entre os membros dos subsistemas e outros. (...) A nitidez das fronteiras dentro de uma família é um parâmetro útil para a avaliação do funcionamento familiar." (*Ibid.* [59].)

Existiriam, pois, de acordo com a qualidade das suas fronteiras, três tipos de famílias: "as desligadas — fronteiras inadequadamente rígidas —, as de fronteiras nítidas — limites normais [sic] — e as emaranhadas — fronteiras difusas".

— E tu pretendes que Minuchin via, nessa época, famílias com fronteiras?

— Sim. Mas não apenas isso. Também que ele as levava a trabalhar essas fronteiras (problema que, antes de conhecê-lo, de entrar em contato com ele... elas não tinham!)

— Ele criava o problema das fronteiras? Por quê?

— Ele fala um pouco disso no outro livro (no qual, por sinal, a importância das fronteiras diminuiu, tanto no que diz respeito às famílias quanto a ele próprio, Minuchin, & Nichols, 1995.) Pensa um pouco... ele era uma criança judia, viveu sua infância e adolescência na Argentina, em um bairro judeu, emigrou para Israel, de onde foi para os Estados Unidos. Não te parece que, para ele, desde muito cedo, essa questão das fronteiras foi algo no mínimo inquietante? Ele teve de se transformar em um especialista nessa questão. E essa foi a maneira que ele escolheu para perturbar as famílias, para colocar-lhes um problema que resolvessem. Nesse livro, curiosamente, o terapeuta também é o centro das preocupações e a família aparece como o elemento secundário. Minuchin mudou de problema. Está claro?

— Muito bem, ficou claro. De certa forma, afirmarias que quando o terapeuta parte do seu problema, e o coloca para a família, teria a real possibilidade de ser motivado intrinsecamente e, a partir daí, de participar da promoção da motivação intrínseca dos seus clientes?

— Não tinha pensado nisso, mas faz sentido. Se agregares que essa utilização do problema pessoal deve ser elaborada, minha resposta seria: Sim, concordo.

— Agora eu quero fazer-te *minha* pergunta: Qual é a tua?

— A minha pergunta? Aquela que coloco para as famílias? Ah... isso talvez só seja respondido na última página do livro. Agora prefiro que passemos a alguns exemplos. Vou começar com uma história simpática tirada do baú.

Histórias do baú I

— Agora que vais cumprir tua promessa, começa com uma história sobre adoção.

— É para já. Lembro de uma historinha simpática, contei-a pela primeira vez para uma senhora, mãe adotiva, e o seu filho. Gostei muito dela. Depois acabei por compartilhá-la com muitos casais cuja prole incluía filhos adotados.*

Adoção vem de adoçar...

A senhora chegou com seu filho de cinco anos. A procura foi motivada pelo conselho da fonoaudióloga do rapaz. Durante a conversa percebi que a mãe tentava dizer-me algo... com muita discrição! Vigiava atentamente o filho e, quando este se afastava um pouco de nós, para correr atrás dos carrinhos com os quais se entretinha, interrompia-se e, com um esforço enorme por revirar a boca em direção contrária à do filho, começava a dizer: "O senhor sabe... ele..." Ao perceber a proximidade da criança, mudava de tema. Ela queria poupá-lo e evitar que ouvisse aquilo que, com tanto sigilo, tentava comunicar-me.

Tranqüilizei-a e a encorajei a abandonar as precauções e a falar com liberdade. Sem deixar de fazer o grande esforço para retorcer a boca e apontá-la na direção contraria à do filho, disse-me: *"O senhor acha... posso, não tem problema? É que* [sua voz neste momento era quase inaudível] *ele é adotivo, mas não sabe!"*

Não pude evitar a minha risada e respondi: *"Ele está careca de saber! Mas, de qualquer forma, eu vou lhe contar uma história. A senhora sabe de onde vêm os bebês?"* Seus olhos se arregalaram e seu

* Também a contei na III Jornada de adoção do Projeto Aconchego, Brasília, 23 de junho de 2001.

rosto fez uma careta que bem poderia traduzir a seguinte pergunta: *"O homem é louco mesmo, será?"* Por isso, disse-lhe: *"Aguarde, eu lhe conto."* (Enquanto isso, o rapazinho, com as orelhas esticadas, esforçava-se por dar a impressão de estar concentrado nos seus brinquedos e de não estar nem aí para a conversa dos adultos. Sua atitude tranqüilizava a mãe: ele não ouviria aquilo que não deveria ouvir.)

Donde vêm os bebês?

Depois de serem fabricados — e antes de serem distribuídos — todos os bebês, sem exceção, são armazenados em um enorme depósito especial para bebês. Eles só podem ser entregues caso dois personagens resolvam fazer um pedido. Sabe quem são esses personagens? Pois bem, um é um motorista, o outro é um ônibus. O contrato entre as partes é muito claro: os interessados só recebem o bebê se fizerem a primeira diligência: a prova da intimidade. O bebê, no entanto, só ficará com eles por um período determinado, o qual pode durar entre sete e nove meses. Eles, os interessados, deverão transportar e cuidar do bebê durante o tempo estipulado. Ao finalizar esta fase, o bebê será devolvido ao depósito. A seguir, prosseguir-se-á outra série de trâmites. A direção do depósito lança uma licitação de adoção. Todo e qualquer bebê só poderá ser efetivamente adotado depois da licitação.

A lei estipula claramente a prioridade concedida ao ônibus e ao motorista, caso manifestem o desejo de adotar o bebê. Outras candidaturas só serão aceitas e analisadas em caso de desistência do ônibus e do motorista.

Em muitos casos, a adoção é feita imediatamente pelo ônibus e pelo motorista. Mas nem sempre. Existem diversas possibilidades de adoção e a senhora deve conhecê-las. Preste bem atenção.

Casos possíveis de adoção

1. Ônibus e motorista participam da licitação e adotam o bebê.
2. Ambos, ônibus e motorista, participam da licitação, mas só um deles adota o bebê. O outro, simplesmente, fica.

3. Nem ônibus nem motorista participam da licitação, nenhum dos dois adota, mas ambos ficam com o bebê.

Quando o ônibus e o motorista resolvem não adotar nem ficar com o bebê, abre-se a licitação para outros possíveis pais.

4. Ambos os novos licitantes, substitutos do ônibus e do motorista, adotam o bebê.
5. Só um dos substitutos adota, o outro simplesmente fica.
6. Nenhum dos dois substitutos adota, ambos apenas ficam com o bebê.

Em certos casos, o pedido de adoção será feito por uma única pessoa.

7. Só o ônibus ou só o motorista se apresenta para pedir a adoção (o outro morreu ou sumiu).
8. Só se apresenta um candidato substituto (pai ou mãe).

Existe, finalmente, outra possibilidade:

9. Ninguém se apresenta à licitação e, portanto, ninguém adota ou fica com o bebê. Ele vai para uma instituição.

— Desculpa-me a interrupção. Na tua opinião, a pessoa, no caso a mãe, compreende o significado específico que dás à palavra adotar? Fica claro que te referes não apenas ao fato legal, mas a um assumir amoroso, ao compromisso de prodigar a proteção e os cuidados necessários para o crescimento de uma pessoa?

— Essa é a minha convicção. Mas, por via das dúvidas, formulei-lhe a pergunta. Ela confirmou, compreendia perfeitamente. Vamos continuar e acabar com a história?

Agora quero explicar-lhe qual é a situação desses diversos grupos formados por pais e bebês respectivamente. Os grupos **1** e **4**, **2** e **5**, e **3** e **6**, **7** e **8**, são equivalentes entre si. As crianças dessas duplas de grupos, bem como seus pais, compartilham as mesmas características, vantagens e desvantagens.

Os membros do grupo **1-4**, são privilegiados. Os do grupo **2-5** e **7-8** são menos privilegiados. E os do grupo **3-6** são prejudicados.

O importante é ser adotado. Não importa por quem. Se o bebê for adotado, então tem mãe e pai.

— Depois de contar-lhe a história, precisava fazer-lhe a pergunta chave:

"Poderia dizer-me quem é a verdadeira mãe desse molequinho?" Perguntei-lhe.

"Eu!", respondeu-me de imediato.

"Ele foi adotado pela senhora? Tem mãe?"

"Foi adotado. Tem mãe."

"A senhora acha que há algum problema no fato da senhora ser sua mãe?"

"Não, não há!"

"Constituiria para ele um problema o fato de saber que a senhora é sua mãe adotiva?"

"Não."

— A criança acompanhava a conversa?

— O tempo todo. Não parou de brincar com os carrinhos, mas ficou muito atenta. E não mostrou nenhuma perturbação.

— Porque só falaste na mãe e não no pai?

— Porque, no caso, o pai não adotou, apenas ficou. O trabalho foi feito só com a mãe.

— E aí?

— Depois da sessão, e da conversa aberta sobre a adoção, tive notícias da colega fonoaudióloga: o rapazinho havia deslanchado e fazia muitos progressos.

— A mãe estava muito satisfeita. Havia mudado sua pergunta. Já não era: o que faço com o *meu filho adotivo*?

— Qual era?

— Apenas o que faço com *o meu filho?*

— Qual é a origem da terrível dúvida sobre a comunicação da notícia? Os filhos devem ou não ser informados da sua origem?

— O medo do impacto que pode provocar uma notícia que, sem dúvidas, seria terrível: eu não sou tua mãe verdadeira.

— Tens de convir... essa realmente seria uma notícia horrível.

— Concordo, ela seria catastrófica para qualquer pessoa mas, e esse é o ponto: se a mãe adotou mesmo, a notícia será bem diferente: "Eu não te pari, *mas sou tua mãe verdadeira."*

— Notícia cujo significado é: *"Eu te amo, cuido-te e nunca, nem morta, deixarei de ser tua mãe."*

— *"Nem tu, em hipótese nenhuma, podes deixar de ser meu filho."*

— É isso. E assim sendo, ela não tem nada a temer. O filho receberá uma notícia que não tem nada de assustador. Bem pelo contrário, será uma notícia tranqüilizadora.

— Com o que, de passagem, suprime-se uma das maiores fontes de transtorno nas relações interpessoais: a culpa.

— Claro, porque tudo aquilo que for feito com culpa tem fortes chances de criar problemas.

— Devido a isso tudo, no contexto de atendimento às famílias, sempre faço uma ressalva: o filho não *é* adotivo, *foi* adotado.

— Qual é a diferencia?

— Só há duas categorias: a do filho e a do não-filho. Aquele que foi adotado já foi adotado, transformou-se em filho. A adoção foi realizada e agora ele é um filho como qualquer outro.

— E as famílias aceitam tua sugestão?

— No contexto da terapia sim e eu vejo os resultados positivos.

E quem pode adotar?

— Agora, sabes, depois de haver bolado essa história, refleti: para que uma pessoa tenha a capacidade de adotar realmente alguém, é preciso que, pela sua vez, ela tenha sido previamente adotada. Senão... nada feito!

— Quem não foi adotado não pode adotar?

— Nem na vertical, nem na horizontal.

— Que queres dizer com isso de vertical e horizontal?

— A adoção na vertical é aquela da qual acabamos de falar, a adoção de um filho. A adoção na horizontal seria o estabelecimento de uma relação amorosa: escolher alguém para se amar.

— Isso abriria perspectivas muito sombrias, não te parece? Dada a crescente incapacidade demonstrada pelas pessoas em relação à "adoção" dos próprios filhos, cada vez teremos menos pessoas dotadas da capacidade de estabelecer relações amorosas.

— O panorama seria esse se não houvesse possibilidades reparadoras, espécies de segundas chamadas, de segundas chances.

— E quais seriam essas segundas chances?

— Penso imediatamente em duas: a primeira ocorre todos os dias, de forma espontânea, é a amizade. A amizade é uma forma de adoção e pode representar uma transformação para qualquer pessoa. Dentro de uma relação de amizade é possível aprender-se a adotar, a amar.

— E a outra?

— Essa é a nossa... a utilizada no consultório, a terapia. Muitas das pessoas que nos procuram fazem-no porque não amam, porque não são amadas. Elas vêm, de certa maneira, para fazer um pedido de adoção... momentânea. Quando, dentro do processo terapêutico, ocorre essa adoção, a pessoa vive uma experiência reparadora, sente-se conquistada e pode começar a aprender a conquistar, a adotar.

—E, como conseqüência disso, pode conquistar a aptidão para amar.

— Sim, já o dizia o Dr. Freud. Muitas vezes aqueles desamados-desamorosos sentem por seus terapeutas um amor-de-transferência. Ao ser bem trabalhado e elaborado, este amor transformar-se-á em um grande amor por si mesmo.

— E, finalmente, poder-se-á transformar na capacidade de amar outras pessoas.

— Cortar-se-ia, assim, a maldição da não-adoção originária.

—Entendi. Outro dia contas mais histórias de adoção?

—Perfeito, está combinado...

Notas da Primeira porta

---

[1] Uma pessoa (P) que fica menor é uma pessoa cuja auto-estima "encolheu". O encolhimento dessa auto-estima é muito bem explicado por Wright: "Uma experiência inventiva demonstrou a que profundidade a verdade sobre nós mesmos pode se ocultar. Quando as pessoas ouvem uma voz gravada, sua resposta galvânica cutânea (RGC) sobe e sobe ainda mais se o que ouvem for a própria voz. Surpreendentemente, quando perguntam às pessoas se a voz lhes pertence, elas, em média, acertam com menor freqüência do que na medição cutânea. O que intriga é o padrão de erro. *Após diminuir a auto-estima de indivíduos testados, fazendo-os 'fracassar' em alguma tarefa inventada, eles tendem a negar que a voz lhes pertença, ainda que a RGC demonstre que, em algum nível, 'saibam' a verdade. Quando a auto-estima é aumentada, eles começam a identificar certas vozes como suas, embora, mais uma vez, sua RGC demonstre que, no fundo, a informação está batendo corretamente.* Robert Trivers, reexaminando a experiência, afirmou: *'é como se nos expandíssemos... quando somos bem-sucedidos e encolhêssemos a imagem do eu quando somos malsucedidos, porém na maior parte do tempo não temos consciência do processo'*." [232-233]. (Wright,1996.) [Eu Sublinho.]

[2] Na conferência de São Paulo estava presente Humberto Maturana. Quando acabei de falar, ele veio cumprimentar-me e me disse: "Parabéns, tua teoria é parcimoniosa." Para alguém que não tinha a pretensão de elaborar uma "Teoria" esse foi um elogio e tanto.

"Quanto mais simples uma teoria, tanto mais variados e numerosos os fatos que ela explica, mais parcimoniosa ela é". Cade, O'Hanlon, (1993) citado por Boscolo e Bretrando (1996).

[3] Algum tempo depois encontrei uma reflexão de Maturana sobre o erro, que ia no mesmo sentido: "O erro é uma coisa maravilhosa porque é uma ação que se faz na honestidade e depois se considera inadequada. Erros vamos cometer sempre e não somente vamos cometer sempre, como creio que é fundamental aceitar que o erro tem presença na vida, porque somente quando aceitamos a presença do erro podemos corrigi-lo, temos plasticidade e fluidez para fazer coisas distintas. Quando a pessoa diz: "Ah, me equivoquei!", pode pedir desculpas. A desculpa é uma coisa notável porque se relaciona não com a ação, senão com a história, e faz referência à sinceridade: o 'desculpe-me, ontem me equivoquei, ontem fui sincero no que fiz e sou sincero agora

também' tem a ver com isso, porque já realizei a ação. No laboratório tenho uma carta dos Direitos Humanos na qual adicionei — entre outros — estes direitos: o direito de equivocar-se, o direito a cometer erros. Se a gente não tiver esse direito, nunca poderá corrigi-los. É importante que a gente tenha esse direito. Agora o direito de equivocar-se é fundamental em um espaço no qual a gente se move no respeito pelo outro, porque é desde o respeito pelo outro que eu lhe peço desculpas." [255, 256] (Maturana, 1999)

Osborn expressa a mesma idéia: "Enquanto escrevia estas linhas, quatro meses após o meu conturbado verão, sentia que, aos poucos, meus sofrimentos haviam diminuído. O lugar da dor foi misteriosamente preenchido por uma maior provisão de confiança. *Isto não quer dizer que todas as questões que me preocuparam durante o verão tenham sido solucionadas. Significa que, de alguma maneira, meu espírito cresceu a ponto de conter agora um espectro maior da condição humana.*" (O sublinhado é meu. Osborn, 1997, [6].)

[4] "Por *ver a si mesma como inepta* e desamparada, ela superestima irrealisticamente a dificuldade de tarefas normais, espera que seus empreendimentos acabem mal." [10] "Nós observamos que o paciente deprimido tende a ver suas experiências como privações totais ou derrotas (não dimensionais) e como irreversíveis (fixas). Concomitantemente, ele se categoriza como um 'perdedor' (categórico, sentencioso) e condenado (déficits de caráter irreversíveis." [13] Beck *et alii* (1997).

5 O ser humano dispõe de uma longa infância, durante a qual tem a possibilidade de viver inúmeras experiências positivas de sucesso. Isso o prepara para fazer do fracasso uma fonte de ensinamento. As observações de Roger Fouts sobre a infância de Washoe, um chimpanzé que fazia parte de um programa de aprendizagem de linguagem de sinais, podem ilustrar essa observação:

"Os filhotes de chimpanzés, assim como os dos humanos, vêm ao mundo bem preparados para aprender de uma maneira que construa por meio da flexibilidade. São biologicamente dotados de uma curiosidade voraz, uma capacidade de imitar e um forte impulso para brincar. Têm rédeas livres para desenvolver essas características graças a uma infância longa, possibilitada pelo cuidado e proteção constante dos pais. Sem o fardo de ter que procurar comida, defender seu território ou se reproduzir, os filhotes de chimpanzés e de humanos dispõem de muito tempo livre. Essa infância prolongada e dependente, muito incomum no reino animal, paga um alto preço em termos de evolução. A mãe, intimamente presa à sua criança, só pode dar à luz com intervalos de alguns anos — estratégia de reprodução muito arriscada."

"Os chimpanzés e os humanos teriam desaparecido há muito tempo se esse oneroso investimento de tempo dos pais não pagasse grandes dividendos. *O filhote ganha um ambiente familiar descontraído, no qual pode desenvolver uma gama de habilidades — motoras, cognitivas e comunicativas — que são essenciais para sua sobrevivência.* Tem a oportunidade de imitar os adultos ao seu redor e dispõe de anos como tempo de brincadeiras, durante os quais pode integrar esse novo comportamento no seu grande repertório de outros comportamentos. Washoe não só brincava com bonecas, como também fazia sinais para elas; não só trepava em árvores, como também sinalizava para elas. *Brincar é a maneira pela qual a natureza funde comportamentos complexos e cria a inteligência que é adaptável a situações novas. É a versão de escola da natureza, uma escola em que não há professores como tal, apenas adultos interessantes que podem ser observados e imitados.*" [90-91] (Fouts, 1998). [Os sublinhados são meus.]

Ao falar de crianças muito novas que, sem sucumbirem, passaram por experiências devastadoras, Cyrulnik expressa a mesma opinião:

"Se estas crianças, atingidas pelo fracasso, resistiram foi porque, *antes*, nos primeiros estádios da sua personalidade, *haviam sido solidamente construídas por uma ecologia familiar fornecedora de conforto e segurança.*" [99] (Cyrulnik, 1999). [Os sublinhados são meus.]

A acumulação do fator α+ verifica-se, também, no âmbito social cultural: "Se nos encontramos diante de uma situação problemática, para utilizar a linguagem de Dewey, que apresenta aspectos novos para nós, e que a tornam enigmática, provocando tanto nossa desorientação quanto a perda de segurança de nós mesmos, *somos vitalmente estimulados a conferir-lhe um sentido,* através da produção de um saber que a focalize e resolva os problemas ainda insolúveis que comporta, através do qual possamos acabar definitivamente com nossa ansiedade e reencontrarmos nossa própria segurança." [175] (Tullio-Altan, 1996) [Eu sublinho.]

Esse crescimento de **P** (que se traduz por **P'**), motivado pelo aumento do fator α+, pode ser identificado com um aumento da auto-estima da pessoa. Ao falar de emoções positivas, Baldwin e Baldwin (1986) afirmam:

"O autoconceito ou identidade de uma pessoa será positivo se a maioria das autodescrições da pessoa se constitui com estímulos condicionados para emoções agradáveis, *devido a uma história de experiências positivas.* Pessoas que tiveram sucesso em muitas coisas e receberam reforçamentos sociais generosos descobrirão que muitos elementos de suas auto-descrições são estímulos condicionados que eliciam bons sentimentos acerca delas mesmas. Pessoas que fracassaram, sendo criticadas por muitos aspectos do comportamento, ou receberam reforçadores por freqüente auto-crítica, terão um auto-conceito mais negativo."

[6] Ao fazer referência a um grupo de crianças que sofreram graves agressões, Boris Cyrulnick diz:

"Este último grupo demonstra como uma futura mãe desorganizada pela sua própria desdita, um luto recente ou durável, uma depressão que a tortura, compõe com seu sofrimento um mundo sensorial incoerente para um bebê. Ela pode agarrar-se a ele, em um impulso de hiper-apego feroz, para se acalmar e, a seguir, no instante seguinte, desesperada, esgotada, sacudi-lo duramente. Ela sente a criança como agressora, sendo que tudo que esta solicita é um pouco de segurança. Se a mãe tivesse tido força para expressá-los, um simples gesto, um sorriso ou uma palavra tranqüilizadora teriam bastado. *Estas crianças, embrutecidas, tornam-se incapazes de procurar sua base de segurança. Não podem aprender, no decorrer do seu primeiro ano de vida, a triunfar da inevitável prova da angústia de separação. Para elas qualquer presença é insuportável, porque esta comunica angústia e desorganiza o mundo. Qualquer ausência é insuportável, porque elas não tiveram a oportunidade de aprender a inventar um substituto tranqüilizador, um ursinho de pelúcia ou uma mentalização que representasse a mãe e assumem sua função de segurança quando esta se vê obrigada a ausentar-se.*" [85] (Cyrulnik, 2001) [Eu sublinho.]

Quando o bebê teve uma experiência positiva de sucessos, a situação se inverte:

"Um ano mais tarde, o estilo temperamental descoberto no decorrer do teste da situação estranha, prova a adquisição de um apego seguro. A criança, confortada por sua mãe, explora o seu mundo. Quando esta vai embora, aquela a simboliza através da invenção de objetos tranqüilizantes que a substituem. Ao ter adquirido um comportamento de encantamento, a criança transforma o estranho em figura de apego. Quando sua mãe volta, a criança faz-lhe festa, restabelece o contato com ela e transforma sua prova de perda afetiva e de angústia em triunfo criador. *Esta vitória dá-lhe confiança, porque ela lhe permite saber que, em caso de solidão, saberá inventar um objeto tranqüilizante ou buscar um adulto que lhe servirá de figura de apego, de nova base de segurança.* A criança cada vez tece melhor seu ego resiliente." [84] (Cyrulnik, 2001) [Eu sublinho.]

[7] A aprendizagem da derrota, do fracasso, pode ser facilmente demonstrada. Para um interessante testemunho científico, peço ajuda a Richard Dawkins:

"E se os indivíduos retiverem alguma lembrança do resultado de lutas passadas? Isto depende de se a memória é específica ou geral. Os grilos têm uma memória geral sobre o que aconteceu em lutas passadas. Um grilo que tenha vencido um grande número de lutas recentemente, exibirá comportamento mais semelhante ao de gaviões. E um grilo que recentemente teve um período de azar comporta-se mais como um pombo. Isto foi claramente demonstrado por R. D. Alexander. Ele utilizou modelos de grilos para surrar os grilos verdadeiros. Após este tratamento, estes últimos passaram a ter maior probabilidade de perder as lutas contra outros grilos reais. Pode-se imaginar que cada grilo constantemente atualiza sua própria estimativa de sua habilidade de luta relativamente àquela de um indivíduo médio da população. Se animais tais como os grilos, que funcionam com uma lembrança geral de lutas passadas, forem mantidos em um grupo fechado durante algum tempo, um tipo de hierarquia de dominância provavelmente se desenvolverá. Um observador poderá colocar os indivíduos em ordem. Aqueles mais em baixo na ordem tendem a ceder àqueles mais em cima. Não há necessidade de supor que os indivíduos reconhecem-se mutuamente. *O que acontece é que aqueles acostumados a vencer logram uma probabilidade ainda maior de vencer, enquanto aqueles acostumados a perder terão cada vez maior probabilidade de derrota.* Mesmo se os indivíduos começassem vencendo ou perdendo ao acaso, eles tenderiam a se separar numa ordem hierárquica. Isto incidentalmente tem o efeito de diminuir gradativamente o número de lutas sérias no grupo." [106,107.] Dawkins (1979). [O sublinhado é meu.]

O testemunho da antropologia serve-nos para lembrar que a experiência do fracasso não apenas é válida quando pensamos em termos de indivíduos. Vale também quando se trata de coletividades:

"O homem, *quando pode enfrentar a vida com o patrimônio de saber que o ajuda a determinar o sucesso de suas ações, vê a própria vida como algo dotado de sentido e que vale a pena ser vivido. Quando, porém, por qualquer motivo, este patrimônio cultural mostra-se insuficiente para o propósito de dar sentido à vida, e o homem segue suas indicações, ao invés de atingir seus objetivos e sentir-se gratificado, ele fracassa repetidas vezes e, aparentemente, sem remédio. Então, ao contrário do que acontece no primeiro caso, sente-se frustrado e a vida perde para ele o sentido.* Diante da experiência da ameaça, o homem sente-se desorientado, indeciso, inseguro, condições que desencadeiam nele uma forte tensão, uma angústia, um estado doloroso e insuportável que Durkheim chamou de anomia. Em tal situação, não pode reagir em um plano racional. Porque, sentindo-se incapaz de realizar uma reformulação radical do seu patrimônio cultural, que o tornaria adequado aos seus fins, age recorrendo a defesas particulares que visam evitar o sentimento de estar completamente perdido. Esta é a situação descrita por De Martino, a chamada "crise da presença", da qual, segundo este estudioso, deriva o complexo aparelho cultural da magia, entendido como resposta imperfeita e provisória, mas culturalmente institucionalizada e eficaz, que surge da ausência de uma solução racional dos graves problemas da existência individual e coletiva." [159] (Tullio-Altan. 1996). [Eu sublinho.]

[8] Viktor Frankl (SD) faz a mesma constatação em seu livro *Um psicólogo no campo de concentração*. Lisboa: Áster. Aqui poderíamos abrir o capítulo da resiliência mas isso, definitivamente, levar-nos-ia muito longe. Ver Molina-Loza (2003b). Prometo que em breve publicarei um trabalho sobre o tema: *Entre a dor e a esperança. A resiliência: um novo olhar sobre a tragédia humana.* (SDc) [Manuscrito em preparação.]

[9] Isto é o que afirma a teoria comportamental:

"Um bom professor modelador usa pequenos passos de aproximações sucessivas, para torná-los fáceis e minimamente aversivos. O aprendiz não é forçado a progredir num ritmo maior do que possa agüentar. O uso de passos pequenos e lentos reduz o risco de que passe por fracassos e evite os passos seguintes de modelagem. A modelagem casual, na maioria das vezes, não é conduzida em passos pequenos e lentos. Muitas vezes se introduz um passo demasiadamente grande ou aprendiz é apressado a passar logo ao passo seguinte, antes mesmo de vencer todas as dificuldades do passo em que se encontra. Pressa e passos muito grandes podem se tornar aversivos e aumentar o risco de fracassos. Por exemplo, quando alguém que tem grande habilidade numa certa área tenta ensinar esta atividade a um amigo, pode ficar muito impaciente para ver progressos rápidos, para que ambos possam partilhar esta atividade juntos, no mesmo nível de habilidade. Como resultado, a pessoa que já domina a habilidade pode tentar forçar o amigo a progredir rapidamente, ou encorajá-lo a tentar um passo muito grande, antes que tenha as habilidades necessárias. " (Baldwin & Baldwin, 1986)

Este procedimento é chamado de modelagem sistêmica pelos teóricos comportamentais: *"A modelagem sistêmica envolve a mudança do comportamento em passos de aproximações sucessivas em direção a um desempenho final preestabelecido.* A cada passo, o reforçamento é dado ao comportamento que mais se aproxima do desempenho final. Não se avança para um, a menos que o anterior tenha sido bem apreendido e que tenha aparecido um bom número de novas respostas desejáveis (devidas à indução, que tornem possível uma transição fácil para o novo passo de reforçamento diferencial. " (Baldwin & Baldwin, 1986)

[10] Reaprendizagem... Nossos clientes viriam, pois, para vivenciar um processo (ou uma série de processos) de reaprendizagem. Neste sentido, também, a experiência do cliente individual do terapeuta tampouco se diferencia da experiência coletiva do ser humano:

"Noutras palavras, a aprendizagem nos primeiros anos da existência humana, que inculcam no novo membro da sociedade as disciplinas essenciais para que funcione como membro de seu grupo social, contribui para a estabilidade social e a continuidade cultural. *À medida que o indivíduo cresce em idade, aqueles primitivos condicionamentos se tornam tão efetivos que se estabelecem como rotinas da conduta diária. A partir do qual, o processo de endoculturação a que continua submetido é, em uma extensa medida, um processo de recondicionamento que se encontra no nível consciente.* Um homem ou uma mulher sabem as maneiras de condutas tradicionalmente aceitáveis em seu grupo em uma situação dada: em uma determinada sociedade, para demonstrar respeito, deve deter-se e dar as costas quando passa uma pessoa mais velha; em outra, o mais apropriado quando falece uma pessoa é queimá-la. [54] Em boa medida, o processo de aprendizagem é um processo de condicionamento; em anos posteriores, de recondicionamento. Se não fosse assim, os seres humanos não poderiam funcionar no sistema de relações que constitui o curso de suas vidas. Não poderiam funcionar absolutamente, porque teriam que gastar o tempo em pesar cada situação como a que o indivíduo poderia tropeçar em vez de responder a uma determinada série de circunstâncias, 'sem pensar', como sói dizer-se." [59] (Herskovits, 1995). [Eu sublinho.]

[11] Para um exemplo desse tipo, ver Molina-Loza (2003a).

[12] Alan Gratch assume abertamente que isso ocorre com ele:

"A idéia de escrever um livro sobre os homens me ocorreu pela primeira vez anos atrás, quando percebi que minha clientela era diferente da de muitos outros terapeutas. Naquela época, ao ensinar, supervisionar ou comparar anotações com meus colegas, desenvolvi uma leve impressão de que meus pacientes compunham um grupo bastante interessante e expressivo e que seus problemas e seu universo interior eram mais dramáticos, talvez até audaciosos. Uma diferença óbvia era que, cedo ou tarde, meus pacientes acabavam fazendo relatos minuciosos de fantasias sexuais extremamente excitantes. Além disso, eles costumavam criticar meus sapatos, gozar de minha gravata, analisar os meus comentários e minhas próprias motivações, perguntar sobre minha cor favorita, tentar me pegar numa mentira e acusar-me jocosamente de manipulá-los ou de fazer experiências com eles. Eram também muito amorosos e sabiam mostrar-se agradecidos." [16] (Gratch, 2001).

Eu afirmo isso, com todas as letras, em *Eu não sabia... mas Clio me contou.* (Molina-Loza, 2000b)

[13] Essa criação é exposta por Gratch (2001) nas seguintes linhas: "Os terapeutas comportamentais 'descobrem' problemas comportamentais; os analistas 'descobrem' problemas intrapsíquicos, cujas origens são atribuídas à infância; os psiquiatras de orientação biológica 'descobrem' problemas neurobiológicos e déficits de natureza bioquímica; os terapeutas estruturais 'descobrem' ambigüidades nas hierarquias e nas coalizões; os terapeutas contextuais 'descobrem' os efeitos da exploração e da injustiça intergeracional, os terapeutas breves 'descobrem' modelos de pensamento e ação que se auto-reforçam." [61]

[14] "A terapia familiar diferencia-se claramente de outras disciplinas pelo simples motivo de que —dado que crescemos no seio de uma família — todos nós somos, de alguma maneira, 'experts' do campo. Não é necessário, como no caso da biologia ou da astronomia ou de outros ramos do saber, que adquiramos toda uma série de conhecimentos específicos que seriam ignorados pela maioria. Nós pensamos que, na nossa profissão, as premissas pessoais influenciam o modelo de terapia que é adotado. Os preconceitos são semelhantes aos mísseis terra-ar, que são programados para se dirigirem a uma fonte de calor, seguindo assim um modelo pré-estabelecido."

"É surpreendente ver como, no mercado da terapia, qualquer preconceito bem desenvolvido e adequadamente elaborado, pode ser transformado em modelo teórico e vendido a clientes potenciais. Se você gosta de pensar na história da família e se sente fascinado com os diagramas que definem sua evolução, acabará gravitando em torno de Bowen. Se lhe fascinam as intrigas, os complôs e as traições, descobrirá Selvini e sua escola. Se é fiel à memória dos seus ancestrais, pensará que quem melhor se adapta a você é Boszormeny-Nagy. Se ainda tem nostalgia por aquele tempo passado, em que os pais dirigiam a família com mão-de-ferro, Minuchin ou Haley estão à sua disposição. Se pensa que o problema da perda é fundamental, Norman Paul é o homem perfeito para você. Se acredita que tudo não passa de uma questão de evolução familiar, enamorar-se-á de Carter e McGoldrick. Se lhe parece que a opressão patriarcal é a origem de todos os males, Goldner e Michael White estão prontos para lhe oferecer uma teoria muito bem articulada neste sentido. Caso se sinta ainda um filho dos anos 60 e acredite na onipotência do amor, Virgina Satir é exatamente aquilo de que precisa. Todas estas pessoas e todos os outros inventores de modelos terapêuticos têm sido hábeis mestres, capazes de criar abordagens elegantes e eficazes, partindo de algum preconceito presente no contexto cultural em que trabalhavam." [68,69] (Cecchin, Lane, Ray, 1993.)

SEGUNDA PORTA

Prolegômenos para o estudo do fracasso em terapia familiar

Para ser grande, sê inteiro: nada
teu exagera ou teu exclui.
Sê todo em cada coisa, põe quanto és
no mínimo que fazes.
Assim em cada lago a lua toda
brilha, porque alta vive.

Fernando Pessoa
Ficções do interlúdio/2-3

— Então aqui estamos. Manténs o dito? Falaremos de fracasso, do teu fracasso?

— Mas claro, por que haveríamos de mudar de idéia? Eu sei — como lembravas anteriormente — que esse não é um tema muito simpático (quem gosta de fracassar?[1]) Ocorre que a reflexão sobre o assunto parece ser a única saída se quisermos limitar a possibilidade de cometer os erros que nos conduziram pela via do fracasso. Quero sobretudo falar das situações que pareciam encaminhar-se para o sucesso mas cujo resultado global foi de fracasso.

— Talvez o mais sensato seja apresentar primeiro um panorama da situação, uma revisão bibliográfica sobre o tema. Seria interessante conhecer a opinião dos outros colegas a esse respeito.

O que dizem os colegas

— Esse era o meu propósito... mas quase fracassei *na tentativa de encontrar reflexões de outros colegas a respeito do assunto.*

— Eles não fracassam nunca ou fracassam na tentativa de refletir sobre o fracasso?

— *É provável que existam muitos trabalhos dedicados à análise da questão. Eu, porém, não tive a sorte de ter acesso a muitos deles.*

— *Há, no entanto, honrosas exceções. Haley (1972), por exemplo, escreveu um simpaticíssimo artigo sobre o tema. Seu texto merece um comentário, não achas?*

— *Claro. Trata-se de um trabalho simples e bem humorado. Ele cita "estudos recentes" segundo os quais os "pacientes melhoram espontaneamente com maior freqüência do que se supunha", "de todos os pacientes anotados em listas de espera, uns cinqüenta a setenta por cento (...), além de já não desejar fazer um tratamento ao terminar o período de espera, têm-se curado realmente dos seus problemas emocionais" (op. cit. p. 71).*

— *Dito noutras palavras, um terapeuta, mesmo sem fazer nada com seus clientes, poderia ter um alto índice de "acertos" espontâneos!*

— *Exato. E Haley parte dessa constatação para sugerir um "programa de doze passos para o fracasso"*[2]*. Para mim, sem embargo, sua proposta dá a impressão de que bastaria agir como ele recomenda para manter escancaradas as portas do grande e permanente sucesso.*

— *E, claro, seria absurdo — digno de uma prepotência ilimitada — pretender que se pode escapar definitivamente do fracasso.*

— *O fracasso sempre estará à espreita do terapeuta.*

— *Retornemos à bibliografia. Nela encontramos alguns comentários, de natureza semelhante aos de Haley, que poderiam ser incluídos na rubrica reflexão a respeito do fracasso: as observações de Bergman (1986) sobre "trabalhar com famílias completas", leia-se compostas por três gerações, e não se envolver como "terapeuta homeostato", aquele terapeuta que serve para manter as situações e impedir a irrupção da crise. Tens também as observações de Whitaker sobre sua famosa "batalha pela estrutura" (Whitaker & Bumberry, 1990). Sem esquecer a chamada de atenção de Selvini-Palazzoli e Prata (1983) sobre a importância de não se aceitar segredos por parte dos membros de uma família, porque isso "equivaleria a aceitar uma coalizão secreta com a pessoa que oferece a revelação", o qual, como podes supor, ameaçaria seriamente as chances de sucesso posterior.*

Benoit e colaboradores (1988) dedicam à questão um pequeno verbete do seu dicionário e definem o fracasso como uma: "Experiência comum em psicoterapia, pode tratar-se de uma agravação dos sintomas — o qual exigiria um novo projeto terapêutico — ou de uma cura interrompida." As causas do fracasso também são brevemente citadas por eles: "Insuficiência do contrato *(em particular devido à ausência de um membro influente durante a primeira sessão);* hipóteses *de trabalho insuficientes;* colusão *com um membro da família (devido a problemas familiares próximos aos do terapeuta;* "contra-transferência", *por exemplo);* triangulação *com alguns dos participantes sociais ou médico-sociais exteriores* (encaminhamento *duvidoso) ou questionamento pelos terapeutas de outras instituições. (Op. cit. P. 129.)*

— Realmente, em todos esses casos trata-se de chamadas de atenção para certos erros que, segundo os autores, conduziriam ao fracasso. Mas isso colocaria uma outra questão delicada: será que os erros assinalados seriam erros em qualquer circunstância, com todas as famílias e para qualquer terapeuta?

— A isso refere-se Papp (1992) ao perguntar: "Por que os mesmos erros têm conseqüências sérias em um caso e não em outro caso similar?"

— Essa pergunta é realmente importante, sobretudo se lês nas entrelinhas. Ao dizer "os mesmos erros", *ela assume que o erro com determinada família (em determinadas circunstâncias) sê-lo-ia também com outra.*

— Isto significaria afirmar que a intervenção vem a ser uma espécie de objeto standard, *que independeria da família ou da pessoa com a qual é realizada. Se assim fosse, nossa tarefa ver-se-ia muito simplificada: seriam estabelecidas as listas dos erros "cometíveis" e bastaria estudar e aplicar a dita lista para que as terapias fossem sempre bem sucedidas.*

— *Isso significaria que, ao falar em fracasso em terapia, apenas se poderia tentar compreender o que* foi feito e deu errado com aquela família específica, *sem, no entanto, pretender ter chegado ao cerne do erro, à sua essência. Ele não teria sido, por conseguinte,* "domado" *para sempre.*

— *Isso. O erro daqui não necessariamente é o erro de lá. Porque o dito ou feito na terapia — nossa intervenção — assume a "cara" do grupo que, com aquela família específica, constituímos.*

— *E não podes esquecer que, se bem elaborados, os erros de uma sessão constituir-se-ão no ponto de partida de novas intervenções e transformações.*

— *Vou dar-te um exemplo disso emprestado de Milton Erickson: "Evidentemente, na primeira entrevista utilizei um procedimento equivocado, do qual valeu-se a paciente para castigar-me e frustrar-me por incompetente. A segunda sessão foi mais afortunada, fabriquei-lhe um dilema cujas alternativas ela não poderia detectar..." (Haley, 1986, p.141.) Os erros, como vez, fazem parte do processo de buscas. O fato de se cometer certos erros, que serão corrigidos mais à frente, é algo perfeitamente natural.*

— *Bem, agora, após essa apresentação geral de algumas idéias sobre o fracasso, poderias apresentar tua própria definição? Essa seria uma das condições para que a reflexão tivesse um valor científico. Define o fracasso e conclui com alguns dos teus exemplos.*

O que é fracasso?

— *Em terapia, haveria diversos tipos de fracasso:* o fracasso da tentativa terapêutica. *Este dependeria de diversos fatores, tanto internos quanto externos, e não apenas das falhas do terapeuta: interferências de outros terapeutas (Bergman, 1986, Papp, 1992); falta de participação (ou de motivação?) dos clientes; dificuldades devido ao afastamento da região em que moravam, com a conseqüente suspensão do trabalho ao sentirem os primeiros efeitos positivos, etc.* E o fracasso do terapeuta propriamente dito: *O relacionado com sua incapacidade de conduzir o processo (Whitaker, Bumberry, 1990, Selvini-Palazzoli, & Prata, 1983).*

Eu não gostaria de misturar uns e outros. Dessa maneira, correria o risco de diluir a reflexão mais interessante: nossa responsabilidade, como terapeutas, nos casos de fracasso.

Por isso, ao abordar a questão, gostaria de balizar a reflexão a partir de duas idéias. A primeira: "Quando a gente diz 'cometi um erro, enganei-me' (...) a gente diz 'no momento em que fiz o feito ou disse o dito, vivi aquilo como legítimo'. Só agora, a partir de um outro momento experiencial, com outros critérios, posso dizer: aquilo que vivi como legítimo não o era. Mas no momento em que o vivi como legítimo assim o vivi. *O erro é sempre* a posteriori. O erro é uma experiência desvalorizada a partir da perspectiva de outra experiência posterior, porque no momento em que se vive a experiência que se desvaloriza como erro, ela se vive como legítima. Não há forma de saber, no momento em que a gente se equivoca, que se equivoca. *E o engano é sempre depois.*" (Maturana, 1992. *Os sublinhados são meus.*)

— *Então, quando se faz uma intervenção ou se conduz um processo, sempre se tem a impressão de agir da maneira correta. Por isso, o erro só surge como produto de uma reflexão posterior.*

— *Perfeito. A segunda idéia também é simples: nosso fracasso em terapia nem sempre pode ser destrinchado, compreendido ou elucidado. Acreditar na possibilidade de adquirir sempre a perspectiva correta que desvendaria o fracasso significaria, no final das contas, pretender que pode se transformar todos os fracassos em sucessos. (Omer, 1997.)*

— *Isto é, a busca excessiva da explicação e elucidação do fracasso representaria uma tentativa megalomaníaca de afirmar "eu venci meu fracasso".*

— *Pura e estéril prepotência!*

— *Daí a necessidade de definir com precisão quem será responsabilizado pelos fracassos terapêuticos.*

— Concordo e vou afirmar minha postura. Para mim, mesmo se levarmos em consideração as dificuldades e possíveis recusas da família, o fracasso será sempre do terapeuta.

— Não acredito na honestidade de uma afirmação dessas! Os clientes não compartilhariam dessa responsabilidade? Essa posição cheira a paternalismo. O terapeuta responsável e seus clientes irresponsabilizados...

— Não é isso não. Eles são inteiramente responsáveis pela condução das suas vidas, pela tomada das suas decisões. Mas o terapeuta é o único responsável pela direção do processo terapêutico. "Mesmo que resulte muito desagradável, é preciso que se reconheça que todos os fracassos da psicoterapia são do terapeuta. O paciente não falha nunca. O terapeuta está na sua função; desempenha um papel. Para continuar com a metáfora do ator: a audiência nunca falha. O único que falha é o ator e a interpretação que realiza. A audiência, a *tábula rasa*, é um quadro negro vazio. O fato de que antes alguém tenha escrito nela não significa que esteja obstruída; simplesmente significa que o terapeuta pode não achar uma forma de deixar sua marca." *(Whitaker, 1992,* [*226*]*.)*

— Não faltará quem fique revoltado com essa postura, mas... Agora passemos ao exame de um dos teus fracassos em terapia de família.

"Se ele não 'mudá'... eu é que vou me 'mudá'!"

Ao perdermos de vista a evolução do sistema como conjunto, conseguimos transformar o sucesso em fracasso[*]

— *Esta família chegou até nós por indicação de duas das participantes de um dos meus grupos de supervisão em Florianópolis. Ambas trabalhavam em um centro especializado no atendimento de portadores de necessidades especiais. Edílson, um jovem de 17 anos, havia começado a dar trabalho na instituição. Paralelamente, seu comportamento em casa era motivo de grande preocupação para seus pais e irmãs. Ele foi quem iniciou o processo que culminaria no trabalho com a família.*

— *Quantas pessoas participaram?*

— *A família nuclear toda: Nilson e Ifigênia, os pais, e três filhos: Mara, de 18 anos, Edílson, de 17, e Mariana de 13.*

— *Por que o rapaz freqüentava a instituição?*

— *Excepcionalidade, deficiência mental.*

— *Podes apresentar a família?*

— *Sim. A família apresentava a marca do infortúnio. Edílson ainda era um bebê de colo quando seu pai foi baleado. Os ferimentos foram tão graves que teve de ficar mais de um ano hospitalizado. Ao ter alta, foi aposentado por invalidez. Sua volta ao trabalho, muito tempo depois, colocá-lo-ia em uma função subalterna: servente de pedreiro.*

— *A família, então, além de ter poucos recursos econômicos, lidava com a excepcionalidade de Edílson e a invalidez do pai. Mais alguma coisa?*

— *Todas as outras dificuldades próprias de qualquer família. Todos os terapeutas participantes sentiram o peso das dificuldades e anteciparam um trabalho muito difícil. Como sabes, o atendimento de famílias que incluem um membro excepcional coloca o terapeuta di-*

---

[*] A transcrição das fitas desta terapia foi feita por Rita de Cássia Silveira Cambruzzi e Setlla Maris B. Lopes.

ante de desafios suplementares. (Molina-Loza, 1992a, Molina-Loza, et alii, 1987)

— E não foi difícil?

— Foi, mas de uma maneira diferente da esperada. Depois dos primeiros embates, tivemos a impressão de que havíamos encontrado o caminho certo. As notícias eram cada vez melhores e o aspecto geral da situação também melhorava. Quando chegamos à última sessão, estávamos exultantes. Experimentávamos o prazer de uma longa e bem sucedida caminhada. Foi só nos últimos minutos do derradeiro encontro que percebemos quanto e como havíamos falhado. Não conseguimos passar da queixa (o comportamento perturbado do filho mais velho) para a demanda (o mal-estar da família diante do pai e do relacionamento do casal parental). Perdemos tanto a batalha, quanto a família.

— Vejamos, então, como se desenrolaram as coisas:

"Eu sou a bagunça!"

— Eu começo a conversa dirigindo-me a Edílson. Peço-lhe informações sobre os nomes e o parentesco das pessoas presentes. No momento de me responder o nome da mãe ele não consegue, esqueceu. Ao falar das irmãs, Edílson fornece a primeira informação importante.

TERAPEUTA: Deixa eu fazer uma perguntinha... Qual das duas irmãs é mais chata contigo?
EDÍLSON: Nenhuma.
TERAPEUTA: Nenhuma?
EDÍLSON: O pai...
TERAPEUTA: O pai que é mais chato?
EDÍLSON: Não...

— Quero que prestes atenção neste ponto: o chato é o pai e não é ele que é o mais chato. Edílson fornece, nestes momentos inicias, uma informação crucial. Eu não percebo seu alcance: o problema dele é o

pai. Minha atenção ficará focalizada na segunda parte da sua fala: "o pai não é o mais chato, o mais chato sou eu". Em várias oportunidades, Edílson insistirá em que ele é o problema da família.

— Mas também em várias ocasiões designará o pai como problema da família.

— Sim, mas eu me prendi à questão do comportamento de Edílson, o óbvio, e perdi a segunda pista, aquela que apontava na direção do pai.

TERAPEUTA: Quem é nervoso?
EDÍLSON: Eu.
TERAPEUTA: E quem se queixa mais de ti?
EDÍLSON: A mãe, o pai, irmã...
TERAPEUTA: Espera aí! Qual se queixa mais? A Mara?
EDÍLSON: A Mara.
TERAPEUTA: Essa aqui é mais boazinha?
EDÍLSON: Não...
TERAPEUTA: A família está certa?
EDÍLSON: Não faz bagunça.
TERAPEUTA: Espera um momento! Nessa família não tem ninguém que faça bagunça?
EDÍLSON: Eu sou a bagunça!
TERAPEUTA: Tu és a bagunça da família? Tu tens certeza disso? Faz muito tempo que tu tens a responsabilidade pela bagunça nessa família? Edílson, tu tens quantos anos?
EDÍLSON: Dezessete.

— Com uma lucidez surpreendente, Edílson assume, "eu sou o problema dessa família". Ele se atribui esse papel abertamente.

— Eu diria inclusive que o faz de forma ostensiva. Edílson parece querer concentrar as atenções em torno dele.

— Mas, ao mesmo tempo, de maneira muito ambígua, aponta para outras pistas. Observa como, a seguir, ele deixa novamente uma porta aberta...

TERAPEUTA: Dezessete. (...) Vamos ver o que tu és nessa família? Tu és a bagunça dessa família, quê mais? Tu és o problema dessa família?
EDÍLSON: Problema dessa família.
TERAPEUTA: Tu és o... quem mais? Quem ajuda o Edílson?
EDÍLSON: Da família...
TERAPEUTA: Sim, só da família.
EDÍLSON: Eu não posso falar.

— Se ouves a tua pergunta com atenção compreenderás o significado profundo da resposta do Edílson. "Tu és o problema dessa família?" "Quem ajuda o Edílson [a bagunçar, a ser também problema da família]?" Sua resposta é nítida: "Eu não posso falar."

— Sim, está claro, outra pessoa é o problema, alguém mais bagunça essa família.

— Ele forneceu a dica: há mais alguém. Talvez seja refletir sobre tua incapacidade de ouvir *o que ele disse.*

— O verdadeiro motivo, creio, é que, apesar de todas as minhas precauções, naquela hora agi como um idiota. Meu problema foi saber... Ele tinha retardo mental. Eu sei o que é o retardo mental *e fui incapaz de conferir à sua fala seu verdadeiro valor. Não ouvi sua sabedoria. Limitei-me a ouvir meu insosso saber.*[3] *Busquei confirmação com os outros membros da família, mas eles também obedeciam à mesma lei do silêncio: "não podiam falar". A seguir, eu não soube insistir. Ele já havia feito sua parte. Era minha vez de fazer a minha! Mas não consegui.*

TERAPEUTA: Ah! Então nós vamos fazer perguntas para todo o mundo. Vamos perguntar para a Mariana. O Edílson é bagunceiro, é nervoso, é o problema da família. Quem mais?
MARIANA: Não sei...
TERAPEUTA: Mara?
EDÍLSON: Mara sabe.

MARA: Não é que é o problema, é a preocupação que a gente tem com ele.
TERAPEUTA: Está aí... é a preocupação. Ele preocupa a família.

— Edílson pede ajuda, "Mara sabe", mas ela também vai calar e assumir uma atitude semelhante à do irmão: responsabiliza-o por tudo: "Ele é a preocupação da família."

— Nesse momento funcionou o acordo familiar: Edílson é o problema. E eu me conformei com isso: minha atenção se voltará para Edílson e seu papel na família.

"O homem da casa"

MARA: A gente se preocupa com ele quando ele sai...
TERAPEUTA: Tu pessoalmente te preocupas muito com ele? Podes falar-nos um pouco a respeito disso?
MARA: É... é que a gente tenta ajudar ele, mas tem certas horas que ele não quer ser ajudado. Ele quer fazer as coisas sozinho. Diz que já é grande, que é o homem da casa. Mas daí a gente tenta conversar com ele.

— O homem da casa. Essa foi outra dica importante. Se Edílson afirma ser "o" homem da casa, só pode ser porque não há outro homem na casa. Variante de: quem deveria ser o homem da casa não assume seu papel de homem da casa. Há um questionamento direto do pai.

—Sim, e por outro lado ele está certo ao querer "fazer as coisas sozinho". *É isso que aprende na escola, a ser autônomo.*

— Tu pensas que essas dicas deveriam ter sido suficientes para orientar a tua intervenção?

— Obviamente! Eu deveria ter entendido.

TERAPEUTA: Mas a Mara, pessoalmente, preocupa-se muito.
MARA: Com a criança ainda, não me acostumei com a idéia que ele tá crescido...

TERAPEUTA: Está? Tu já começaste a ter algumas atitudes, mas isso ainda mexe muito contigo. Tu tens uma idéia assim do que ele faz que te faz sentir que ele é uma criança?
MARA: Não sei, quando ele sai sozinho a gente tem medo que ele vá pros bares.
TERAPEUTA: Para os bares? Ele já bebeu? Ele te dá impressão de não entender ou ele entende?

— Ele "vai pros bares"... Se concordas em que os problemas de um dos membros da família podem ser uma "metáfora dos problemas de um outro membro da família" (Madanes, 1997), concordarás com que esta outra alusão deveria ter me levado a refletir sobre a questão do álcool na família.
— Outra das dicas que deixei passar.
— E alguém mais bebe na família?
— Aguarda e verás.

MARA: Não, ele entende. Não sei se ele não quer se ajudar... Não sei o quê que é.
TERAPEUTA: Ele sabe, digamos, o que teria de fazer (...) mas ele não faz de propósito. (...) Mariana, ele te preocupa?
MARIANA: Mais ou menos.
TERAPEUTA: Tu estás menos preocupada do que... a Mara. Ela seria uma sub-mãe do Edílson e tu serias mais uma irmã. Que mais o Edílson seria? Segundo ele falou, ele é a bagunça, o problema; a Mara diz a preocupação. Que mais?
MARIANA: Preocupação.
TERAPEUTA: Preocupação? Podes falar-nos um pouco dessa preocupação?
MÃE: É que o Edílson é assim, uma criança. Que ele é na mesma hora uma criança boa, né? Um jovem legal. Na mesma hora ele vai pro lado errado. A gente tá sempre naquela expectativa. Então aquilo é uma preocupação. Aquela preocupação não sai de dentro da gente.

Porque a gente tá sempre esperando e nunca chega... vai ser uma coisa legal... e não vai ser...
TERAPEUTA: É como se o Edílson subisse um degrau e não soubéssemos... porque ele pode voltar e descer o degrau?
MÃE: Ele pode voltar e descer de novo.
TERAPEUTA: Pode subir e mesmo que suba demais da conta...
MÃE: Já desce de novo.
TERAPEUTA: Então seria uma instabilidade?
MÃE: É uma instabilidade. Uma coisa assim que, na mesma hora que já tá melhor, já tá lá embaixo de novo... Eu acho assim, que ele não tem responsabilidade. A gente não deixou ele ser responsável ainda. Ele tá muito grudado ainda (...)
TERAPEUTA: Então... ele seria o nosso "grude", já que estamos dando nomes, não é? O nosso grude... A senhora disse que teríamos que dar-lhe responsabilidade, mas ainda não sabemos como?
MÃE: Como. É isso, é.

— A mãe intervém para esclarecer e, novamente, coloca o Edílson no centro do problema.

— Mas, ao mesmo tempo, ela se inclui e inclui o resto da família: está muito grudado ainda. E não podes esquecer que essa idéia pode ter interpretações contraditórias, tanto positivas quanto negativas.

— Quero voltar para a resposta de Mara — ela é uma moça sensível — quando lhe pergunto: "Ele te preocupa?", sua resposta é: "Mais ou menos." De duas uma, ou ela não se importa com o irmão, o que me parece improvável, ou tem uma outra fonte de preocupação na família.

"Eu tô deixando por conta..."

TERAPEUTA: Tipo assim, nós todos temos uma tarefa grande: conseguirmos que o Edílson assuma responsabilidades, mas como a conduta dele é assim, nós não sabemos por onde começar. Qual seria a tarefa?

PAI: Senhor, a gente tá conversando, ele quer ser um homem, já é um homem, né? A gente conversa com ele, a gente quer fazer o máximo possível pra ele. Mas ele não quer, ele só quer como ele quer. A gente conversa com ele, explica pra ele: "Edílson, é assim..." "Não, eu já sou um homem, tem que fazer como eu quero." Então a gente não pode... falar com ele, levar ele na calma... Ele sai, mas não volta pra casa no horário certo, já volta tarde. Nós vamos deixando. Quando ele sai, não se sabe a hora que ele volta. Às vezes ele volta, às vezes fica até de noite. Já tô deixando por conta. Porque ele vai e volta.

— Esse é o discurso de um pai demissionário. Nesse ponto, o filho tem toda razão. Deixou de haver um homem em casa. Precisa-se de um homem em casa.

— O problema é que, da forma como Edílson apresenta as coisas, pareceria que seu propósito seria derrubar o pai.

— Mas isso só segundo uma visão muito superficial. Seu discurso e sua atitude poderiam ser simplesmente interpretados como uma maneira de provocá-lo para que ele assuma o papel de homem da casa.

— Eu também quero provocar o pai. Quero ver se ele tem condições de ser esse homem que está faltando.

TERAPEUTA: Como falam na rua... só na base da "porrada" é que ele vai entender?

PAI: Se batê nele, ele reage, ele fica mais agressivo. Então tem que conversar e deixar, até que ele compreenda por ele mesmo (...)

TERAPEUTA: Quando a Mara falou, teve um negócio que me apertou o coração... Eu vou lhe perguntar se o senhor ouviu isso: Mara disse assim: "Nós temos que entender que ele é o homem dessa família."

PAI: É como ele reage, como tô falando...

TERAPEUTA: Mas deixe eu lhe perguntar: Quem é o homem dessa família?

PAI: Sou eu!

TERAPEUTA: Mas a Mara disse: "Ele é o homem dessa família!" Você está acabado, encostado?
MARA: É o papel que ele quer assumir... Ele quer ser o homem da família... Ele quer assumir o lugar do pai!
PAI: Pois é (...)
TERAPEUTA: Eu vou lhe fazer uma pergunta então... O senhor é um sujeito caduco, acabado, que não dá mais conta do tranco, ou ainda pode dar...? Eu lhe pergunto.
PAI: Não, eu, eu dou...
TERAPEUTA: Dá conta?
PAI: Graças a Deus!
TERAPEUTA: Quer dizer, imaginemos que... essa família fosse agredida, vem um sujeito pra cima dessa mulher *(aponta para sua esposa)*, o senhor sabe (...)
PAI: Daí eu vou... vou lutar...
TERAPEUTA: Essas duas, também, o senhor sabe proteger? Esse também o senhor protege?
PAI: Claro... Quer dizer que essa idéia que ele tem ao dizer "eu sou o homem da casa". Ele está praticamente aposentando o pai... o pai tá acabado.
TERAPEUTA: Teu pai tem medo do Edílson? *(Dirige-se a Mara.)* Como tu percebes isso?
MARA: Eu não sei, acho que não. Porque ele obedece mais ao pai (...)

— Quando um pai forte, capaz de impor sua presença, não consegue se fazer respeitar por um filho... é muito provável que exista uma outra força equivalente à sua (à da mãe, por exemplo) que o impede de se manifestar.

— Tens razão e esse é o sentido da minha indagação mais adiante.

TERAPEUTA: Teu pai tem medo do Edílson? *(Dirigi-se a Mariana.)*
MARIANA: Não (...)

TERAPEUTA: Edílson, olha para mim... como é que tu consegues deixar o pai para baixo?
EDÍLSON: Não lembro...
TERAPEUTA: Tu não te lembras... Agora, então, deixa eu fazer outra pergunta. Tu dizes que és um macho de dezoito anos. Tu, na hora de uma briga, acabarias com a raça do pai ou ele ganharia de ti? Imagina que tu estás fazendo uma má-criação, não é? E o pai falasse assim contigo: "Seu moleque você vai se ver comigo." Ele consegue te dominar, ele consegue te segurar?
EDÍLSON: Não...
TERAPEUTA: Não consegue...
EDÍLSON: Muito forte...eu...
TERAPEUTA: Quem é muito forte? Tu? O senhor sabia que ele considera que até é mais forte? *(O pai acena negativamente.)* Não, ele pensa que o senhor não é o mais forte, sabia?
MÃE: (...) que ele pensa que é o mais forte.
TERAPEUTA: Veja bem, vamos fazer a pergunta. Quem é o mais forte? Não, desculpe, quero saber quem, dos cinco, está sendo o mais forte nessa família? *(Risos de toda a família. Edílson e o pai falam ao mesmo tempo e não fica claro o que dizem.)*

— Não há dúvida, é o filho quem controla a família. No momento, ele é o mais forte, é o único a saber impor sua vontade.

— Os outros só podem pedir, ele decide se acata ou não. Para um jovem, essa situação acaba por tornar-se trágica. A responsabilidade é muito pesada e ele não tem como administrá-la.

— E quando um jovem tem todo esse poder é preciso descobrir de onde ele emana...

TERAPEUTA: Deixe-me lhe fazer uma outra pergunta. Uma hora assim em que você daria, digamos uma correção em alguém da família, alguém pode falar: "Nilson, não Nilson, não faça isso não, tadinho do bichinho, ele não entende, você parte logo para grossura, deixa para lá..."

PAI: Eu tenho esse problema, sou muito nervoso, minha vontade é chegar e (...) E aí...
TERAPEUTA: Alguém intervém, interfere, então... Digamos assim, vamos ver se estão entendendo. O pai tem tanta raiva que, digamos, poderia partir para grossura, virar um bruto. Aí outra força se opõe a essa força, neutraliza-a, e a força do Edílson fica mais forte.
PAI: É...

— *Parece que há um conflito de autoridade entre o pai e a mãe. Edílson está no meio, ele é o fiel da balança. Sua bagunça talvez traduza seu desejo de desvencilhar-se desse papel. Talvez ele queira provocar uma mudança.*

— *Essa leitura poderia abrir o caminho para uma nova compreensão de todo o processo da família...*

TERAPEUTA: É... teus pais têm outras dificuldades nessa família?
MARIANA: Como assim?
TERAPEUTA: Tua pergunta já me responde em parte... Mariana, eles estão enfrentando outras dificuldades? (...) Eles se preocupam com a Mara?
MARIANA: Acho que sim, né?
TERAPEUTA: E a Mara está dando trabalho para eles?
MARA: Ao meu ver não (...)
TERAPEUTA: E a Mariana, está dando trabalho?
MARIANA: Mais ou menos...
TERAPEUTA: Mais ou menos... Sabes, eu tenho medo de que o Edílson esteja ocupando o papel de dar trabalho. Que tu, por não ocupares tua dose de dar trabalho, fiques uma babaca; que não tenhas direito de fazer certas coisas. É como se dissesses: "Bom, coitados dos velhos, já têm o Edílson, eu preciso ser boazinha." Se o Edílson fosse mais controlado, tu poderias também ser menos certinha?
MARIANA: Não sei.
MÃE: É porque (...) os dois cresciam junto, e o Edílson, como tinha essa deficiência, eu logo fui botando ela [Mara] a crescer rápido [sem

deixá-la] ter sido uma criança, ter tido adolescência, pra ajudar a cuidar do Edílson (...) Então eu repartia, o que era meu problema passava pra ela. Então ela é assim, por isso ela é assim.

— Essa é uma situação típica dos irmãos mais velhos de crianças portadoras de deficiências. Muito cedo são estimulados pelos pais a assumirem responsabilidades que, normalmente, só deveriam ser assumidas por adultos. Ao substituírem os pais, vêem-se obrigados a amadurecer precocemente. O comportamento desviante do irmão serve de freio para os outros que assumem comportamentos opostos.

— E a saída consiste em retirá-los dessas funções...

— Quando se consegue isso, a reação de saúde é imediata. Se quiseres mais informações sobre o tema, podes procurar em outros dos meus textos.[4]

"Tu és a tua própria avó!"

TERAPEUTA: Ela nasceu avó! A mãe diz: "Tenho um problema, passo para ela". A gente passa pros pais... Tu és a mãe da tua mãe, tu és a avó desse sujeito *(aponta para Edílson.)* Mas como tu és filha desse senhor *(indica o pai),* tu acabas sendo a tua própria avó!
MÃE: É porque eu não tinha família perto de mim, não tem? Eu não tinha ninguém, eu só tinha meu marido e os filhos. Eu tenho minha família muito longe, não moram perto de mim. Então eu achava assim que eu tinha que repartir aquilo com alguém. Então eu repartia com ela. Então por isso que ela cresceu assim, como ela disse, ela é certinha. E ela era certinha, porque não dava trabalho, porque ela cresceu do meu lado. Por isso que ela agüenta tanto as coisas...
TERAPEUTA: Percebes que seria muito perigoso para ti se ele não fosse tão problemático? Imagina o que tu tens acumulado aí de vontade de dar uma bagunçada também. *(Mara responde de forma inaudível.)*

— Há muita confusão na família. E faz muito tempo que eles vivem dessa maneira. O problema não é recente. E eu temo que uma me-

lhora no comportamento de Edílson possa trazer conseqüências graves para os outros membros da família. Para as irmãs em particular.

— Livres do freio imposto pela existência do irmão-problema, elas também poderiam vir a manifestar problemas de conduta.

— Agora, depois dessa conversa com as duas irmãs, voltemos para Edílson.

TERAPEUTA: Já lembrastes o nome da mamãe? É complicado o nome dela?
MÃE: Ele não sabe direito.
TERAPEUTA: Mara, já que tu és a ajudadora oficial, ajuda o Edílson a dizer o nome da mamãe.
EDÍLSON: Ifigênia.
TERAPEUTA: Ifigênia. Edílson, tu és inteligente ou tu és burro? Tem hora que tu és inteligente e tem hora que tu fazes burrices?
EDÍLSON: Mais ou menos (...)
TERAPEUTA: Edílson, teu pai trabalha?
EDÍLSON: Tabalha.
TERAPEUTA: Qual o trabalho dele?
EDÍLSON: Tabalha... de fazer casa (...)
TERAPEUTA: E a mãe trabalha?
EDÍLSON: Em casa.
TERAPEUTA: Tu és encarregado de dar trabalho para ela?
EDÍLSON: Tabalho na escola.
TERAPEUTA: Tu dás trabalho também na escola?
EDÍLSON: Trabalho na escola (...)
TERAPEUTA: Tu estás estudando também...
EDÍLSON: Tô (...)
TERAPEUTA: Qual o trabalho do senhor?
PAI: Servente de pedreiro. Eu faço massa e reboco.
TERAPEUTA: Faz anos que o senhor trabalha na construção civil?
PAI: Eu trabalhei um pouco, agora voltei de novo...

TERAPEUTA: O senhor trabalhava e voltou. E nessa pausa o senhor fez o quê? Durante a pausa quando deixou de trabalhar na construção civil?
PAI: Estava "encostado" por causa do acidente.

— O pai levou vários tiros e quase fica inválido. Ficou mais de um ano hospitalizado. Na época, Edílson era bebê. Ele não conheceu o pai "inteiro", só depois do acidente, já "encostado". Sua imagem do pai não poderia ser muito boa.

— Escuta, eu quero falar de outra coisa. Acabas de cometer o mesmo erro de antes: Edílson te diz algo e tu nem percebes.

— Quando?

— Agora! Ele disse claramente: "Trabalho." E tu perguntas se ele dá trabalho. Não pensaste na possibilidade de interpretar sua resposta como uma informação válida? Ele até insistiu... "trabalho".

— Tens toda razão. Eu lhe perguntei se era burro... o burro fui eu.

TERAPEUTA: E o senhor teve risco de morrer?
PAI: Teve ali, perto...
TERAPEUTA: Foi do outro lado, passou e voltou. Ficou inconsciente..., a senhora achou que ele tinha ido? Ele voltou da "visita" [ao outro lado] melhor ou pior?
MÃE: Eu acho que pior.
TERAPEUTA: Em que sentido ele voltou pior?
MÃE: Mais devagar, ele sofreu muito. Ele ficou um ano e pouco no hospital. Quando ele [Edílson] nasceu, antes dele nascer, eu sofri muito na gravidez dele, a falta...
TERAPEUTA: *(Dirige-se a Mara.)* E tu tinhas um aninho? *(Fala agora com Mariana.)* Tu não existias, tu fostes feita depois do acidente. Isso quer dizer que ele se recuperou bem, não é? *(Dirige-se ao senhor Nilson.)* O senhor não ficou inválido.
PAI: Um pouco, né? O braço...

TERAPEUTA: Ficou dificultado, mas não ficou inválido. Isso não significa que Edílson tem de ser o homem dessa família?
PAI: Não... só quando eu ficar muito velho...
TERAPEUTA: Por isso a tarefa tem de ser realizada antes de ficar muito velho.
PAI: Enquanto eu tiver aqui não (...)

— O pai não ficou inválido, foi inclusive capaz de fazer a Mariana. Ele é um homem que quase morreu e sobreviveu. É um homem forte.

— Sim, minha intervenção serviu para reforçar o pai no seu papel de homem da família.

"O senhor fica invalidado?"

TERAPEUTA: Quem manda, Mara?
MARA: O pai.
MARIANA: O pai.
TERAPEUTA: O que você acha dessa fala do Edílson de que ele manda?
PAI: É porque ele chega em casa, ele quer ser o homem. Daí bebe (...) fuma um pouco assim. Daí ele chega e fica todo apavorado... Então ele começa a dizer que é o homem da casa. Eu já não bato, que se eu bater tenho que bater pra valer... Então, aí é onde eu fico mais quieto um pouco, né?
TERAPEUTA: Então, aí o senhor fica inválido?
PAI: É, aí eu fico, porque ela *(aponta para a mãe).*
MÃE: *(Interrompe o marido.)* (...) É que daí ele vai partir pra uma agressão e eu não posso...

— Como o pai é grosso... a mãe impede que ele corrija o Edílson. Edílson percebe e, pela sua vez, também engrossa. E como conseqüência disso recebe o bastão de mando da família.

— A intervenção da mãe invalida a do pai. Ele não é inválido, mas é invalidado.

— *É a mesma coisa. O Edílson sofre as conseqüências. Daí a bagunça.*

— *E aqui havia uma outra informação importante. O próprio pai diz: "Ele quer ser o homem, daí bebe..." Isso significa que a imagem masculina está associada à bebida. O filho bebe para ser homem. Quem lhe dá o exemplo?*

— *Concordo, essa era a pergunta. Mas tampouco peguei essa dica sutil, deixei-a escapar.*

TERAPEUTA: A senhora já pensou que a senhora poderia morrer e aí eles ficavam juntos? Eles se matavam?
MÃE: Eu acho que sim.
TERAPEUTA: Mara, imaginemos que a mãe morria e que ela... aí ficava o pai e o Edílson. Eles se matariam? O que aconteceria? *(Várias pessoas falam ao mesmo tempo...)* Não, eu estou perguntando a Mara, na fantasia, como eles lidariam com isso? Qual seria o resultado? Ficariam só os dois. O pai diz que gostaria de ajudar o Edílson a ser homem... a dar-lhe um rumo e não pode porque está havendo uma interferência. Minha pergunta é: sem aquela interferência — "ele é bruto e mataria o Edílson, ou o Edílson é um bruto e mataria o pai" — eles encontrariam o rumo deles? *(A Mãe diz que acha que se matariam, Mara que não...)* A Mariana concorda? Qual a diferença, qual seria tua opinião? É um pouco diferente dessa?
MARIANA: Eu acho que se matavam.
TERAPEUTA: *(Dirige-se ao senhor Nilson.)* O senhor sabia que duas da família têm a impressão de que o senhor acabaria matando o Edílson ou que ele ficaria tão doido que mataria o senhor? Sabia disso? *(O pai fala de forma inaudível...)* O senhor não acha que ele fica assim, muito porque ele tem essa proteção?
PAI: É. (...)
TERAPEUTA: Vamos ver. *(Desafia Edílson com gesto de briga.)* Tu queres...
EDÍLSON: Não. *(Edílson entende a alusão e, além de responder, faz uma série de gestos negativos.)*

TERAPEUTA: *(Dirige-se aos pais.)* Imagino que ele saiba que aqui ninguém iria impedir. *(Fala para Edílson.)* Tu és mais forte[que eu]?
EDÍLSON: Não.
TERAPEUTA: É isso que tu estás pedindo... uma chance... *(Edílson fala muito baixo.)*

— Quando eu provoco Edílson, desafiando-o a lutar comigo, ele responde de uma forma adequada e inclusive reconhece: não é mais forte do que eu.

— Isso pode significar que, quando afirma ser mais forte do que o pai, pode não se referir à força física.

— Daí porque a minha afirmação: ele quer uma chance. Uma chance de enfrentar seu pai, sem interferências.

O pai de antigamente

TERAPEUTA: O senhor lembra como o seu pai olhava quando queria que os filhos fizessem alguma coisa? Às vezes, não precisava falar...
PAI: Não precisava falar, só olhar...
TERAPEUTA: Tem coisas... Imagine o Nilsinho... estava pequeno, não é, e o pai estava falando com adultos... e não queria que o Nilsinho ficasse lá. O que ele fazia? Uma olhadinha...
PAI: ...a gente baixava a cabeça e não podia falar mais nada.
TERAPEUTA: E a gente via o seu pai tendo... essa autoridade?
PAI: Tanto fazia a mãe como o pai... Eu apanhei só uma surra do meu pai (...)
TERAPEUTA: Mas ninguém dizia... como se chamava?
PAI: José (...)
TERAPEUTA: "José, pára com o menino, vai matar..." Ninguém falava isso...
PAI: Tinha que apanhar, né?...
TERAPEUTA: O Edílson não sabe o que é isso?
PAI: Não sabe, porque a gente não deu ainda (...)

EDÍLSON: *(Resmunga.)* Se bater leva...

— Vês como o filho desafia abertamente o pai. Minha hipótese é que ele precisa de um pai forte e provoca a força do pai.

— Mas ali dás a impressão de querer um pai autoritário, que se imponha pela força...

— Não! Eu creio na necessidade de um pai forte, mas não violento. A violência é a negação da força, ela é fruto da impotência (Omer, 2002).

— Mas o pai de Edílson não é forte, a mãe é mais forte do que ele.

—Edílson está no meio das duas forças que se anulam mutuamente. Por outro lado, eu acredito na força do pai, minha tarefa consiste em ajudá-lo a encontrá-la. O pai é capaz de assumir sua própria força sem apelar para a violência. Esse é o sentido da minha intervenção.

TERAPEUTA: Tu acreditas nisso que ele está falando nesse instante?
MARA: Acredito (...) Eu já vi. Se bater nele, ele bate. Ele é assim.
TERAPEUTA: Ele lhe intimida com essa fala? A senhora tem medo de que ele possa fazer o que está dizendo?
MÃE: Eu vou em frente (...) Ele vai e eu vou...
TERAPEUTA: Quer dizer que ele não lhe desafia nesse sentido?
MÃE: Não...
TERAPEUTA: Alguém interfere quando a senhora vai colocar um limite nele?
MÃE: Às vezes é o meu marido, né? Mas não é toda vida. Agora, quando o meu marido vai, eu interfiro. Porque ele vai além do que deve de repreender. Então, às vezes, eu repreendo de um jeito, ele repreende do outro. E eu vejo que não tá certo. Tem que ser como eu repreendo. Porque quando eu repreendo dá certo. Quando o pai repreende não dá.

— Aqui está uma outra das dicas que me escaparam. Se a mãe fica do lado do filho, defende-o contra o pai, será apenas porque o pai é brusco ou poderia haver uma outra razão?

— Investigas-te?

— Não e foi um grande erro. Mas tarde veria a gravidade da falha.

"Vou parar, vou parar..."

TERAPEUTA: Como se chama o problema, o nome que deram ao problema do Edílson? Qual foi aquele raio daquele diagnóstico?
MÃE: D.M. moderada...
TERAPEUTA: Mas o Edílson gosta de usar uma etiqueta de ser mais bobo do que ele é.
EDÍLSON: Não (...).
TERAPEUTA: Tu gostas... Deixa eu te dizer, Edílson. Tu gostas que a gente acredite que tu tens um retardo mental, que tu tens uma deficiência mental.
EDÍLSON: Não! Oh!
TERAPEUTA: O Edílson faz uma bobagem e aí as pessoas falam assim: "Coitadinho do Edílson. Ele é retardado, deixa ele pra lá". A verdade é que tu és muito vivo. Tu te aproveitas disso... Ele tem uma, duas fórmulas extraordinárias. Uma diz: "Não mexa comigo que eu sou D.M." A outra é: "Cuidado que eu sou nervoso". Então como é nervoso, e todo mundo está avisado que é nervoso... Eu também posso dizer aqui: "Me dá dez reais aí que eu sou nervoso." Aí vou ganhar dez reais.
EDÍLSON: Vou parar, vou parar, vou parar...

— A intervenção surte efeito imediatamente. Quando acusado de se fazer propositadamente de retardado mental ele interfere para dizer: "Não!" "Vou parar."

— Não seria essa outra dica importante? Se seu comportamento é claramente proposital, qual seria esse propósito?

— Aí foi que me perdi. Assumi que ele queria acabar com a luta das forças contraditórias dos pais. Trabalhei nesse sentido. Lamentavelmente, não consegui ver mais além. Daí o fracasso.

TERAPEUTA: A questão que poderíamos formular é: o Edílson pode até ter uma deficiência, ou melhor, tem. Mas bobo ele não é... Ele sabe tirar um excelente partido dessa deficiência. O problema é que o partido que ele tira nem sempre é bom para ele nem para as pessoas que gostam dele. No imediato, ele pode até estar muito satisfeito pelo que ele tem, mas a longo prazo ele sai prejudicado. Vocês têm pensado — a pergunta é idiota porque a resposta é óbvia, não é? — que normalmente, vocês dois [os pais] vão morrer antes que ele e que ele... o que vai ser dele? Como é que encaram essa fatalidade de que — como pais, por serem mais velhos — normalmente devem morrer antes do que ele? Como se encara o futuro do Edílson?
MÃE: Pois é, isso que a gente pensa, que ele dá muita preocupação na gente. Vai ser uma preocupação pra elas e pra gente.
PAI: Enquanto a gente tá aqui a gente tá sabendo como é que tá a situação, depois de morrer vai ficar rolado ou até pode ser que melhore... .
TERAPEUTA: Mas, para que ele melhorasse, alguma coisa teria de ocorrer. Acontece que para que essas coisas ocorram... às vezes o coração da mãe é tão fofo que não dá para permitir isso, não é? Tem medo e vai adiando. E se adia demais, às vezes já é tarde para que esses aprendizados aconteçam. Ela, a mãe, é um coração de manteiga?
PAI: Ela perde muito tempo. Eu digo pra ela: "Deixe um pouco." Ele sai, ela não dorme, espera que ele volte. Pra quê? Eu também, antigamente, um tempo ficava assim. Enquanto ele não vinha da aula sozinho, eu ficava pensando, ele saía... "Como é que ele vai voltar?" Mas agora já passei a pensar: "Ele já tá ficando mais adulto, vai crescendo. Ele tem que compreender que ele tem que viver por si mesmo. Ele não vai ficar toda a vida nas nossas mãos".

— O pai insiste na necessidade de exercer seu papel de homem, de pai. Mas, para isso, precisa da colaboração da mãe, que ela aceite soltar um pouco o filho.

— E nós o encorajamos nesse sentido. Essa era a pista que seguíamos nesse momento. Se o pai assumir seu papel... será o melhor terapeuta do filho. Nós seremos reles auxiliares.

— Mas isso seria correto, não vejo porque seria uma pista falsa.

— Sim, mas era apenas um aspecto do problema. E nesse aspecto avançamos muito.

PAI: Ele devia parar mais em casa. Em casa não come bem, chega em casa come pouquinho. A gente fica um pouco sentido. Podia parar um pouco em casa.
TERAPEUTA: O senhor está falando de reconquistar o seu filho?
PAI: É, pra viver mais junto...
TERAPEUTA: Não tem tido permissão? O senhor gostaria de ter permissão? *(O pai fala de forma inaudível.)* O senhor sabe tomar uma cervejinha? Alguma vez tomou uma cervejinha com ele, juntos? *(O pai acena negativamente.)*

— Eu é que deveria reclamar aqui. Percebes que eu perguntei ao pai sobre tomar uma cervejinha com o filho? Todo mundo ficou calado, ninguém aproveitou para dar-me uma dica.

— Nesse momento, poderia ter surgido o problema da bebida do pai, mas não, ficaram calados. Outra chance desperdiçada.

Qual é a mudança desejada pela família?

TERAPEUTA: Está bem (...) Vou lhes fazer uma pergunta delicada: qual seria a expectativa, o desejo, a fantasia, não importa, não importa muito, a expectativa do que nós poderíamos conseguir juntos? Mara, o que de bom nós poderíamos tirar dos nossos encontros? Qual seria a mudança, a melhora que poderia sair desses encontros nossos?

— Esta pergunta muitas vezes me permitiu passar da queixa original para a demanda que estava oculta por trás dela.

— E nesta situação?

— Nada. Insistiram na queixa, centraram as expectativas na melhora do comportamento do Edílson. Não tive competência para avançar e atingir o nível da demanda.

MARA: Ah! Eu não sei... melhorar a compreensão do Edílson.

TERAPEUTA: Está bem... Melhorar o nível de aceitação e de compreensão do Edílson... Mariana... qual seria o nosso ganho? Qual seria a melhora que tu gostarias de ver acontecer nessa família?

MARIANA: Não sei...

TERAPEUTA: A senhora?

MÃE: A mudança do Edílson. Que a gente queria que ele ficasse mais do lado da gente. Na participação também numa festa; que pudesse ficar junto num passeio que a gente vai fazer; que ele participasse com a gente. Ele nunca participa nesse ponto, a participação da família junto com a gente. Isso que eu queria que o Edílson sentisse, e não sentisse a participação do padrinho dele. Porque a família do Edílson somos nós, e aqueles são os padrinhos. Então mais ele convive com os padrinhos do que com nós. E ele participa mais lá do que aqui. É essa mudança que eu queria, que o Edílson participasse mais (...)

TERAPEUTA: E lá o comportamento dele é mais adequado do que aqui? É melhor o comportamento no padrinho do que nessa família?

MÃE: É. Aí eles repreendem e pronto, o Edílson fica bonzinho, mas continua lá...

PAI: Sente-se mais à vontade lá, né?

TERAPEUTA: Ele respeita... mas aqui ele não respeita.

MÃE: É...

TERAPEUTA: Então, para ele ficar bem aqui, teria de aprender a respeitar. Teríamos de fazer alguma coisinha para que ele aprendesse a respeitar. Que o senhor esperaria das nossas conversas, qual seria o nosso ganho?

PAI: (...) não deixar ele sair...

TERAPEUTA: Não, isso seria o como, eu perguntei sobre o quê. O que o senhor gostaria que acontecesse de melhora nessa família?

PAI: Ah! Eu queria que ele pegasse mais um pouco de inteligência, pra ele botar na cabecinha dele... pensar mais um pouco... Tá ficando adulto, ele tem que ser homem... Tá virando homem. Ele é obrigado a ser uma pessoa mais adulta.

TERAPEUTA: Vou traduzir isso aqui... O pai quer que o Edílson saiba usar melhor a inteligência que ele tem. Porque ele prova que é vivo e entende das coisas. Essa aqui [a professora] me segredou: "Ele tem uma boa compreensão, mas ele se aproveita e usa para tirar vantagem." Edílson, para ti... para que fazer essa terapia, para que fazer essa reunião, o que é que tu queres com essa reunião?
EDÍLSON: Melhorar.
TERAPEUTA: Melhorar. Que tu queres que melhore?
EDÍLSON: Pra mim ajudar...

— A rodada está completa. Todos insistiram na mudança dele. Esse seria o nosso objetivo, segundo a família. Mas para o próprio Edílson é diferente, ele foi muito explícito: "Para mim ajudar!" Isso quer dizer, para que eu possa ajudar!

— Mas não foi ouvido, escutado.

— Não, e quem teria que escutar era eu. Não entendi a sua mensagem. A expectativa dele era ajudar. Nós precisávamos ajudá-lo a ajudar. Ele tentava, infrutuosamente, ajudar sozinho. Eu, mais uma vez, não soube ouvir sua demanda.

— Aqui há um outro ponto importante. O desejo do pai: "Que [Edílson] pegasse um pouco mais de inteligência..."

— Se prestares atenção à redefinição que eu proponho das suas palavras, compreenderás que esse deixa de ser um desejo fantasioso: Edílson poderá utilizar melhor sua inteligência.

TERAPEUTA: Melhorar, ajudar. Quê mais? Ser mais amigo, entender melhor, brincar, ser amigo do pai, certo?
EDÍLSON: *(Resmunga.)* (...)
TERAPEUTA: *(Dirige-se à professora.)* Qual é a tua expectativa, já que tu tens uma experiência anterior, o que tu terias como desejo que acontecesse?
PROFESSORA: Olha, o grande desejo, como nós conversamos, era a fim de clarear o que se poderia fazer pelo Edílson, para que ele conse-

guisse ter um comportamento mais adequado. Também ver de que forma a família poderia ajudá-lo a chegar lá.

— A expectativa da escola era correspondente à da queixa explicitada pela família...

— É mais uma confirmação da mesma hipótese: ajudar a família a mudar o comportamento do filho...

TERAPEUTA: Está bem, deixem-me formular outra pergunta, de coração para coração. *(Dirige-se à família.)* Vocês vão tampar os ouvidos, não queiram ouvir o que ela vai falar. *(Agora fala diretamente com a professora.)* Eu te perguntaria: essa família, os pais, as irmãs, te parecem dispostos a buscar juntos e a fazer as coisas que poderiam ajudar a melhorar ou não?

PROFESSORA: Por isso que eles estão aqui hoje. Porque eles foram buscar essa ajuda e aí foi proposto esse momento aqui. Então eles têm essa disponibilidade, me fez parecer que eles desejam mudar.

TERAPEUTA: A mãe quer e o pai quer. Mesmo que seja difícil, eles vão tentar uma e outra vez. E do lado das irmãs?

PROFESSORA: A Mara também se dispôs, nós não estivemos foi com a Mariana.

TERAPEUTA: E ela... tua intuição o quê diz? Olha que não é para puxar o saco dela.

PROFESSORA: E a Mariana está tranqüila, está com essa família, só que não está como a Mara. A Mara é muito mais envolvida, a Mariana está na dela, mas também está disposta a ajudar.

TERAPEUTA: Quer dizer que nós teremos que "Marianar" um pouco a Mara e "Marar" um pouco a Mariana. Mas é disso que eu tenho medo. Se o Edílson aprende a melhorar, e aí de repente a Mara aparece com o cabelo de uma cor... argolas aqui? (...) Bom, então, agora vamos fazer uma pausa. Vocês *(a família)* podem ir para lá fora. Nós vamos fofocar e depois vamos chamá-los para contar-lhes nossa fofoca.

— *Aqui fizemos a nossa pausa e preparamos a intervenção final. Ela poderia ser definida como essencialmente centrada na conotação positiva. Eu senti a necessidade de rever quase cada um dos temas abordados durante a entrevista e de oferecer-lhes uma leitura positiva.*

— *Vamos ver, então, como foi a devolução.*

TERAPEUTA: Bem, primeiro queremos agradecer a ajuda de todos e particularmente a forma tão humana, tão direta, como vocês falam dessa família. Isso nos faz sentir realmente que podemos confiar. Sentimos que vocês confiam e que também podemos confiar na família. Todos, cada um à sua maneira, colocaram-se e nos deram pistas para ver de que forma podemos nos unir, — a família e o grupo — para buscar novas alternativas.

Em segundo lugar, queremos parabenizar os pais, só os pais, pelos filhos que têm. Não podemos nem imaginar as dificuldades pelas quais passaram nesses anos todos de criação desses filhos. Mas, ao ver os resultados, poderíamos dizer que vocês podem ter até muitos defeitos, tudo bem. Só que vocês conseguiram, estão conseguindo, transmitir uma educação, uma boa índole a esses filhos. Estamos falando não só das duas filhas, mas também do Edílson. Porque se fôssemos imaginar o que poderia ter sido do Edílson se ele não tivesse esse apoio, essa presença permanente dos pais, provavelmente o Edílson poderia ser muito mais deficiente, muito mais nervoso, muito mais intratável. Então, tanto pelas filhas, quanto pelo filho, aos pais nossos parabéns de coração.

E aí entramos numa contradição, porque talvez o que eles (os pais) têm de melhor, hoje parece dificultar as coisas. Porque eles foram tão bons pais, com seus erros e seus acertos, que deve ser difícil imaginar como mudar a atitude que já tiveram. Por isso é que em várias oportunidades vai aparecer a questão: “Bom, ele já é um homem... mas como fazer para tratá-lo?” Porque aprenderam tão bem — se dedicaram tanto a essa criança, Edílson — que agora fica difícil imaginar uma outra forma de tratá-lo, que não seja como criança. Mas por outro lado, pareceu-nos que a família toda, com uma clareza profunda, sabe que algo tem de acontecer, pode ser uma coisa pequena, mas tem de acontecer. O que vem aí, nessa idade adulta dos filhos, nessa entrada na velhice dos pais, que no futuro já não poderão decidir tudo, vai se jogar agora. A dúvida que temos é: se esse empenho da família toda, que a professora tinha mencionado, se já amadureceu, se já está claro o quanto vai ser crucial nos próximos dias, nas próximas semanas, nos próximos meses, essa pequena mudança de atitude para que o Edílson sinta que ele não apenas tem o carinho, a torcida dessa família, mas também que tem delimitado o seu território, para que ele possa realmente virar homem.

É aí que está a nossa confusão... como se dizia, antigamente, na televisão: "Poderão esses pais, que foram tão bons pais da criança Edílson, transformar-se em pais desse jovem Edílson?" "Saberão esses pais que aconchegaram, que perdoaram, que o foram acompanhando, dar a virada que o Edílson, como jovem adulto, precisa para encontrar seu rumo?"

E aí vem a questão! O Edílson, como filho dessa família, tem tido mais chances de ter a mãe por perto, mas está desperdiçando uma força fantástica que essa família tem, porque o senhor Nilson tem no seu currículo, no seu histórico, algo que poucas pessoas, homens ou mulheres, têm. O fato de poder dizer: "Eu já venci muitas batalhas (uma delas não dá nem para imaginar), eu venci a batalha contra a morte." E deve ser muito triste, muito estranho, conviver com um filho e não ter direito de dizer: "Eu venço a batalha pela educação do meu filho, eu vou fazer com que meu filho seja um homem".

Nós nos sentimos um pouco angustiados com um pensamento que poderia ter o senhor Nilson. Como um homem que tem uma força de leão, que soube criar uma família, participar dessa luta para que essa família seja o que ela é, ser baleado, quase morrer, passar por baixo, subir, renascer e ter força para se reincorporar como cidadão, como marido, como pai, etc., como esse homem não pode educar seu filho?

Nós sentimos que essa atitude do Edílson é uma atitude de revolta. Não é nervosismo, nem deficiência. O Edílson sabe o pai que ele tem. Estão juntinhos. No entanto, estão muito separados. Ele não conhece a força do pai. Ele ouviu estórias de que o pai foi baleado, o pai é forte. Mas ele vê um pai encostado, um paizinho, ele tá precisando, ele está dizendo: "Padrinho! O meu padrinho sabe me colocar nos trilhos, eu quero isso do senhor."

Quando ele fala sou mais forte e tal, eu entendo que está desafiando a autoridade do pai, está dizendo: "Eu quero que o senhor me faça sentir, eu quero que me mostre." Por isso nós queremos pedir uma tarefa específica para os dois. Queremos que, um dia, os dois saiam longe de casa. Aí o senhor vai dizer: "Nós vamos lutar, vamos fazer uma luta (...)" A luta vai acabar quando o Edílson disser assim: "Tá bom, pai. O senhor ganhou. Eu já senti sua força." Está claro isso? Só os dois, sem mamãe por perto para dizer: "Ai, Edílson, cuidado! Não faça isso, Nilson!" Certo? Só os dois. Tu precisas chegar perto da força do teu pai. É tua única chance de ser um homem e tu sabes disso: Sem padrinho, sem professor, sem polícia, tudo isso não adianta.

Está claro, senhor Nilson? Quando o senhor estiver perto do Edílson, segurando-o, o senhor vai sentir essa emoção forte de dizer eu sou teu pai, eu te fiz. O senhor foi que fez? Não teve ajuda?

PAI: Não, graças a Deus!

TERAPEUTA: Aí vai dizer: "Bom, eu também posso fazer, te ajudar a sentir essa força e até te dar parte dessa força." Bem, agora a pergunta que nos fazemos... Nós sabemos que não é fácil para a mãe dizer: "Chegou a vez do macho, eu já não tenho mais fralda para trocar." E que pode ficar meio confusa a situação da família. A pergunta é: Poderá a mãe ficar um pouco de lado, permitir a entrada do pai? Poderá o pai entrar sem temer que, na força dele, ele vire o que a mãe teme que ele seja, um bruto? Por isso queremos pedir-te, Mara, uma tarefa muito especial, pelo fato da tua experiência, que tu te aproximes da mãe. Faz sentir à mãe que o fato do pai se aproximar do Edílson, do pai burilar a personalidade do Edílson, não vai fazer com que ela perca os filhos e que vocês estão aí e continuam precisando do afeto e da atenção dela. Está claro?

Nós queremos que tu (Mariana) observes se a Mara está cumprindo a tarefa com a mãe, está bem? Sabemos que vai ser difícil, mas uma coisa a senhora deixou clara: que o seu maior desejo é que o Edílson consiga, o mais rápido possível, encontrar seu rumo e ser capaz de usar suas capacidades, pelo seu bem, pela felicidade da família. Nesses próximos dias, queremos que o senhor converse com a sua esposa fora da presença deles e que lhe mostre que a força do senhor sempre foi uma força para a vida, que o senhor não usou essa força para a destruição. Que não foi o senhor que baleou, foi o senhor que recebeu as balas. E que foi a sua própria força que o salvou. Que se aproxime de sua mulher e lhe diga: "Eu vou usar a minha força, com todo o carinho e com todo o cuidado, para orientar o Edílson. Não precisa ter medo. Nós todos vamos ganhar com isso". Está claro? (...) Daqui a dois meses nos encontraremos para fazer um balanço.

— *Vamos fazer uma radiografia da devolução?*

— *Bem, o primeiro ponto que merece ser destacado é a ênfase que damos ao assunto da confiança e da unidade da família.*

— *O segundo ponto pode ser questionado: como felicitar os pais de adolescentes que estão causando tantos problemas? Isso não corre o risco de soar um pouco falso?*

— *De maneira alguma. Eu acredito piamente naquilo que lhes disse: o que o Edílson é atualmente é, em boa parte, produto da dedicação e do carinho que os pais lhe prodigaram. Eles merecem parabéns, sim. A seguir, realçamos, paradoxalmente, o problema da contradição entre a dedicação que foi necessária no início e a mudança para uma atitude de mais responsabilização do Edílson por parte dos pais. Induzimos uma atitude de mais presença do pai e um relativo afastamento da mãe em relação ao filho.*

— *Também é importante a redefinição do comportamento do Edílson: ele está revoltado porque quer sentir a força do seu pai e ainda não teve essa possibilidade.*

— Finalmente, prescrevemos a tarefa da luta entre pai e filho; a aproximação entre Mara e a mãe e uma atitude de supervisão por parte de Mariana em relação à irmã e à mãe.

— Conseguiram que todo mundo fosse envolvido na prescrição da tarefa. Agora vejamos quais foram os resultados, dois meses depois:

A segunda entrevista: um breve resumo

— Como voltaram?

— A reação foi muito boa. Houve progressos. Ficamos muito animados. Tivemos a sensação de que estávamos no caminho certo. As notícias da escola também eram alvissareiras. Deparamo-nos com uma espécie de expectativa exagerada da família. Diante de cada balanço de progresso, não faltava quem tentasse diminuir um pouco a importância do fato, agregando uma nota sobre um progresso ainda não atingido. Essa atitude supercrítica foi mantida durante todo o trabalho. Nessa entrevista, decidimos voltar as atenções para o casal parental. Propusemos aos filhos organizar uma noite especial para eles. Os filhos cozinhariam para os pais e fariam uma festa para eles. Os filhos reagiram com entusiasmo. O balanço foi positivo.

— E a luta entre o pai e o filho? Foi realizada?

— De fato não, mas funcionou muito bem. O pai sentiu que tinha o respaldo dos terapeutas e a mãe passou a interferir menos. Como sempre ocorre nessas situações, o "monstro paterno" some quando desaparece a ambigüidade da situação: "Você tem de intervir... mas tem de ser à minha maneira!"

A terceira... uma primeira "entrevista" epistolar

— O terceiro encontro...

— O terceiro "encontro"... foi entre aspas, porque foi uma grande frustração: não foi realizado. Deram bolo.

— Ficou por isso mesmo?

— Não. Fizemos a sessão sem a família. Organizamos uma conversa em torno da questão da ausência da família. Pediu-se aos

membros do grupo que assumissem o papel de supervisores e nos comunicassem suas fantasias a respeito da ausência da família. A seguir, elaboramos uma carta na qual contávamos quais tinham sido nossos sentimentos e nossas hipóteses. Nela também insistimos sobre a eventual responsabilidade da equipe terapêutica pelo não comparecimento. Essa carta seria, depois, enviada para a família. Eis o texto integral:

Florianópolis, 08 de junho de 1995.

Estimada família,

Conforme o combinado, estivemos reunidos no dia 08 de junho de 1995, às 14 horas, aguardando sua presença.

Quando percebemos que não compareceriam, resolvemos utilizar o horário para conversar sobre a família de vocês.

Durante a conversa, ficamos imaginando o motivo da sua ausência. A primeira idéia que surgiu foi que a família deveria ter tido algum problema muito sério, que algo grave poderia ter acontecido. Ficamos muito preocupados diante desta possibilidade e torcemos sinceramente para que nada disso tenha ocorrido.

Pensamos também que o motivo da ausência poderia ter sido outro. O problema que vocês nos trouxeram é muito sério e temos certeza de que a família está empenhada na sua resolução. Mas nossa atitude pode não ter sido a mais correta. Nós nos envolvemos tanto com a família e com seu desejo de resolver os problemas, que acabamos cobrando de vocês mudanças muito rápidas e, assim, atropelamos o ritmo da família.

Compreendemos que, sentindo-se forçados a realizar estas mudanças de forma tão rápida, vocês tenham resolvido não vir. Reconhecemos nosso erro. Queremos pedir-lhes desculpas e reafirmar-lhes que, caso queiram retornar, o espaço fica aberto até o dia 03 de novembro de 1995. Do contrário, marcaremos com outra família.

Atenciosamente.

Carlos Arturo Molina-Loza
Terapeuta

Beatriz de Oliveira Odilon
Fundação Catarinense
de Ensino Especial

— Creio que deveríamos dar umas duas palavrinhas a respeito dessa carta, não te parece?

— Perfeito. Essa carta tem duas funções. A primeira está relacionada com o trabalho da equipe terapêutica. Para se elaborar essa carta, é preciso que os membros do grupo exponham seus pontos de vista (hipóteses, angústias, dúvidas, etc.) Este momento é utilizado para explorar e trabalhar a visão positiva dos terapeutas.

A outra função, é claro, seria a de atingir a família. A carta tem como objetivo tocar a família e provocar sua mobilização... As mudanças conseguidas podem ter lhes dado a impressão de que o processo já foi concluído. Daí nossa insistência na seriedade do problema. A interrupção do processo neste momento poderia levar a um relaxamento da família e, por conseguinte, à volta da situação inicial.

— Mas na carta também se insinua que seu não comparecimento poderia ser devido a algum problema grave.

— Sim. O problema que nos trouxeram é tão sério e complexo que, se a terapia for vista pela família como algo útil e positivo, só um acontecimento maior justificaria sua ausência. Queremos que assumam sua parte de responsabilidade pelo processo.

— E se for simples falta de interesse?

— Se for... nada. Pode ser que a carta não faça nenhum efeito. Mas não justificaria que nós lavássemos as mãos. Ao escrevermos a carta, além de afirmarmos nossa própria responsabilidade, fazemos nossa intervenção. O fato é que a mensagem serviu de estímulo para a participação da família. Eles voltaram muito animados.

— Mas é verdade que vocês iam muito rápido, sem levar em consideração o ritmo da família?

— Pode ser que sim ou pode ser que não. Ao assumirmos a responsabilidade pela possível desistência (desculpabilizando a família), deixamos aberto o campo da sua própria tomada de responsabilidade. Queremos que, se a família voltar, volte para assumir sua parte. Nós assumiremos a nossa.

— E se não voltassem?

— Nós teríamos feito a nossa parte. E o nosso balanço de fracasso teria de ser feito muito tempo antes.

— Bem, vejamos agora como foi o retorno.

Eles estão de volta
A equipe suspira aliviada

— A quarta entrevista foi muito interessante. A carta tinha feito um efeito importante. A chegada da família provocou um suspiro de alívio. Apresentaram-se com a mesma disposição da primeira vez. Novos progressos tinham sido realizados. A família estava, aparentemente, muito melhor. Edílson continuava firme no seu processo de crescimento e se mostrava cada vez mais responsável.

— Vocês continuavam com a impressão de que tudo ia bem?

— Mais do que isso, estávamos exultantes. Muito satisfeitos com os progressos de Edílson, com a evolução da atitude de Mariana. Mas sobretudo com o comportamento de Mara, que parecia muito menos mãe do Edílson e mais uma jovem da sua idade.

— E o fracasso, onde está então?

— Nós continuamos com a sensação de estar no caminho certo. Tudo mudou poucos minutos antes do final do último encontro. As conseqüências dos erros apontados antes fizeram-se sentir depois do tempo regulamentar, durante a prorrogação. Mas isso vai ser visto no detalhe na transcrição da entrevista:

“Uma vez o pai tava bêbado...”

Quarta entrevista, novembro de 1995

— A surpresa que tivemos ao ver entrar a família foi maiúscula. Edílson estava irreconhecível. O aspecto da família em geral era muito bom.

— Isso deve ter aumentado a confiança da equipe na condução do processo. Aparentemente estava tudo bem, não é mesmo?

— Claro! A melhora saltava aos olhos. Estávamos felizes de constatar que, em apenas três sessões, haviam conseguido avançar tanto.

TERAPEUTA: Nossa, esse cara está bem, barbeado! Tu estás mais gordinha. Não estás mais gordinha? E a mãe está como?
EDÍLSON: Tá assim mais ou menos.
TERAPEUTA: Cabelo curtinho.
MÃE: Acho que sim.
TERAPEUTA: O pai está com bigode maior. A Mariana está com uma saia mais curta. E o Edílson como está, todo bonito, não é?
EDÍLSON: Tá bom.
TERAPEUTA: Tá barbeado, bonito. Conta um pouco das mudanças do Edílson.

“Eu mudei, obedece minha mãe, pai...”

EDÍLSON: Eu mudei, obedece a mãe. Obedece minha mãe, pai. Respeito.
TERAPEUTA: Que mudanças... boas!
EDÍLSON: Ih!, mudou tudo. Já parei de brigar, tudo.
TERAPEUTA: E a mãe está feliz, satisfeita?
MÃE: Muito.
EDÍLSON: Já mudou tudo. Já aprendeu. Já melhorou a cabeça.
TERAPEUTA: E com as irmãs, também mudou?
EDÍLSON: Certo, certo.

TERAPEUTA: E tu estás gostando dessas mudanças?
EDÍLSON: Que fica homem.
TERAPEUTA: Estás ficando homem, é! Nós já tínhamos visto, que tudo tinha começado aquela vez, não é?!
EDÍLSON: Já mudou.
TERAPEUTA: E no trabalho?
EDÍLSON: Tá um pouco.
TERAPEUTA: Nós tivemos umas notícias, que tu tinhas começado a ir para um trabalho novo.
EDÍLSON: A horta.
TERAPEUTA: A horta, sim. Mas, à noite tu tinhas aula?
EDÍLSON: Tá bom, aula boa. Estudando, escrevendo.
TERAPEUTA: Nossa! Quer dizer que tu tens um monte de boas notícias?

— Todos ficamos emocionados. Edílson falava com muita tranqüilidade e soltura. Era evidente seu prazer em nos contar tudo isso.

— E os outros da família, confirmavam? Não era exagero dele?

— O pai e a mãe não apenas confirmaram com palavras, como também com a aparência. Houve, sim, críticas por parte das irmãs, mas como poderás constatar, eram por coisas menores, mais produto da alta exigência da família. Era como se, pelo fato de progredir, Edílson tivesse de recuperar todo "o tempo perdido".

TERAPEUTA: Mara, como é que é essa história de boas notícias?
MARA: Ah, não sei, será que é verdade tudo que ele falou? Será, Edílson?
EDÍLSON: Sei lá! Já mudou tudo.
MARA: E então, a história de levantar cedo, tu não acordas!
EDÍLSON: Ó, três dias.
MARA: Quantos dias de aula perdeste?
TERAPEUTA: Três dias?
EDÍLSON: Não é.
TERAPEUTA: Vou perguntar para a mãe: Ele está mais obediente?

MÃE: Sim. Mas a hora que bate a preguiça...
TERAPEUTA: A que horas ele volta da escola?
MÃE: Ele volta... Quando teve aquilo lá, já está estudando à noite, daí ele vem... chega em casa nove horas. É, mas ele tem tempo para dormir até as seis horas. Todo mundo levanta esse horário, também a gente não vai dormir oito, nove horas, vai dormir, às vezes, até mais tarde. E a gente consegue levantar. E ele diz que tem sono, sono e sono. Não consegue levantar de manhã.

— Na tua opinião, essa atitude poderia ser atribuída às altas expectativas de família. Mas existe outra possibilidade. Apesar de constatar a mudança do Edílson, a irmã pode temer que, por alguma razão, ele deixe de ser o emergente familiar. Se seu comportamento passar a ser completamente aceito pela família... acabaria a mobilização. E, com isso, a possibilidade de abordar as outras questões importantes para a família.

— Creio que é por aí. Agora, visto à distância parece tão óbvio. Mas no momento não tive a sensibilidade suficiente para perceber e interpretar a mensagem.

TERAPEUTA: Seu Nilson, ele diz que a relação com o senhor está melhor, que ele está mais homem e que está obedecendo mais o senhor.
PAI: É, tá obedecendo, nunca mais fez o que ele fez. Hoje ele queria dar uma teimadinha, daí eu gritei com ele, ele obedeceu.
MÃE: Ele hoje não quis vir.
PAI: Veio, porque nós enrolemo ele. Ao meio-dia, ele não sabia que vinha prá cá. Ele veio.
TERAPEUTA: Tu não querias vir?
EDÍLSON: Quinta-feira, eu queria vir.
MÃE: Ele quer quando ele quer, sabe? Esse mês, ele queria marcar: "Que quê eles têm de marcar quando eu não quero ir?"
TERAPEUTA: Tu querias que a nossa sessão fosse ontem, para poder ficar livre hoje para fazer tuas coisas.

PAI: É. Ele é assim.

— Edílson age como um jovem que tem os seus próprios compromissos. Não quer ser levado e trazido como se faz com uma criança irresponsável.

— Sim, sua atitude mais parece um ato de afirmação pessoal do que uma birra inconseqüente.

— Sua atitude deixou de ser sintomática.

— E ele parece estar muito contente de falar de seus progressos e mudanças.

TERAPEUTA: Mas o senhor concorda que houve uma melhora? Ele está mais adulto, mais homem?

PAI: Ah, isso ele tá. Só que quando ele teima uma coisa, ele não quer, só isso, a ruindade dele é essa.

TERAPEUTA: Mas, para isso tem pai e o pai dá uma dura.

PAI: Agora, hoje ele teimou: "Não quero ir." E eu: "Tu vai e não sai de casa. Até nós ir, tu não sai mais!"

TERAPEUTA: E ele não ficou morrendo de medo, não?!

PAI: Aí, ele foi deitar, foi dormir. Se levantou, foi tomar banho. Ficou em casa, não saiu mais.

— O pai também fala de uma forma diferente, parece mais seguro de si mesmo, mais confiante.

— É verdade, Edílson ganhou um pai. Não aquele inválido-invalidado, um homem forte que sabe dirigir sua casa. Conseguiu o que queria!

— A família reencontrou seu equilíbrio!

— Em parte... só em parte. Espera e verás.

TERAPEUTA: Mariana, e tu? Como vês o Edílson?

MARIANA: É, ele deu uma melhorada. Só que ele não quer higiene, não. No corpo, às vezes, ele não quer tomar banho, escovar os dentes. E daí a mãe tem que brigar muito prá ele fazer.

TERAPEUTA: Isso ele diz, a mãe mesmo falou, que ele chega escova, toma banho e vai dormir.
MARIANA: Não toma banho.
MÃE: Toma banho, tem dia.
MARIANA: Mas, só se a mãe falar. Senão não toma.
PAI: Se a gente não falar, ele não vai. Tem que tomar banho, oras.

— Percebe. É uma outra tentativa de dizer-me: "Não pense que as coisas estão tão bem como você quer imaginar. Não vai nessa, não."

— A insistência da família em apontar pequenas dificuldades do Edílson seria devida ao seu desejo de continuar a terapia? Não te chamou a atenção essa contradição?

— Estava tão empolgado com as mudanças que não captei o sentido das mensagens!

"A família tá ruim..."

TERAPEUTA: Mara, e a família como está?
MARA: Tá a mesma coisa.
TERAPEUTA: E isso é bom ou ruim?
MARA: É bom.
TERAPEUTA: Mariana, qual o teu balanço da família?
MARIANA: A família tá ruim.
TERAPEUTA: Ruim em que ponto?
MARIANA: Em que ponto? Ah, não sei.

— Tens razão, aqui Mariana te deu uma nova dica: "A família está ruim." Deverias ter investigado com mais vagar qual era a mensagem que ela queria transmitir. Agiste como se ela fosse uma adulta que tinha obrigação de falar claramente.

— Creio que me deixei conduzir pelo meu desejo de que tudo estivesse bem...

— Escolheste ver os progressos, inegáveis, e passar por cima das dicas sobre outras dificuldades.

— *Minha fascinação com a mudança de Edílson e, de certa forma, de toda a família, não me deixou ver o outro lado da coisa. Não quis destruir minha fantasia:* "a terapia maravilhosa que havia ajudado um jovem excepcional a mudar, a ser melhor, a crescer". *Que falta de sensibilidade!*

PAI: Ah! Agora ela não sabe. Na hora de contar, só diz que tá ruim.
TERAPEUTA: Que te incomoda, digamos, na família?
MARIANA: O pai e a mãe.
TERAPEUTA: Podes falar um pouco disso? Lembra que aqui nós...
EDÍLSON: Não a mãe, a mãe não. É o pai.
PAI: O pai.
EDÍLSON: Só o pai.
PAI: Ela diz isso só porque pegamos muito no pé dela.
EDÍLSON: Não.
PAI: Nós peguemo muito no pé. É porque ela é meia mandoninha. Chega em casa, ela não qué trabalhá. Por causa disso que a gente pega mais no pé. Mas nós semo obrigado a pegâ.
TERAPEUTA: Qual é a função do pai, se não for pegar no pé!

— *Saímos da pista, rodamos. E aqui estava muito mais claro. Mariana diz que o problema da família é o casal...*

— *Edílson aponta para o pai.*

— *O pai intervém para falar deles, "pais", como problema, porque pegam no pé das filhas. Mas elas não queriam falar dos "pais", falavam do marido e da mulher, do casal. E mais uma vez... perdi a pista!*

PAI: Ela acha que nós semo ruim. Se deixar por conta...
TERAPEUTA: Seu Nilson, a dona Ifigênia ajuda a pegar no pé?
PAI: Ajuda, quando chega a hora.
EDÍLSON: Pega mais, eu acho.
TERAPEUTA: Quem pega mais?
EDÍLSON: Ninguém pega no pé.

TERAPEUTA: Da tua irmã.
MARIANA: Mas eu não falo que é porque eles pegam no pé.
TERAPEUTA: Então o que é que está ruim? Eles são uns chatos?
MARIANA: Não.

— Mariana tem algo para dizer, mas não consegue. Seu pedido de ajuda não é ouvido.

— Que desespero! Ninguém a ajuda. Nem mesmo eu que estava ali para isso. Eu tinha obrigação de ajudá-la a se abrir. Fracassei. Mesmo meses depois, eu não consegui entender como, após ter chegado tão perto de uma situação, de um conflito, consegui perder essa oportunidade de avançar, mais um pouco, no caminho da abertura dessa família para um novo estádio de crescimento.

TERAPEUTA: A senhora sabe? Qual é o motivo da queixa?
MÃE: Eu não sei, é porque a gente pega no pé, porque ela é muito comodista, tudo devagar. Andar, a gente quer que ande mais depressa, que o tempo também anda depressa. Quem estuda tem que andar mais depressa. Não pode ficar esperando. E ela é meio devagar. Então a gente tem que estar todo dia: "Anda, anda e tem que ir prá escola, tem que tomar banho, tem que almoçar, tem que aquilo." Então ela não gosta, que chame a atenção. A gente tem que chamá, porque vai perder aula, perde tudo. Daí não dá. Prá mim, da minha parte. Agora do pai, não sei. Ela que vai falar.
PAI: Não vou falar, porque quem sabe é ela. Ela tem que sabê a hora que vai prá aula, a hora que não vai. Se perde a aula, o problema é dela.

— Sinto um clima de mistério...

— Mistério que, insisto, eu não soube desvendar. E foi isso que estragou as nossas possibilidades de fazer um trabalho completo. Percebe como tento novamente com Mariana, mas o problema é que não consigo encontrar a chave, minha pergunta cai, de certa forma, no vazio.

— Mas a própria mãe te disse que ela não sabia nada. Tu perguntas-te claramente "a senhora sabe qual é o motivo da queixa?" Se ela tinha conhecimento de outro problema, deliberadamente se negou a abrir o jogo. Como poderias fazer para saber?

— Não te deixes levar apenas pela linguagem verbal. (Desse ponto de vista, é tudo muito obvio.) A grande emoção que tomava conta do ambiente indicava-nos claramente: há um problema maior na família e ele deve ser abordado. Quantas vezes eu não contei de como tenho percebido, nas entrelinhas da comunicação, uma mensagem importante que, em aparência, ninguém transmitia nem aberta nem conscientemente? Eu poderia ter feito aqui a mesma coisa!

— Concordo, foi mais ou menos isso que foi feito com a família dos coelhos e das tartarugas. Buscaste nas entrelinhas e conseguiste o que querias: ir além da queixa explícita e chegar à demanda. (Molina-Loza, 1996a.)

TERAPEUTA: Mariana, tu achas que eles são muito severos contigo? Eu não consegui entender ainda. É lógico e natural que uma jovem da tua idade tenha alguns atritos. Mas eu não entendi ainda quais são. Já entendi quais seriam as reclamações, as queixas da mãe. Mas e as tuas? Não entendi. *(Mariana não responde.)* *(Dirige-se à professora.)* Tu tens falado com eles de como está o desempenho do Edílson na escola? Pega tua cadeira e vem aqui, por favor.

PROFESSORA: Eu quero dizer que você está muito bonito com esta camisa. Gostei muito, tá bonito. Bem, depois de um mês, os alunos que a gente sente que têm um bom prognóstico, uma boa saída para o mercado competitivo, né? Nós tomamos a decisão de mudar, mudar a estrutura da unidade, principalmente com relação a estes alunos, que ficariam conosco o dia todo na oficina e, a partir das cinco e quinze, eles teriam aula de orientação para o trabalho. E o Edílson estava entre estes alunos. Evidentemente que havia uma expectativa muito grande nossa, que o Edílson teve um grande progresso, né? Ele demonstrou, assim, principalmente nestes últimos tempos, realmente que ele é capaz, tem responsabilidade. Ele quer fazer. E o Edílson estava entre os alunos que vieram trabalhar durante o dia e estudar à noite E ele tem mantido. Estes dias que ele tem faltado, a gente tem considerado que é uma adaptação ao novo horário. Porque é muito cansativo, na verdade, a horta exige demais deles. É um trabalho bastante pesado. E que ele dá conta, ele sai da horta, quinze para as cinco. Ele se lava. Vai bonitinho, arrumadinho prá aula, sem que ninguém peça nada. Veja, ele toma a iniciativa por conta própria. Vai lá, troca de roupa, se lava. Sei que cinco e quinze ele está pronto para a aula da noite, já todo arrumadinho.

Mas ele tá respondendo muito bem às atividades ligadas à horta. E à a noite também está sendo espetacular. Então com ele, a gente tem conversado, né? Não parado, sentado e conversado, mas encontrando, a gente tem conversado. E o relato dele é esse: que tá muito melhor viver nessa família. Que está muito bom em casa. O que demonstra que o Edílson tá com outro pensamento. A gente percebe que pode tá tendo alguma dificuldade ainda, mas que noventa por cento, ele tá um espetáculo, né? Eu posso dizer que a escola está muito satisfeita com o Edílson e, evidentemente, satisfeita com a família dele. Porque, se ele melhorou vocês tiveram uma contribuição vital.

— A intervenção da professora reforça a idéia de que Edílson está bem, melhor integrado na instituição e mais satisfeito com a família. Ela aponta para uma conclusão de sucesso.

— Neste ponto poderíamos agregar que a instituição, como fator determinante da demanda de terapia, está satisfeita. A professora, de certa forma, reforça a idéia de que a família deveria estar satisfeita, de que o trabalho terapêutico foi bem sucedido.

— Mas Mariana não falava do Edílson. Ela queria mexer com a família. Sua queixa nada tem a ver com o irmão... é com os pais, com o casal.

MÃE: É porque a gente não tá tanto cobrando. Tem dia que ele tá cansado. Assim sabe, ele tinha que ir, tinha. Às vezes a gente deixa, hoje deixa, amanhã não. Aí também cobro, no outro dia, não. "Ontem você estava cansado, mas hoje tu vai." Aí ele pára para pensar. E não vou de novo. Digo: "Olha Edílson, pensa bem, o que tu vai fazer." "Ah!, tá mãe, eu vou me aprontá e vou. Eu tô cansado, tão cansado mãe, tão cansado." Tem vezes que quando ele chega de noite, às nove horas, às vezes joga a mochila e não quer nem saber de ninguém, quer ir prá cama com tudo, como ele tá, mais daí não... "Edílson, vai tomá banho e vai tirá essa roupa. E daí a mãe arruma o resto e tu vai deitá." Às vezes come, às vezes nem come. Ele faz o lanchinho na escola. Então ele nem tem fome mais. Daí chega, mostra o caderno prá mim lá, põe na mesa e reto vai prá cama. Daí, não tem nem conversa. A gente não conversa. Ele já cai na cama e dorme. Daí, no outro dia, às vezes, quando tá muito cansado e tá chovendo também — lá dá mais chuva do que aqui né? — seis horas, tá chovendo muito, daí ele não quer ir. Daí: Eu vô tomá uma chuva. Eu vou pra lá todo molhado, vou ficar o dia todo molhado." Daí ponho roupa na mochila pra ele, ele diz que molha, aí não tem saída. Esse mês passado ele faltou muito.

— O balanço das atividades do Edílson na instituição é muito positivo. A mãe reconhece os progressos, inclusive quando tenta justificar seu cansaço. Imagino que naquele momento eu pedi à professora que falasse com o intuito de mostrar às irmãs que ele realmente estava melhor, que havia mudado para valer.

— O problema não era que elas não houvessem percebido isso, era outro. Não descobrir qual era esse outro problema foi tua grande falha.

"Eu penso, eu vou estudar"

TERAPEUTA: Como é, Edílson? A Beatriz [professora] fala que é difícil, não é? Acordar cedo, trabalhar na horta toda à tarde, aula à noite. Que é difícil para ti. Estás te adaptando. Ela diz que tu vais te adaptar. Que vais conseguir ir bem cedo e estudar.
EDÍLSON: Eu penso. Eu vou estudar, eu. Mas de manhã, trabalho na horta, serviço meio pesado, chego da escola à noite cansado. Quero dormir à noite, mas não dormi.

MÃE: Sabe por quê? Eu já coloquei um despertador prá ele. Bate seis horas, ele pensa naquela batida, assim porque o despertador desperta cada hora, não tem? Aí eu acho que é aquilo que incomoda. Aí ele acorda os horários, que não sabe contá as batidas que dá o relógio. Tem noite que eu pulo da cama ele tá acordado. Daí ele não dorme mais. Eu acho que ele pensa naquela hora. Daí eu vou lá na cama ele tá acordado. Ele levanta prá comê.
PROFESSORA: Não dá pra ele só despertar às seis da manhã?
MÃE: Não, ele desperta de hora em hora. Cada um tem um horário. Eu não vou comprar um despertador para cada um. Sabe que ele tem que acordar aquele horário.
MARA: Não. Porque a hora que eu levanto a gente já diz: "Edílson!" Então, despertador já tem aquele ali. Mas não precisa, porque eu levanto: "Edílson já tá na hora." Daí ele já podia...
TERAPEUTA: Sim, mas se ele passou a noite acordado...
MARA: Mas quando ele não janta aí tem que ficar na geladeira a noite toda.

— A polêmica come solta. Mara insiste. Edílson ainda é problemático.

— Ele responde com humor. E eu estou perdido.

— Para mim, Edílson desenvolveu um senso de responsabilidade, um desejo de ir à escola para estudar e trabalhar que o levam a acordar antes da hora. Quando chega o momento de sair da cama ele não quer mais levantar.

— Ele se comporta como um jovem responsável.

— Mas a confusão na família continua.

EDÍLSON: Não *(ri)*. Sexta-feira eu parei no meu padinho lá, pra comê uma carninha. Comi só carne. Botei muito sal na carne.
TERAPEUTA: Daí fica com muita sede.

EDÍLSON: Sede, sede, sede. Eu botei muito sal, cara. Eu botei galinha, depois botei a carne assada. "Orra", enjôo, cara enjôooo. Era muito salgada, cara, sal grosso.

TERAPEUTA: Daí ficaste acordado a noite toda, para tomar água.
EDÍLSON: Aí, tomei água, água, água.
TERAPEUTA: Depois acordavas prá ir no banheiro, ir no banheiro, ir no banheiro.
EDÍLSON: Não no banheiro, não. Tomei só água. E a sede "orra", goleia.

— Observa como mudou a expressão verbal de Edílson, ele não fala apenas com monossílabos como antes. Estende-se nas suas explicações, participa da conversa de forma adequada. É inegável que ele mudou.

— A irmã, no entanto, insistirá no problema.

"Sou adulto, sou homem"

TERAPEUTA: Ele chega às nove da escola e sai as seis e trinta da manhã. Então o que o senhor me diria das notícias que ouviu aí da Beatriz?
PAI: Tô contente. Agora sim, recebe uma notícia assim, né? Antes assim, do que ruim, né? Sempre ele vai subindo.
TERAPEUTA: O senhor começa a ver frutos do seu esforço.
PAI: Só ele ir pra mim já é uma grande coisa, que ele já foi sozinho. De ver ele quatro anos.
PROFESSORA: Quatro anos, todos os dias ele ia levá-lo e ficava esperando quatro horas para levá-lo de volta. E agora ele vai.
EDÍLSON: Sou adulto, sou homem. Eu vou pro serviço. Quê se dá bem lá dentro. *(Trecho inaudível.)*

— Edílson recebe um elogio do seu pai...

— E o pai é reconhecido como uma pessoa chave nesse processo. São reconstituídos vários andaimes da construção familiar.

— ... e ele dá o retorno imediato para o pai: "Sou adulto, sou homem."

— Esse momento também foi muito emocionante.

TERAPEUTA: E a senhora, o que acha de ouvir as notícias do Edílson?

MÃE: Ah, eu já sabia. Porque ele já contou pra mim, o Edílson. Ele chegou em casa, a primeira coisa que ele contou pra mim. "Tá havendo uma confusão na minha escola, mãe. Que eu tô triste, que nós já choramos, porque nós vamos ficar sem a nossa professora e ela contou isso pra mim." Aí ficou triste. Daí desde aquele dia ficou meio aborrecido. Depois não queria ir mais estudar. "Eu não vou porque não tem mais aula à noite. Só tem que ir pra trabalhar, depois eu quero escrever e não vou mais escrever, porque não tem mais aula." Ele já chegou em casa e já contou pra mim.

— Edílson deixou de ser o problema familiar. É apenas um membro como outro.

— Mas a tensão continua em níveis altíssimos.

PROFESSORA: Veja como vocês estão bem.

EDÍLSON: Tá bem. Tá bem, assim.

TERAPEUTA: A senhora falou desta última parte. Mas eu falei das notícias boas sobre o desempenho do Edílson na escola, que a Beatriz nos contou aqui. O que a senhora achou disso?

MÃE: Ah, eu achei bom, né? Porque, mas assim por exemplo, ele lá na escola tem uma, assim, ele é responsável lá na escola. Mas em casa eu acho que ele tem muito... Eu acho que ainda tem um pouco daquele apoio da gente. Ainda tá, porque ainda a gente tem que falá sabe, prá ele se arrumá, prá ele andá. Aí eu digo como é que lá ele obedece as professora, não precisa dizê. Ele vai por conta, pega o ônibus sozinho. Por que que em casa ainda não, ele não é assim ainda. Não chegou a esse ponto, como a Bia, tá falando lá na escola assim. Ele ainda um pouco depende de mim. Porque eu não sei, acho que eu ainda tô um pouco mais ligada, ainda um pouco nele, não deixei ele ainda assim sozinho.

— A insistência naquilo que ele ainda não conseguiu parece ser o produto da necessidade de mantê-lo no papel de emergente familiar: ele é o atraso da família.

— E isso só poderia explicar-se se a família tiver algo importante para resolver...

TERAPEUTA: Mas o pai falou uma coisa. O interessado na aula é ele. Digamos, não foi uma vez, aí vai saber que a vaga dele não é definitiva. Ele pode perder, não é?
PAI: Pois é. Aí, ele se interessa mais, aí chega mais na aula.
EDÍLSON: Quinta feira, sexta feira, eu vou.
PAI: Assiste aula, depois descansa. Já tava em tempo de vamo prá aula, levante. Mas, não, com ele tem que insistir. Tem dia que tem que tirá ele da cama. Senão ele não sai.
TERAPEUTA: Mas veja bem, eu acho que nós poderíamos cair num extremo oposto. Via-se Edílson, antes, como alguém que fosse um retardado, que não entendia nada, que era um mal-educado e era todo protegido, tu lembras disso? A sub-mãe está aí para nos lembrar como era aquela proteção. E, de repente, parece como se ele fosse colocado num outro extremo, que já é capaz de fazer tudo. Me parece que não podemos comparar o Edílson com a Mara. Em certos momentos ele precisa, sim, ser empurrado, precisa, sim, de uma postura firme do pai. Ele já disse: "Eu quero ser alguém." Vai chegar nesse ponto. Mas, por enquanto, ainda precisa do pai chegar e dizer: "Edílson é..."
EDÍLSON: Empurra.
TERAPEUTA: "Edílson vai estudar. Agora. Agora." Como hoje, quer dizer, vocês lembram que o Edílson teve dificuldade.
EDÍLSON: Já vou deixar de ter.
TERAPEUTA: Claro.
PAI: Mas o que dizê aqui, vai ter que fazer.
MÃE: É.
TERAPEUTA: Tu tens falado muita coisa que tu vais fazer e tens cumprido. Agora tu afirmas: "vou acordar cedo".
EDÍLSON: Vou mudá, acordá nas aulas.

PAI: Só fala. Em casa é um, na escola é outro.

— Aqui se tem a impressão de que o dito por Edílson não recebe a atenção devida.

— Mas uma vez essa necessidade de que ele não saia do papel?

TERAPEUTA: Mas, vejam bem, eu vou frisar este ponto: o Edílson pode precisar, pela dificuldade que ele teve, de uma mão, de uma ajuda. O que contigo não é mais necessário, com ele muitas vezes também já não é. Mas às vezes é. Ele tem um pai e uma mãe. Tu tens toda razão.

MARA: Eu o chamo uma vez, é meu irmão, dane-se. Agora eles têm outra responsabilidade

PAI: O problema dele já é diferente, né?

— Este foi outro progresso. Mara saiu da escravidão do papel de segunda mãe. Tem uma atitude mais livre nesse sentido.

— Então, como falas em fracasso?

— Espera, vou repetir. Em nenhum momento pretendi que tudo havia sido tempo perdido. Apenas tento avaliar o fato de não termos conseguido passar desses aspectos da queixa, identificados desde a primeira sessão, para os níveis mais profundos da demanda.

"Ele não é mais aquele assim"

MÃE: Mas, o Edílson, mesmo, ele progrediu bastante. Ele não é mais aquele assim. Parece que ele mudou, que ele é mais responsável. Não posso dizer que ele não, que ele tá indo novo assim. Não. Só que a gente pensa que ele seja igual os outros. Mas ele tem dificuldade de ser que nem a Mara e que nem a Mariana. Ele tem, teve um problema, então a gente vai ter que ser mais devagar. Vai sempre precisar um pouquinho de mim. Vai precisar...

TERAPEUTA: De apoio. Como ele disse, um empurrão. Porque ele quer ser ajudado, quer encontrar esse rumo. Não quer dizer que será da noite para o dia.

PAI: É, tem de acordar cedo, pra coisa ir ficando melhor. A partir de segunda -efeira.
EDÍLSON: Segunda-feira.
PAI: Fala com a Bia.
EDÍLSON: Segunda-feira eu vou, terça eu vou, quarta eu vou, quinta não vou, sexta não vou, daí passa logo.
MÃE: Fala por quê.
EDÍLSON: Porque vou arrumá salão é que fala.
TERAPEUTA: Que salão?
PROFESSORA: Salão de casamento. Ninguém sabe.
TERAPEUTA: Vais casar?
EDÍLSON: Eu, "sarta fola"!!
TERAPEUTA: Quem vai casar? Tu vais casar?
EDÍLSON: Eu não.
MÃE: Fala, Edílson.
PAI: Fala o que é.
EDÍLSON: A filha do Dima.
MÃE: Fala direito. Quem é, quem é o Dimas?
EDÍLSON: Meu padinho, oras!.
TERAPEUTA: A filha do Dimas.
EDÍLSON: A Miriam.
TERAPEUTA: A Miriam vai casar. E tu foste escalado para ajudar na arrumação do salão.
EDÍLSON: É pá ajudá, dá uma ajudadinha.
PAI: E vai faltar dois dias. Mas os outros três dias tem que ir.
EDÍLSON: Três dias eu vou.
TERAPEUTA: Seis horas da manhã.
EDÍLSON: Seis horas da manhã. Eu consegui. Levantê seis horas da manhã.
TERAPEUTA: Eu não tenho dúvida. Tu és um jovem forte, animado, enérgico, podes levantar. Tem muito velho aqui, que acorda seis horas da manhã, numa boa.
EDÍLSON: Tabalhá.
TERAPEUTA: É claro.

EDÍLSON: É, a vida tá boa.
TERAPEUTA: É deles, é bom.
EDÍLSON: Tá bom, indo pra aula.
TERAPEUTA: Bem, vamos fazer nossa pausa, vocês já conhecem.

— Durante a pausa, várias das colegas da equipe insistiram em um ponto: "Molina, Mariana não conseguiu falar, ela deveria falar. Você tem de dar-lhe oportunidade para expressar os seus sentimentos." Apesar de sentir que já havia feito todas as tentativas possíveis e imagináveis para que ela falasse, tomei a decisão de insistir. Seria a última chance. Voltei determinado a cumprir a minha tarefa.

— Viviam uma contradição: por um lado, o trabalho estava concluído e o perigo da marginalidade que ameaçava Edílson estava afastado. Sua integração na instituição e na própria família testemunhavam seus progressos. Não se justificaria uma outra sessão para se falar de Edílson e seus problemas...

— É justamente isso. Para mim, estávamos em tempo de chegarmos ao nosso desfecho. A tarefa estava concluída e bem concluída. Eu me sentia orgulhoso e satisfeito. E, confesso-te, se não houvéssemos continuado, se tivéssemos interrompido naquele momento, eu teria guardado a lembrança de um lindo e bem sucedido trabalho.

— Aí é que entra o outro lado. Se Mariana estivesse realmente tentando falar algo grave e importante para a família... teríamos de começar tudo de novo!

— Queres saber o que ocorreu? Pois bem, chamamos a família de volta e depois de fazer o início do balanço (o tema Edílson e suas dificuldades), dirigi-me claramente a Mariana.

"Eles têm dificuldade entre eles?"

TERAPEUTA: Bem, hoje, nós demoramos mais. Porque vivemos um dilema. Fizemos um balanço deste quase um ano, não é?! Iniciamos no começo do ano. Seriam quatro vezes com essa aqui, sendo que uma foi no papel, na carta. Mas, antes de começar com o encerramento, teríamos duas perguntas para fazer. Ficamos com uma dúvida,

Mariana. Tu dizes que havia dificuldades com os pais. E a pergunta é: "Eles têm dificuldades contigo ou tu vês que eles têm dificuldades entre eles?!"

MARIANA: *(Extremamente comovida, com lágrimas nos olhos.)* Entre eles.

TERAPEUTA: Entre eles. Certo. Podes falar, rapidamente, quais são estas dificuldades, sem entrar no detalhe.

MARIANA: Não sei. Acho que eles não saem juntos. *(Chorando com muito sentimento.)* Eles, sabe, é um prum lado, um pro outro.

TERAPEUTA: Então eles são chatos num outro sentido.

EDÍLSON: Tá convidado, a mãe não quer ir também. Uma vez fui no casamento, ela tava envergonhada.

TERAPEUTA: Tu convidaste teu pai?

EDÍLSON: Não, tinha um casamento do meu padinho, outra filha dele. Só foi lá, foi embora, *(refere-se ao pai)* não comeu mais nada.

TERAPEUTA: Está certo. Então tu tens uma preocupação *clara* em relação a eles. Eles não estão sabendo ficar juntos, estar bem. Tu chegaste a pensar que eles poderiam estar mal a ponto de separarem?

MARIANA: Às vezes.

TERAPEUTA: Tipo brigarem e chegarem a uma conclusão tão grave quanto esta da separação? É, eu também ia te perguntar se tem sido uma coisa que mexe contigo.

MARIANA: Não, sabe que é que eu acho que é porque o pai de vez em quando bebe. Aí a mãe fica brava, quando ele bebe.

EDÍLSON: Já brigou com ele.

MARA: Daí ele diz: "Vamo tal lugar?!" "Ah, não vou, não. Teu pai vai beber. Porque toda a vida é assim. Se for prá ir, ele tem que tomar um pouquinho. Senão, ele não sai." Então ela não sai com ele, porque ele vai beber, vai falar alto, no meio das outras pessoas. Então ela não sai.

TERAPEUTA: Então, se saírem ele bebe.

MARA: O problema que ela queria dizer era o da bebida, entendeu?!

EDÍLSON: *(Fala muito excitado.)* Ai, Ai, Ai.

TERAPEUTA: Pego duro, não é?!

EDÍLSON: Eu também.

— Sobre a família paira uma grave ameaça. A relação entre os pais não é nada boa. O pai bebe...

— A bebida do Edílson!

— Era uma metáfora do problema da bebida do pai. As brigas e as grosserias do filho comunicavam a respeito da grosseria reinante entre os pais.

— E o afastamento do filho, do qual tanto todos se queixavam, também pode ser entendido como uma metaforização do afastamento entre os pais.

— Tanto mais perigoso porque ocorre no momento em que os filhos se aproximam aceleradamente da idade adulta. Muito em breve farão as malas para buscar os seus próprios caminhos. Essa importante etapa da vida do jovem adulto precisa do equilíbrio familiar para não ser traumática.

— É muito curioso ver como Edílson participa nessa parte. Ele parece muito excitado. É como se, de repente, visse acontecer algo que havia muito tempo ele desejava. Parece muito satisfeito com o surgimento do tema.

"Eu já mudei, eu"

MARA: Eu acho que é isso. Eu quase não tou em casa, né? Então ela fica à noite, ela fica em casa. Eu não, eu não tou em casa. Aí eu não vejo. Aí o pai ontem chegô assim, falou um monte... Não tinha nada a ver. Ah!!, pois é. Então pra mim tá bom, porque eu não vejo aquilo, né. Agora ela vê. Vive tudo aquilo.

TERAPEUTA: Certo, quando ele chegou, tu dizes, falou um monte, poderia ter bebido, umas duas?

EDÍLSON: Três.

TERAPEUTA: Não é cerveja? É cachaça?

EDÍLSON: Cervejinha e cachaça.

TERAPEUTA: Junto?

EDÍLSON: Junto, não. Só uma por vez.

TERAPEUTA: Tu já tinhas falado com eles dessa tua preocupação?
MARIANA: Já.
TERAPEUTA: Com a mãe e com o pai também? O senhor sabia? O senhor viu como a Mariana se emocionou quando falou disso?
EDÍLSON: Eu já mudei, eu.

— A intervenção do Edílson é profundamente comovente. É de uma lucidez assustadora.

— Não se pode esquecer que eles foram para a terapia porque ele — o deficiente mental — dava muito trabalho, não obedecia, não entendia...

— Ele deseja que a família mude. Ele sabe que mudar é importante. E, de fato, se está nessa terapia é não apenas para mudar, mas para ajudar a família toda a mudar.

TERAPEUTA: Deixa perguntar-te, tu gostarias que ele mudasse?
EDÍLSON: Ah, acho difícil... Toma remédio, também mistura.
TERAPEUTA: Que remédios ele toma?
MÃE: Ah! O pai toma aquele antibiótico. Ele tomou só pro dente.
EDÍLSON: Daí bota por cima, caixão.
TERAPEUTA: Tu dizes que não deve misturar o remédio, não é? É claro.
EDÍLSON: Ele mistura.
TERAPEUTA: Sim, mas tu achas que ele não deveria misturar. É tudo isso que tu queres que ele mude. Tu aprendeste a mudar, tu achas que o teu pai pode aprender a mudar?
EDÍLSON: Se ele não mudá, eu é que vou me mudá.

— Se o pai não mudar... Edílson se muda. Ele quer ter uma família equilibrada.

— Como dizia antes: "Sou homem, sou adulto." Ele pressiona muito fortemente o pai.

TERAPEUTA: Tu achas que o pai poderia aprender?
MARA: Tendo um pouco de vontade.

EDÍLSON: Já tenho eu.
TERAPEUTA: E será que a mulher dele iria ajudá-lo?!
MARA: Claro, sempre ajuda.
EDÍLSON: Ajuda.
MARA: É só querer.
TERAPEUTA: Fala, fala. É importante para nós que tu possas falar do teu sentimento. *(Faz-se um silêncio profundo que dura por vários minutos. Todas as pessoas estão muito emocionadas. Edílson corta o silêncio.)*
EDÍLSON: Já, penso, já. Já, no que fala agora nós vamo mudá, nóis já mudou eu e o pai mudou. O pai não vai mudá também?

— Quando me lembro dessa cena vivo novamente toda a emoção e toda a angústia que senti nesse momento. Edílson rompeu o silêncio para dizer, à sua maneira: "Eu já refleti. Nós devemos mudar. Nós já mudamos em muitos aspectos. A relação entre eu e meu pai já mudou. Por que meu pai não poderia mudar nesse aspecto, parar de beber? Claro que sim."

— O pai havia sido fundamental no processo de mudança do filho. Agora o filho assumia um papel de apoio para a mudança do pai.

TERAPEUTA: Edílson... Ele te falou assim: "Você aqui vai acordar às seis horas da manhã." Ele te cobrou. Tu estás dizendo: "Pai, você vai mudar!" Tu queres perguntar para o pai? Pergunta pra ele? "Pai, tu vais mudar?"
PAI: Eu tomo lá na venda.
EDÍLSON: *(Dirige-se ao seu pai em um tom de interrogação-afirmação.)* O pai não muda. O pai não pára de bebê, pai?!
MÃE: É, ele que tem que mudá agora.
TERAPEUTA: Mas ele está dizendo que essa mudança é uma mudança da família.
EDÍLSON: Pá mim, pai. Eu acho assim, eu acho assim.

— Esse é o pedido amoroso de um filho que precisa do seu pai.

— Sim. Mas infelizmente o pai não reage de forma positiva. Parece extremamente incomodado.

— Ele age como se houvesse sido traído. Vai reclamar de Mariana por haver contado. Não tem uma atitude cooperativa.

— Mas, convenhamos, a falha não é dele, quem conduzia a terapia eras tu e não ele. Tu estavas aí para intervir e mudar o rumo das coisas.

"Precisa, vamo ajudá, vamo!"

TERAPEUTA: Fala.
MARIANA: Não tem...
TERAPEUTA: Não! Tens de falar.
PAI: Ela já queria contar isso agora. Ela tava com vontade de contá e contô.
EDÍLSON: *(Dirige-se à irmã que hesita em falar.)* Tua chance, minha filha.
TERAPEUTA: Mara, podes nos ajudar? Tua irmã colocou a emoção prá fora e não tá sabendo dizer mais. Nós precisamos de mais.
EDÍLSON: Precisa, vamo ajudá, vamo!

— Aqui eu quero que aconteça algo, algo urgente.

— Edílson insiste porque deve ter o mesmo sentimento. Ele quer ajudar. Ele sempre quis ajudar. E afirma: agora ou nunca.

— Minha angústia atinge níveis estratosféricos. O que fazer para mexer com aquele homem? Não encontrei o caminho das pedras.

MARA: Como assim?
TERAPEUTA: Que estás sentindo?
MARA: Que isso é ruim. Daí ele não sai. Daí a família não tem saído, a família não sai junto! No domingo, cada um vai. Um vai prá missa, outro vai pro outro lado, outro vai pro outro. Chega ele, vai pra venda e toma. Esse sai, essa vai para o Clube. E eu faço o quê!?
EDÍLSON: É domingo.

MÃE: Eu fico em casa sozinha, então...

TERAPEUTA: A senhora falou, ele vai para venda, aquela vai pro clube, a senhora fica. E a Mariana?

MÃE: É, a Mariana fica comigo, às vezes. Então, é a minha companhia. Onde eu saio, às vezes vou numa amiga conversar, a gente volta. É, a nossa vida é essa.

TERAPEUTA: A senhora poderia dizer como gostaria...

MÃE: Porque eu não suporto pessoa que toma. Eu não saio com home que toma, eu não saio. Por isso que eu não me divirto. Eu gosto muito de sair. A gente não gosta que ele bebe.

EDÍLSON: Não gosta, né, mãe?

TERAPEUTA: Tu também não gostas que o pai beba?

EDÍLSON: Eu, um pouquinho tomo, devagarinho, uma cachacinha, uma, duas cervejinha. Não incomoda, dorme. Não incomoda ninguém. Eu não incomoda. Toma uma cachacinha. Eu não fala pá ninguém, não biga. Esse *(aponta para o pai)* só chega em casa, só biga também. Chega em casa xinga, chama nome, tudo.

— Edílson deve ser retirado desse papel. Não é ele quem deve resolver os problemas dos pais. Ele já cumpriu sua função.

— A solução seria trabalhar o casal.

TERAPEUTA: Espera um segundo. O que a senhora diria dessa questão que veio à tona.

MÃE: Isso que eu queria sempre, desde o começo da reunião, eu queria que o senhor tivesse perguntado prá ele e prá mim. O que que nós fazêmo no fim de semana, entende? Como é que é nossa vivência no fim de semana.

EDÍLSON: Ih! Fim de semana é ruim.

— Uma pergunta tão simples que poderia ter mudado o rumo das coisas!

— Talvez agora o balanço de encerramento pudesse ser diferente. Não seria só para celebrar os progressos dos filhos, mas também o início de uma vivência familiar diferente.

— Eu me interrogo e não consigo uma resposta adequada: por que a mãe esperou passivamente que a pergunta lhes fosse feita? Por que ela não falou da sua angústia, do seu desejo?

— Se as pessoas fossem capazes de fazer aquilo que deveriam fazer... não as encontrarias no teu consultório. A questão a ser colocada é outra: por que tu não foste capaz de fazer as perguntas que eles precisavam ouvir? Não adianta tentar descobrir os motivos deles. A chave está nos teus...

MÃE: É assim lá em casa. Que eu gosto de sair, então fosse comigo uma vez. Fizesse as minhas vontades, também.

TERAPEUTA: Está bem. Então eu vou lhe pedir uma coisa muito importante. A senhora me falou a mim, falou para nós, como é. Eu queria que a senhora falasse com ele, na primeira pessoa: "Eu quero isso." Já falou para nós, gostaria que falasse com seu marido.

MÃE: Mas, ele já escutou.

TERAPEUTA: Não. Eu quero que a senhora fale. Muitas vezes eu pedi para falar, assim, olho no olho. Peço que a senhora fale com ele e que lhe diga isso que disse para nós: "Eu quero sua companhia. Eu quero poder curtir meu marido, sair com ele, sem ter medo da bebida, de que você bebesse." Essa mesma coisa quero que a senhora a diga para ele.

MÃE: Eu saio quando não toma. Daí nós saímo, mas se tomá... Mas a gente sai. Não vou dizé que eu não saio com ele, eu saio.

— Sabes, o nosso tempo já foi mais do que ultrapassado e aqui é como se estivéssemos iniciando um novo processo. A emoção que circula pela sala é muito intensa. É um pouco como se todos os participantes fossem totalmente conscientes do que está em jogo.

— Tu chegas a conseguir que a mãe se dirija pessoalmente ao pai? Por que insistes tanto nisso?

— Para mim é fundamental que as pessoas envolvidas tenham a coragem de se dizerem as coisas. Não admito que um diga "mas ele já sabe..." Creio que há coisas que ninguém "já sabe". Quando consigo que se falem diretamente, tenho a impressão de haver saído das linhas paralelas. Podem até colidir, mas têm de sair das paralelas.

"Eu te amo muito,
eu gosto demais de você!"

TERAPEUTA: Como é que a senhora gostaria? A senhora falou como é o final de semana: ruim, triste, dividido. Como a senhora gostaria que fosse?
MÃE: Ah! Eu queria que ele não tomasse, saísse com a gente, me acompanhasse, onde eu fosse, lá ele fosse comigo. Ele não gosta das minhas amizades, do meu jeito de ser, como eu gosto de me divertir. Ele gosta do modo dele, como ele gosta de futebol, eu não gosto. Tá certo, ele pode ir no futebol, eu não dô contra, isso aí todo homem vai e gosta, eu já não gosto. Mas quando eu quero ir num lugar então me acompanhasse, onde eu quero ir.
TERAPEUTA: E, veja bem, eu quero lhe lembrar uma coisa: para nós nos encontrarmos aqui e para falarmos daquelas coisas todas, nós teríamos de acreditar. Nada nos garantia que iríamos conseguir e juntos nós acreditamos. Então eu lhe peço que olhe nos olhos do seu marido e diga, assim com toda a força desse sentimento, o que a senhora deseja.
MÃE: Eu quero que tu melhore, pará de bebé e saia comigo. Se diverti nos lugá que eu gosto de ir. Não me interessa os lugá que tu gosta de ir. Eu deixo.
TERAPEUTA: Porque se a senhora falar para ele vamos poder fazer algo, se não falar....
MÃE: É porque a bebida destrói muito a família. Isso já aí desde o começo. Porque o Edílson, talvez tudo isso que aconteceu não foi por causa dele, foi mais porque eu cuidava de um lado e o meu marido cuidava do outro.

TERAPEUTA: Mas, eu queria que a senhora olhasse para os olhos dele e falasse. Eu quero, eu preciso. Isso que a senhora falou na terceira pessoa, falasse com ele. Eu lhe peço.
MÃE: E ele vai cumprir?

— *Mas a mulher já falou! Por que insistes com ela? Agora deveria ser a vez do marido.*

— *Insisti porque queria que fosse mais fundo, que atingisse o seu homem, que o tocasse. E a seguir verás como valeu.*

EDÍLSON: Se não cumpri eu vou surrá. Vai sê feio.
MÃE: *(Fala muito emocionada.)* Eu te amo muito. Eu gosto demais de você. Se eu não amasse, eu não tava com você. Porque tem muitas mulher na minha situação que já tinham ido embora, já.
EDÍLSON: Se não muda, incomoda a mãe, não dá pá continuá.

— *Essa mesma batalha é um pouco mais difícil com os homens...*

— *Mas isso não me impede de me jogar de cabeça nela!*

TERAPEUTA: Agora eu vou pedir para o senhor, o que o senhor tem para dizer prá sua mulher?
PAI: Que... quê eu tenho? Que eu tomo minha bebida entende, que isso aí, que altera, tomá demais.
TERAPEUTA: Não me conte a mim. Eu quero...
PAI: Aí eu chego em casa meio ...
TERAPEUTA: Não, não, o senhor está falando comigo.
MÃE: Mas os lugar que eu gosto de ir, diga prá mim: "Eu vou, vou te respeitá, vou levá meus filhos, junto eu vou me divertir. Fazê você feliz uma vez na vida". E o desejo que eu quero também, assim num dia de doença, eu preciso de um carinho, de uma atenção e eu não tenho. Eu quero que ele tenha essa atenção comigo. Tu vai fazer isso pra mim!? Porque a bebida me cansou, me cansou, eu tô cansada. Eu não posso vê ninguém falá da bebida, eu fico... não dá. Que nós... eu gosto dele, eu amo meu marido, mas...

TERAPEUTA: A senhora me faz um favor, não me conte isso, diga isso para ele.
MÃE: É bom demais quando ele não toma. Não tem pessoa boa como ele. Ele ajuda, tá sempre do meu lado. Mas se toma, pronto.
TERAPEUTA: Toma quanto o senhor? Com que freqüência o senhor bebe?
PAI: Como?
TERAPEUTA: Quantas vezes por semana?
PAI: Tomo uns dois golinhos. Como hoje à noite. Só assim à noite. Eu trabalho. Na semana que eu trabalho não boto nada na boca. Não é toda vida. Às vezes eu vou na venda, um amigo oferece prá mim, eu tomo. Aí aquele pouquinho a mais já pega. Aí então já me altera.
TERAPEUTA: O senhor percebe que isso tem...
PAI: Já!
TERAPEUTA: Não. Não quero que fale comigo. Quero que fale com ela. Porque ela lhe falou emocionada, com muito sentimento, do que ela deseja, de sua disponibilidade. Seria muito chato se nós dois começássemos a conversar, se ela lhe disse uma coisa tão importante...
PAI: É como eu digo prá ela. Algumas vezes eu perco o sentido, né?! Não é toda vez. Alguma vez eu convidei ela prá ir num lugar. Ela não quer ir.
MÃE: Não, mas ele é muito bom prá mim quando ele não toma. Não tem pai bom no mundo como ele.
PAI: É porque eu chego em casa, acontece alguma coisa, eu não consigo conversá. Mas, não é, quando eu vi, já falei.
EDÍLSON: Uma vez o pai tava bêbado. Eu tava com a razão. Eu ia batê, tava batendo forte aqui. Eu ia... pai tava dando porrada nas costas. Eu ia batê. Mas ninguém não deixô. Eu ia dá uma lambada. É por isso...

— Por isso Edílson quer ser o homem da casa!
— Essa posição é enlouquecedora.
— Temos de tirá-lo desse papel, senão volta tudo de novo.

— Se não tivermos sucesso... quais seriam as chances que ele teria de manter os progressos? Seria fundamental ganhar a batalha em que estamos metidos.

TERAPEUTA: Eu vou perguntar de novo. O senhor sabia que a Mariana estava sofrendo tanto com isso. O senhor sabia que a Mara... percebe como ela sofre com isso?
PAI: É claro que sofre! Porque quando eu não tomo, sou bom demais. Só na hora que eu bebo... eu fico meio...
TERAPEUTA: O senhor sabia que sua mulher...
PAI: Em casa não falta nada, eu sou bom demais. Sei lá, umas vezes...
TERAPEUTA: O senhor sabia que sua mulher sofre com isso e, às vezes, até em silêncio, por não ter sempre esse homem bom? E que, às vezes, é como se esse homem bom fosse trocado por um, vou dizer, sem-vergonha, por um mal-educado, grosso, que não sabe o que diz? O senhor sabia o quanto ela sofre com isso?
PAI: Claro, porque a gente faz as coisas que não sabe.
EDÍLSON: Se continuá, eu vou lagá dele...

— E assim acabamos. Eu saí com um nó na garganta. Fizemos a proposta: vamos continuar trabalhando juntos pela felicidade dessa família. Marcamos a volta. Mas não voltaram. Perdemos a família.

— Agora entendo. Tens razão, houve fracasso.

— Sim. Um triste fracasso. Chegamos perto, fomos testemunhas do seu potencial. Acreditamos neles. Eles nos mostraram que também sabiam acreditar neles. Os filhos, todos os três, mudaram e melhoraram. Mas eu fui incapaz de chegar mais perto, de tocá-los mais fundo. Estava tão empolgado com o que havia ocorrido que perdi de vista o conjunto.

— E, depois, não aconteceu mais nada?

— Sim, deixamos aberta a possibilidade da sua volta. Confesso que, dois meses mais tarde, eu estava ansioso, esperava pelo seu retorno. Como não houve movimento da parte deles, resolvi trabalhar com o grupo esse momento. O resultado da reflexão conjunta foi uma

outra carta, uma outra "sessão epistolar". Vou transcrevê-la na íntegra:

Florianópolis, julho de 1996

Estimada família,

Apesar de não nos vermos há mais de seis meses, temos recebido, com muita satisfação, as notícias que, sobre o comportamento de Edílson, têm nos dado as pessoas que trabalham na Fundação Catarinense de Ensino Especial.

As boas notícias do Edílson lembram-nos os bons momentos que passamos com a família e deixam-nos com uma grande vontade de rever Edílson, Mara, Mariana, Dona Ifigênia e o Senhor Nilson. Gostaríamos de saber como vão.

Temos certeza de que se o Edílson manteve os seus progressos, foi em boa medida graças ao apoio que tem recebido da família.

A conversa sobre a família de vocês provocou uma grande emoção no grupo, lembrando-nos dos intensos momentos compartilhados com vocês e de como vocês compartilharam conosco os seus anseios, suas tristezas e seus sucessos.

Finalmente, gostaríamos de agradecer-lhes pela oportunidade que nos deram de estar juntos e de aprender com uma família tão legal e batalhadora. Muito obrigado,

Atenciosamente, pela equipe terapêutica,

Carlos Arturo Molina-Loza

— E houve resposta?

— Da família como um todo não. Nunca mais os vimos.

— Então essa carta também foi um fracasso?

— Eu não diria isso. A carta levou a nossa mensagem, que continuou sendo uma mensagem de saúde e crescimento. Eu confio, como aquele que semeia, e que nunca sabe ao certo quantas nem quais das sementes que plantou darão frutos. Dito em outras palavras, jogamos no mar uma mensagem, em uma garrafa... eu espero que chegue, que seja lida e que faça algum efeito. Só posso manter as esperanças.

— Agora diz: qual é a lição que tiras disso tudo?

— A mais elementar seria a seguinte: que por mais importantes que sejam os progressos individuais dentro do grupo familiar, todos os avanços podem ver-se comprometidos se esquecermos que nosso cliente é a família e não a somatória, o agregado dos seus membros.

— Não te parece que acabas de fazer a mesma coisa que teus ilustres colegas? Enuncias uma "lei geral": quem perder de vista a família como cliente... corre sérios riscos de fracassar. E eu sei bem que, muitas vezes, perdeste de vista o sistema, centrando-te nos progresso do emergente familiar, sem que isso levasse a família a desaparecer ou desandar os progressos...

— Touché! *Mas como conto com a tua indulgência, reformularei a idéia: o erro fundamental,* com a família do Edílson, *foi centrar-se nos progressos dele e perder de vista a evolução do conjunto. É lógico, se muitas vezes insistimos em que a família é uma entidade única que necessita de uma intervenção específica para ela, como poderíamos acreditar que pudesse existir um padrão de erro e de fracasso válido para todas? Lembra do dito por Haley, ao referir-se a Milton Erickson: "Acredita que sua ação deve adequar-se às peculiaridades de cada pessoa que o consulta, sem tentar moldar todos os pacientes a uma mesma pauta terapêutica." (Haley,, 1986, p. 151.) Nem uma mesma pauta terapêutica, nem um único padrão de intervenção fracassada.*

— Em relação à família do Edílson dirias, então, com Edith Thilmans (SD) que te dedicaste a resolver a queixa (explícita) da família e ignoraste sua demanda (implícita)?

— Exato, daí o fracasso.

— Vais agregar mais alguma coisa?

— Creio que ao expor as minhas reflexões sobre o fracasso não esgoto a questão. Espero que a reflexão de outras pessoas sobre o tema possa jogar novas luzes. Mas, agora, deixa-me curtir a minha fossa e vamos passar para os outros depoimentos sobre fracasso.

Histórias do baú II

Um fracasso para lá de clamoroso...

— *Agora quero acompanhar-te na exposição de uma situação de fracasso clamoroso, sem aspectos bem sucedidos.*

— *Isso não será muito complicado, tenho vários. Vou apresentar, primeiro, o pior da minha carreira. Este ocorreu durante uma consultoria pedida por uma colega que chamarei de Zulmira. Para deixar as coisas claras, vou pedir-lhe que ela mesma apresente a situação que a levou a solicitar a minha intervenção e suas impressões sobre o encontro. A seguir vou transcrever uma carta enviada pela cliente depois da entrevista. Ela lhe deu o título de "Impressões de um primeiro encontro". Finalmente, vou colocar as minhas próprias "impressões".*

Eis o texto que recebi de Zulmira quando lhe pedi a sua colaboração:

Tudo começou com as dificuldades sexuais

A paciente procurou-me para terapia, trazendo como queixa principal dificuldades sexuais. Como sou terapeuta sexual, a terapia foi mais focada na sua queixa. Porém, no decorrer do tempo, fui percebendo que ela tinha graves problemas familiares, principalmente na sua relação com o pai. Pude perceber também que estes problemas estavam interferindo gravemente na sua sexualidade, como também na sua vida como um todo, principalmente em sua relação homem/mulher, assim como profissionalmente.

Como paciente ela tinha um bom vínculo terapêutico comigo. É um caso muito complicado, porém acho que a terapia desenvolvia-se bem, com uma ressalva: eu sentia que ela precisava ser mais trabalhada nas relações mãe/filha, pai/filha para que ela pudesse se desenvolver de forma mais plena como mulher. (...)

Impressões do momento do atendimento.

- Ela é uma paciente perspicaz, inteligente, sedutora, culta e, com isso, desenvolveu um poder de manipulação bem aguçado, como mecanismo de defesa do fato de ser extremamente frágil e insegura como ser humano, e principalmente como mulher.
- Como era a primeira sessão [com o supervisor], acho que o atendimento poderia ter sido mais leve porque havia uma terceira pessoa [o supervisor] que, por mais capacitada que fosse, e por mais que ela se sentisse segura com a minha presença, de alguma forma estava interferindo na nossa relação terapeuta-paciente.
- Pelo fato de haver um terapeuta homem, e por todos os motivos mencionados anteriormente, eu a senti "estranha", talvez vaidosa, exibicionista, sedutora. Ele [o supervisor] captou muito bem o momento, porém foi muito direto nas suas "feridas" e ela não suportou. Não quero dizer que isso não devesse ter sido trabalhado com ela, porém achei muito forte para uma primeira sessão.

Em alguns momentos quase que ele também entra no jogo dela, se apresentando também muito vaidoso como terapeuta. (...)

Em conclusão, parece-me que o problema ocorreu em função da forma pela qual a sessão foi conduzida.

Zulmira

— Antes de passar ao texto da cliente, quero fazer um comentário. Eu conversei com Zulmira depois da entrevista. Ela também parecia entusiasmada com a sessão. Lembro-me das suas palavras: "Foi incrível, em pouco tempo ela conseguiu falar de coisas das quais ela não fala com facilidade. Foi muito bom." Uns dias mais tarde, porém, N. (a cliente, fala com a terapeuta e, além de contar-lhe que desistiu de ter outra entrevista comigo, encarrega-a de entregar-me o texto que, a seguir, vou transcrever na íntegra. Zulmira, segundo suas próprias palavras, ficou "muito surpresa e desapontada". Não esperava uma reação dessa natureza.

— Significaria que ela, de certa forma, discordava da atitude de N.

— É isso. Seu desacordo foi, inclusive, explícito.

— Mas, no texto que acabamos de ler, ela não é crítica com a atitude de N. e sim com a condução da sessão.

— Vou falar disso depois, mas posso adiantar algo muito simples: para ela, como para mim, vale o dito por Maturana (1992): "o erro sempre é posterior". Aquilo que na hora ela percebera como acertado, passou a ser compreendido, a posteriori, *como errado.*

— Tens razão. Agora vejamos o texto de N.:

Impressões de um primeiro encontro

1. Leviano → emite opiniões rotulantes sem conhecer a pessoa em profundidade. Julga-se acima dos reles mortais, superior ao paciente, com poder para ditar soluções milagrosas.
2. Superficial → fala coisas óbvias como se fosse novidade.
3. Teatral e dado a estrelismos → discursa como se estivesse diante de uma platéia deslumbrada com sua performance. Procura chamar a atenção, comportando-se de maneira a chocar.
4. Vaidoso → mais preocupado em provar que é brilhante do que em captar os sentimentos do interlocutor.
5. Arrogante → não se esforça para ouvir, mas sim em elaborar "teses" a partir da dor do próximo.
6. Covarde → não suporta encarar as fragilidades alheias (talvez porque não queira enxergar as próprias).
7. Prepotente → vocação para Papa: faz afirmações como quem emite dogmas. Dá a impressão de achar-se infalível e invulnerável. É alvo fácil dos sentimentos negativos do paciente, reagindo a ele de forma pessoal e agressiva.
8. Medíocre → é incapaz de enxergar algo ou alguém além de si mesmo. Bitolado, não consegue extrapolar seus limites de visão.
Diagnóstico: Síndrome de Super-Homem.
Tratamento: adoecer e ficar internado num hospital público (para aprender a ser GENTE!)

N.

— Quero ser franco. Nunca imaginei que tivesses coragem de publicar essa "carta".

— Por que não? Na mesma semana em que a recebi, utilizei-a com os meus alunos. É muito ilustrativa de como o terapeuta pode ter uma visão completamente equivocada do ocorrido.

—Tu não imaginavas que ela havia saído com uma impressão tão negativa de ti?

— Esse é o ponto. Quando terminamos a entrevista, sugeri que não marcássemos um segundo encontro. Assim, ela teria tempo de refletir e de decidir se realmente queria ou não voltar. Ela foi categórica e insistente, queria deixar marcado. Não precisava esperar.

— Então deves explicar o ocorrido. Como se deu essa virada de cento e oitenta graus?

— A bem da verdade, devo reconhecer que eu saí satisfeito da sessão. Em poucos minutos estávamos envolvidos em um processo intenso de troca e exposição pessoal. Eu a vi empolgar-se com certas descobertas e tentar aprofundar. Como eu não quero perder o meu tempo, nem participar da perda de tempo das pessoas, estimulei o processo. Tive a impressão de que era uma pessoa muito sofrida e muito a fim de acabar com esse sofrimento. Para teres uma idéia de como ela é (e do tamanho do seu sofrimento), eis o relato de Zulmira: "Um dia me contou que odiava muito um dos seus irmãos. O ódio era tão grande que quando soube que ele estava muito doente, com um câncer na mandíbula, 'mentalizava o câncer crescendo e invadindo todo o corpo do irmão'. Não lhe desejava uma morte rápida porque queria que ainda tivesse bastante tempo para sofrer muito com a doença".

— Que me dizes da observação de Zulmira de que tu foste "muito direto nas feridas" dela?

— Primeiro, o que te comentava acima: depois da sessão parecia que ela não achava errado o acontecido. E, segundo, que ela está coberta de razão, foi isso que fiz. Eu agregaria mais ainda: na maioria dos casos é isso que faço.

— Isso significa que para ti não foi um erro?

— Quer dizer... repito, cito de novo Maturana (1992) "o erro é sempre a posteriori. *O erro é uma experiência desvalorizada desde a perspectiva de outra experiência posterior, porque no momento em que se vive a experiência que se desvaloriza como erro, ela se vive como legítima. Não há forma de saber no momento em que a gente se equivoca que se equivoca. E o engano é sempre depois." Eu ainda vivo essa experiência como legítima. O resultado foi um fracasso, isso é evidente. O problema é que — à diferença do ocorrido com a família de Edílson, com a qual eu gostaria de fazer diferente — a minha reflexão sobre a sessão com N. não me leva a pensar que eu deveria de ter agido de outra forma.*

— Sabendo que ela não voltaria, continuarias a agir da mesma maneira?

— Sim. Não acho que o terapeuta tenha de se contorcer e fazer mil concessões para conservar seus clientes. Mesmo sabendo que certas exigências da minha parte afastariam algumas pessoas, não me acho na obrigação de deixar de fazê-las. Elas sempre terão direito de procurar outros terapeutas (Bergman, 1986).

— Nem todos os clientes se adaptam a todos os terapeutas.

— Nem os terapeutas têm de se adaptar a todos os clientes!

— Em resumo... foi um fracasso clamoroso. Mas, à diferença de outros que te fizeram mudar de atitude, esse não. Essa continua a ser tua maneira de encarar a terapia?

— De certa forma, sim. Mas não deixei de aprender com a experiência de N. e sou-lhe grato por isso. Sou incisivo e mais cuidadoso ao mesmo tempo.

— Podemos passar para um outro relato?

— Tudo bem. Vamos falar de uma terapia de casal que, no início, parecia ter uma perspectiva muito boa.

"Eu quero que você se separe de mim..."

Uma terapia de casal abortada

— Aguarda um pouco, antes de continuar quero fazer uma ressalva. O fato de contar aqui algumas histórias de fracasso não significa que eu só tenha tido esses fracassos. Tenho toda uma série... Os expostos aqui têm apenas a função de contribuir para reflexão sobre o como se fracassa. Gostaria de tirar as lições pertinentes e tentar, na medida do possível, evitar sua repetição.

— Entendido. Então conta mais uma...

— Espera. Lembra, nesta história, assim como naquela da família de Edílson, considerada fracasso terapêutico... nem tudo foi fracasso. Quero deixar claro que o fato de ter havido inúmeras conquistas positivas (e mesmo muitas), não evitou que o previamente definido como "objetivo terapêutico" não fosse atingido.

— Entendo. De outra forma, qualquer situação em que houvesse alguns progressos deixaria de ser um fracasso. Está bem.

— Vou te dar o exemplo de um trabalho realizado com um casal. Eles passavam por dificuldades havia muitos anos. A relação não era satisfatória para nenhum dos dois. A mulher teve de insistir muito para conseguir a participação do marido na terapia.

Eu já os conhecia. Havíamos feito um trabalho breve uns anos antes. Por isso tentei ser muito cuidadoso e explícito na hora de definir os nossos respectivos compromissos e responsabilidades:

"Antes de iniciar qualquer processo, quero definir, diante de vocês, a minha proposta e as minhas condições. Quero que os três nos comprometamos a não comentar com nenhuma outra pessoa aquilo que será dito ou feito durante nossas entrevistas. Que definamos nosso trabalho como destinado a abordar as questões pertinentes ao casal. E, por último, que nos comprometamos a levar o processo até o final."

"Eu não sou nem separador profissional, nem ajuntador profissional. Estarei junto com vocês na luta pela conquista de uma relação adulta e saudável. Se a relação for dentro do contexto do casamento, magnífico. Se for fora desse contexto, também. Preciso confessar-lhes que, devido ao tempo que os conheço e ao fato de virem como casal, inclino-me a trabalhar com o casal dentro de um contexto de casal. Isto é, dentro da hipótese de continuação do casamento."

O marido imediatamente respondeu: "Eu concordo plenamente. Gostei da proposta e gostaria que assim fosse."

— *E a mulher?*

— *Para supressa geral ela disse:* "Ah! Não. Eu estou aqui porque estou preocupada com minha filha. Acho que devemos fazer algo para ajudar ela. Ela precisa de ajuda." *Vindo da parte de uma pessoa que se queixava da recusa do marido em participar de uma terapia, essa afirmação parecia um pouco estranha: aí estava ele, na sua frente, "dispostinho da Silva" a envolver-se no processo terapêutico. Nesse mesmo momento, ela declarava que não queria um trabalho de casal.*

— *Qual foi tua atitude?*

— *Falei o seguinte.* "Essa proposta não me interessa. Vocês me pediram um atendimento de casal. Para isso me preparei. Para isso estou aqui. Se for para falar dos problemas da filha... nada feito. Estou fora. O problema é de vocês. Resolvam e comuniquem-me sua decisão. Não precisa ser agora. Pode ser outro dia. Começaremos outro dia."

Eles discutiram na minha frente e "chegaram a um acordo".

— *Por que as aspas?*

— *Porque, como tive condições de saber depois, ela apenas* disse *concordar. Eu, de fato, acreditei piamente nela, achei que havia assumido um compromisso.*

— *E não havia?*

— *Não, de maneira alguma. Todas as tentativas de intervenção, todos os movimentos de mudança encetados... perderam-se no vácuo da sua recusa. Ela não fez nenhum movimento de busca de saída saudável para o casal.*

— *Então, por que procurou a terapia, por que disse que queria fazer uma terapia de casal?*

— Sabes qual é o meu sentimento? Creio que foi apenas um álibi.

— Um álibi? Como assim?

— Algumas pessoas (ou muitas pessoas) que não têm a coragem de assumir seu desejo de separar-se, continuamente exigem do outro uma atitude de separação. Esperam que seja "o outro" quem assuma a iniciativa da separação. Seria uma maneira "econômica" de liberar-se da culpa e dizer(-se): "Eu não queria me separar... foi ela quem quis." "Eu queria continuar, a culpa foi dele." Nesse caso, ela pôde dizer: "Até terapia nos tentamos... e não deu, ele não..." Percebes?

— E só ela ficou sem investir na terapia?

— Para dizer a verdade, na minha opinião pode muito bem ter sido um plano "orquestrado pelo casal". Às vezes tenho a impressão de ver o casal alternar-se nessa dança mortífera. Hoje um não quer. Amanhã é o outro. É como se ele dissesse à mulher: "Durante muito tempo eu (o marido) me empenhei com todas as minhas forças para que nossa relação fosse fria e distante. Agora é a sua vez (da mulher) de assumir."

— E ela?

— Bem, ela simplesmente responderia: "Durante muito tempo eu quis muito que você mudasse. Você nunca quis. Agora você diz que quer. (E, francamente, eu até acredito que você queira mesmo.) Mas agora quem não quer sou eu!"

— Mas ela faz de conta que está a fim de fazer terapia, de buscar alternativas saudáveis para a relação do casal.

— Claro. Isso faz parte do "acordo" deles. Vou te dar um exemplo de como funcionavam. Um dia ela chega um pouco mais cedo, muito irritada e me diz: "Ele não quis vir". (O que era a prova de que ele não estava compromissado com a terapia.) "Eu vim porque acho importante." Eu nem sequer tive tempo de dizer que, nesse caso, não conversaria só com ela. Quando ia fazê-lo... ele bateu à porta e entrou muito calmamente! Sabes qual foi sua versão?

— Qual?

— "Ela brigou comigo porque não queria que eu viesse."

— E se sabias que o compromisso era apenas da "boca para fora", por que não fizeste nada nesse sentido?

— Um momento, eu não afirmei que no começo da terapia eu soubesse que o compromisso era da boca para fora. Afirmei haver acreditado piamente no compromisso deles (incluindo-a). Eu não tenho controle sobre as pessoas. Posso, apenas, exigir um compromisso do qual, não esqueças, eu faço parte. Uma vez que este é aceito pelos clientes, não tenho outra alternativa senão acreditar. De outra forma, converter-me-ia em um persecutor, obrigado a duvidar de todo o mundo! Se a confiança autêntica (Solomon & Flores, 2002) é essencial para a vida, também o é para a terapia. Prefiro cometer o "erro" de confiar em pessoas que não são confiáveis (e quando me der conta disso, explicitá-lo e romper o meu compromisso) do que cometer o erro (sem aspas) de desconfiar paranoicamente de Deus e todo mundo. Isso estragaria as possibilidades de relacionamento sadio e terapêutico com a maioria dos meus clientes de verdade, os quais, de fato, são confiáveis. É gostoso confiar neles.

— E como acabou a coisa?

— Da maneira mais medíocre possível. Não vieram para uma sessão... depois soube que tinham se separado.

— No meio de uma grande confusão, imagino.

— Sabes que não? Fizeram tudo de uma forma muito adulta e respeitosa. Chegaram a um acordo, não houve baixarias. Foi muito bom.

— E estão bem?

— Tenho notícias de que sim. Ela arranjou um namorado rapidamente. Ele, não sei.

— Então não houve fracasso!

— Lembra da minha afirmação: o processo terapêutico fracassou. Não disse que eles haviam fracassado. Eles devem estar muito bem. Também não levo em consideração sua possível avaliação da terapia, não tive meios de obtê-la. Sei que muitas das coisas trabalhadas durante o processo foram bastante benéficas. Eles cresceram. Amadu-

receram. Não vivem com temor um do outro. Não se infelicitam mutuamente.

— Eles te deram notícias?

— Não, e não teriam coragem de fazê-lo. Quando interromperam unilateralmente o processo deviam-me algumas sessões... Ambos queriam empurrar a dívida para o outro.

— Posso muito bem imaginar o diálogo. Ele: "Eu fui para uma terapia de casal... você não quis continuar. Você quis separar. Então pague você." E ela: "Eu não, você tem mais dinheiro que eu. A responsabilidade é sua. Pague você."

— Concordo, deve ser por aí. Mas sua atitude, repito, não me levará a deixar de confiar nas pessoas, nem na sua responsabilidade. Continuo a acreditar nas suas possibilidades de beneficiar-se com um processo terapêutico. Roubado posso ser, por alguns. Posso voltar a receber algum casal inescrupuloso, como esse. Pode roubar-me, mas o fato de correr o risco de deparar-me com uma outra pessoa de caráter duvidoso não torna desonesta a maioria das pessoas.

— E se eles tivessem voltado?

— Se eles viessem de novo... falaria claramente. Exigiria que pagassem a cada sessão e colocaria as minhas condições. Abriria um novo crédito de confiança. Se no decorrer do trabalho me desse conta da farsa, diria como muitas vezes digo: "Eu estou aqui porque gosto, faço este trabalho porque me permite crescer. Quando alguém não me serve de pretexto para crescer... dispenso. Quero mais é ter sossego! Não me envolvo em álibi-terapias!"

— E o que é isso?

— São aqueles processos nos quais o casal, ou um dos seus membros, vem — como no caso deste casal — sem o propósito de crescer e mudar, apenas para dizer: "Até terapia fizemos. Não deu porque..."

— Está claro. Com eles, então, teu grande erro consistiu em não ter percebido a falsidade da atitude?

— Sim. Mas valeu. Estou com as minhas antenas mais sensíveis. E não troco minha opção de confiança nas pessoas só porque um ca-

sal foi desonesto comigo. Eles economizaram, roubaram-me uns trocadinhos, eu cresci com o episódio.

— Não exageres, eles são desonestos, mas não te roubaram. Foi apenas um furto! Roubo é quando há agressão física.

Intervencinhas I

— Estive refletindo seriamente no que eu poderia contar neste espaço e francamente... cheguei a pensar em deixá-lo em branco.

— Significaria isso que não contas com intervencinhas mal-sucedidas, fracassadas? Não seria muita pretensão?

— Não! Pelo contrário. O problema não consiste em não ter intervencinhas fracassadas, o problema é como as estruturar para contá-las.

— Vou te fazer uma proposta. Conta as histórias do "parafuso" e do "marido-que-diz-que-não-precisa".

— Mas, no caso do "marido-que-diz-que-não-precisa", para mim não houve fracasso.

— Mas para a terapeuta iniciante houve sim. Além do mais, eles não continuaram com a terapia. E na visão dos clientes houve fracasso.

— Tudo bem. Vamos lá.

"A mulher que chama para a terapia um marido que diz que não precisa e acha isso tudo bobagem..."

— A situação foi a seguinte: uma terapeuta iniciante atendia a uma mulher que enfrentava uma situação de crise no casamento. Quando lhe propôs chamar o marido, a mulher disse que ele nunca aceitaria, que achava terapia uma bobagem, etc. A terapeuta insistiu e como, para surpresa geral, o marido aceitou, pediu-me uma consultoria ao vivo.

O marido disse logo de cara que não precisava de terapia. Ele "estava em um estádio mais avançado, quem precisava era a mulher, ela deveria fazer sua terapia individual. Quando ela alcançasse seu nível, aí sim, valeria a pena fazer terapia de casal, etc." Ele se definiu como "acompanhante da mulher".

A relação deles estava péssima, agrediam-se por qualquer motivo e, muitas vezes, haviam tentado a separação, sem sucesso.

A conversa rolou e, depois de um tempo, pedi uma definição e disse: "Precisamos saber se tu estás disposto a participar. Nós não trabalhávamos com acompanhantes. Só começaremos o trabalho quando estiveres disposto a participar."

Ele ficou bravo e em um tom ríspido perguntou: "Quer dizer que estamos aqui esse tempo todo e o trabalho ainda não começou? Eu estou pagando e ainda não começamos a trabalhar?!"

Insisti e disse que só começaríamos quando tivéssemos certeza de que ele estava alí porque queria e não apenas para acompanhar a sua mulher. Ele ficou mais bravo ainda e me disse: "Você é o médico, você é quem tem que dizer aos pacientes se têm que fazer terapia ou não."

Eu também estava... um pouco irritado e lhe respondi: "Em primeiro lugar, eu não sou médico, sou psicólogo. Em segundo, eu não estou aqui para convencer ninguém! Se eu me dedicasse a convencer as pessoas, seria político e não estaria aqui. Eu só trabalho com pessoas que estejam dispostas a fazê-lo. Não perco meu tempo com pessoas que eu teria de convencer."

Ele ficou um pouco mais manso e disse: "Você tem razão, não tem que convencer ninguém." A conversa continuou. A mulher insistia na terapia de casal. "Eu sempre lhe supliquei que participasse. Agora que ele veio, quero que participe."

A resposta dele foi extraordinária. "Você precisa porque é uma mulher muito fria. Ela nunca chora. Só a vi chorar uma vez, durante alguns minutos, no dia da morte da sua mãe".

A terapeuta perguntou sobre a história do relacionamento e a mulher contou que havia abortado uma vez por exigência dele. Acusou-o de todos os seus sofrimentos. Ele respondeu com outras informações: "Ela me deu uma facada a sangue frio." A mulher, sem desmenti-lo, afirmou: "Não foi uma fa-ca-da, apenas enfiei um pou-

quinho a pontinha de uma faquinha." Para ele era um facão, para ela uma facadinha e por aí afora.

Quando faltavam poucos minutos para acabar o tempo eu me dirigi à mulher e lhe disse: "Quero te fazer uma pergunta muito pessoal. Como foi para ti essa história de aborto? O que sentiste quando te viste obrigada a fazer esse aborto?" Sua resposta foi rápida e evasiva: "Foi muito ruim." Obviamente insatisfeito, reformulei a questão: "Desculpa-me, não me expressei bem [falava com muita suavidade]. *Queria que me contasses um pouco do teu sentimento, do teu sofrimento..."*

— Ela mudou de atitude?

— Por completo. Deixou cair a máscara. Seus olhos encheram-se de lágrimas e começou a falar da sua experiência com muito sentimento. O marido quis interromper, mais não o deixamos. Ela teve possibilidade de expressar-se sem interrupções. Quando terminou, virei-me para o marido e lhe disse: "Desculpa, há alguns minutos, disseste que ela era uma pessoa dura, que nunca chorava. Queria saber se...." Ele não me deixou concluir a frase, interrompeu-me e disse: "Realmente. O seu Ibope acaba de subir muito para mim..." Aí, eu fiquei mais bravo ainda do que tinha ficado quando me mandou convencê-lo e falei: "E eu lá quero saber de Ibope! Quero saber de pessoas dispostas a envolver-se em um trabalho terapêutico. Não me interessa o Ibope de ninguém!"

— Ele reagiu bem?

— Que nada! Insistiu em que a mulher deveria fazer terapia individual conosco. Sabes qual foi a minha resposta? "E eu sou trouxa?! A mulher virá aqui nos aporrinhar o juízo com suas lamúrias sobre esse homem mau, que a maltrata, que não a compreende, que, que, que... Para quê? Para qúe depois, quando se separem — porque claro que por esse caminho se separariam — digam: 'se não fosse por aquele desgraçado daquele terapeuta, o Molina, aquele que fez a terapia individual e que nos separou! Ah, nós ainda estaríamos juntos! Foi por causa dele que nos separamos!'"

Curiosamente, a mulher interveio para dizer: "É engraçado. Foi isso que me disse o Dr. João: 'Você deve procurar uma terapia para conseguir separar-se desse homem.'" Eu aproveitei para dizer: "Se desejam separar-se... separem-se. Não precisam de nós para isso. Se quiserem uma terapia de casal. Estamos disponíveis."

Aí chegou a hora de fazer uma pausa. Mandamo-los para a sala de espera com a seguinte incumbência: "Conversem entre vocês. Decidam juntos se querem fazer uma terapia de casal e comuniquem-nos o resultado."

— E o que vocês fizeram?

— Como sempre, conversamos sobre o ocorrido e nos preparamos para recebê-los. Quando os chamamos de volta, a terapeuta perguntou: "Podem nos dizer qual foi sua decisão?" Sabes qual foi?

— O marido não topou...

— Não, ele falou com muita firmeza e muita convicção: "Eu quero, eu topo!"

— E a mulher?

— A mulher, com os olhos bem arregalados, olhou para ele, olhou para nós e, em um tom indefinido, disse: "Eu não sei... tenho que pensar se... se eu posso, se eu quero."

— Mudaram de papéis!

— Mas o jogo continuava o mesmo. Um queria — o bonzinho — e o outro não — o malvado. Ah, eles que se virassem com seu joguinho, que nos procurassem quando chegassem a um acordo. Iam começar a discutir aí mesmo. Pedimo-lhes que conversassem entre si, após a sessão, e que nos comunicassem a decisão.

— Qual foi?

— Pouco tempo depois a terapeuta recebeu um telefonema: não iriam voltar.

— É por isso que para a terapeuta esta sessão poderia ser vista como um fracasso terapêutico?

— É.

— E qual é a tua opinião?

— Que nós não fracassamos — a terapia não fracassou — eles fracassaram. Queriam envolver-nos no seu fracasso, mas fracassaram na sua tentativa de nos fazer fracassar com eles. Para mim valeu. Fiquei satisfeito. Mas, há pontos de vista e pontos de vista. Segundo a terapeuta, houve fracasso. Parece que o casal também pensa que nós fracassamos. Eu faria tudo de novo... Mas cumpri com o propósito de contar esse tipo de fracasso.

— Sabes, eu acho que esta parte da reflexão introduz um elemento chave que havia ficado de fora: a avaliação de se há ou não fracasso é uma questão estritamente pessoal, subjetiva. Aí onde uns vêem um fracasso, outros podem ver um sucesso. E mais: seria inútil pretender estabelecer critérios homogêneos para a avaliação do fracasso.

— Concordo.

— Agora vais falar do "parafuso"?

— Essa é uma outra história de casal.

"Minha mulher não é um parafuso!"

— Era um casal que também vivia uma relação péssima. Estavam praticamente separados, porém moravam sob o mesmo teto. Na opinião do marido, também era a mulher que precisava de terapia e não ele. Que ia muito bem, obrigado. Para ele, era mulher quem... não girava muito bem. Em determinado momento, o marido falou da sua profissão. Durante muito tempo havia trabalhado com uma loja de parafusos. Ele sabia tudo de parafusos. Era um negócio muito lucrativo, mas o havia abandonado porque não gostava. Depois de ouvi-lo intervim e disse: "Então o senhor pode ajudar-nos muito com a dona Dora (a esposa)..." Ele ficou branco, as veias do seu pescoço incharam e disse bem alto: "A minha mulher não é um parafuso!"

— Que pretendias dizer?

— Era uma brincadeira. Ele afirmara que a mulher devia ter um parafuso solto. Se ele era um grande conhecedor de parafusos, poderia ajudar-nos a ajustar o parafuso que porventura estivesse solto na cabeça da mulher.

Ele levou as minhas palavras ao pé da letra. A metáfora brincalhona não colou e ele não gostou.

— Foi grave?

— Não, depois de uns momentos mais ou menos constrangedores, a sessão prosseguiu normalmente. Houve coisas importantes. Só quis dar um exemplo de uma metáfora fracassada, porque muitas vezes dou exemplos de metáforas que funcionaram muito bem. É bom lembrar: nem sempre as intervenções metafóricas são bem sucedidas.

— Valeu.

— Agora, para encerrarmos com uma nota menos frustrante, vou contar uma história de pseudo-fracasso, a da mulher que pediu o seu dinheiro de volta.

Molina!
Quero meu dinheiro de volta!

Essa história é muito simpática. Uma mãe, que chamaremos de Marlúcia, estava extremamente inquieta com a atitude da sua filha de seis anos, Amanda. Era um problema alimentar. O relato da dificuldade pode ser resumido em poucas palavras: a garotinha só comia aquelas porcarias que costumam agradar às crianças: refrigerante, batata frita, hambúrguer, ketchup, maionese, bolo, balas e por aí afora. A mãe já havia tentado de tudo e estava preocupada com a saúde de Amanda. Eu deixei que a mãe descarregasse toda sua ansiedade falando (algumas mulheres se sentem melhor quando falam e falam daquilo que as aflige, sabes?) Amanda me olhava com cara de quem pergunta: "O que você vai fazer?"

Eu fiz uma pergunta para Amanda: "Quantos anos tens?" "Seis", respondeu-me. A seguir continuei e disse: "Sim, mas quanto tempo falta para teu aniversário de sete anos?" Sua resposta foi: "Meu aniversário é daqui a dois meses!" Eu soltei um sorriso e disse:

"Não admito. Vamos parar de falar da alimentação dessa criança! Tua mãe está preocupada, eu sei, porque tu só queres comer esse tipo de porcaria que engorda e não alimenta. E tu estás em uma

fase do crescimento em que a alimentação é muito importante. Mas o fato é que a tua língua ainda é uma lingüinha de criança, não se desenvolveu e não sabe nada a respeito dos sabores."

"Mas não te preocupes, vou te explicar. Ao nascer, a lingüinha do bebê só é capaz de gostar do leite da mãe. Experimenta colocar um graõzinho de sal ou uma gotinha de suco de limão na boca de um bebê e verás que careta de nojo não faz! Depois, o bebê aprende a curtir uma papinha, um suco, uma fruta, etc. Mas, de qualquer maneira, sua língua é muito inexperiente, não sabe diferenciar e aproveitar todos os sabores. A língua da criancinha é um pouco assim, meio de trapo, não sabe curtir os sabores. Isso ocorre até os seis anos. Porém, aos sete anos, *a língua da mocinha já é algo muito diferente."*

"Por isso quero que vocês duas parem de falar da comida de Amanda, mesmo que ela continue comendo só porcarias. É porque a lingüinha dela ainda é uma lingüinha de criança que não sabe aproveitar os sabores. Agora, quando ela fizer sete anos, quando for uma moça de sete anos feitos, *vai acontecer na sua boca e na sua língua uma verdadeira explosão de sabores! Amanda — sua lingüinha — vai descobrir infinidade de novos sabores e vai aprender a curtir os sabores das verduras, das frutas, da carne, do feijão, do arroz, etc."*

Dito isso, nosso tempo tinha se esgotado e nos despedimos. Cinco meses depois, reencontro a mãe que me diz: "Molina, quero que me devolva o meu dinheiro!" Claro, a primeira coisa que pensei foi: "Amanda continua a comer só porcarias. Sua mãe está insatisfeita com o resultado da terapia."

— E não era isso?

— Não, deixa-me contar. Rindo muito, Marlúcia me disse: "Agora não sei o que fazer... sabe, o outro dia entrei na copa e vi Amanda com um prato cheio de verduras, arroz, feijão, carne, comendo de tudo. Aí eu falei: 'O que é isso, minha filha! Cê tá comendo essas coisas? Mas cê não gosta de verdura, cê não gosta de carne!' Sabes o que ela me respondeu? 'Mãe, cê não tá lembrada do Molina? Não lembra que ele falou que quando eu fizesse sete anos ia haver uma ex-plo-são-de-sa-bo-res?!' *Na hora eu ri muito, mas agora estou*

preocupada porque, com essa explosão de sabores, ela está comendo demais e tenho medo que fique muito gorda."

— Ela queria seu dinheiro mesmo?

— Não, era brincadeira. Queria dizer que a intervenção havia sido tão eficaz que Amanda tinha passado para o outro lado.

— Está bem. Tu só querias contar um fracasso de mentirinhas, mas eu faço questão de te pedir uma explicação. Qual é o mecanismo dessa intervenção (ou intervencinha, se preferires)? Depois encerramos nossa reflexão.

— Eu acredito que para "explicar" essa intervenção deveremos ressaltar três elementos. Em primeiro lugar, o contato verdadeiro com os membros da família. Depois, o elo de confiança estabelecido, a confiança do terapeuta na saída positiva, na resolução da dificuldade. E, finalmente, mas não por isso menos importante, a interdição explícita da manutenção das seqüências de interação entre a mãe e a filha: não se preocupar com a comida da filha significa interromper os padrões viciados de relacionamento mãe-filha em torno da comida. A mãe despreocupada deixa de ser manipulável pela filha, que deixa de ter a "obrigação" de só comer porcaria para manter a atenção da mãe. Esse método ericksoniano é muito bem explicado por Haley ao referir-se a uma intervenção de Milton Erickson com a família de uma garotinha que chupava o dedo:

"Este caso apresenta vários aspectos notáveis se comparado com os antigos procedimentos terapêuticos. O fato de um hábito de toda a vida haver sido solucionado em uma única sessão terapêutica é bastante notável por si só, mas é mais notável ainda a grande confiança de Erickson no seu próprio enfoque, o qual permite que diga abertamente aos pais que sua filha superará o problema em um período de um mês. No entanto, também deixa aberta uma saída ao solicitar sua cooperação (não ficarem chateados nem desafiarem a jovem se ela chupar o seu dedo). Se eles não cumprirem como corresponde, ele não poderá garantir o resultado. Desta forma, leva-se tanto a moça quanto os genitores a comportarem-se de maneira diferente: ela é obrigada a criar sua própria angústia, eles são forçados a tolerar suas provocações. Como acontece na maioria destes casos, Erickson não interpreta o sintoma: pede que a conduta sintomática seja executada de forma deliberada, até um nível de absurdo." [178, 179] (Haley, 1973.)

Satisfeito?

Notas à segunda porta

[1] "Assim, a terapia estratégica parece ter bastante apoio anedótico para a sua eficácia (embora as pessoas tendam a não escrever sobre seus casos que fracassam)." Nichols & Scwartz (1998.) [p. 364]

[2] 1) O caminho direto rumo ao fracasso baseia-se em um conjunto de idéias que, se utilizadas combinadamente, são quase infalíveis. a) Diminuir a importância do problema trazido à terapia; b) Negar-se a tratar diretamente o problema apresentado; c) Insistir em que o alívio do problema trará conseqüências piores; 2) Confundir diagnóstico com terapia; 3) Apoiar-se em um único método de tratamento, sem levar em conta a diversidade de problemas que aparecem no consultório; 4) Não possuir uma teoria sobre a mudança terapêutica ou possuir uma ambígua e indemonstrável; 5) Insistir em que somente muitos anos de terapia mudam realmente um paciente; 6) Advertir o paciente sobre a frágil natureza da gente e sobre a possibilidade da melhora produzir efeitos nocivos; 7) Concentrar-se no passado; 8) Interpretar o que resulte mais desagradável ao paciente, fazendo-o ficar no tratamento para superar essa culpa; 9) Ignorar o mundo real do paciente e acentuar a importância da sua infância, de sua dinâmica interna e de sua fantasia; 10) Evitar os pobres, sempre interessados na obtenção de resultados. Eles dificilmente se distraem com conversações profundas; 11) Negar-se com firmeza à definir o objetivo terapêutico; e 12) É absolutamente imprescindível recusar-se a avaliar os resultados da terapia. [71-8]

[3] Muito tempo depois de ter realizado esse trabalho, comecei a refletir sobre a questão da sabedoria. A partir da compreensão da sabedoria inata do bebê e da sua conseqüente negação pelo saber dos adultos, cheguei à conclusão de que também os bebês excepcionais vêm ao mundo com uma sabedoria inata. A essa sabedoria fantástica nós, os adultos em geral e os terapeutas em particular, opomos nosso saber psicopatológico, nosográfico, psiquiátrico. Hoje estou convencido de que as portas do sucesso terapêutico só se abrem quando abrimos mão do nosso saber e aceitamos a guia da sabedoria das crianças. Isto, creio, vale para todos os nossos clientes. Infelizmente, na época do trabalho com a família de Edílson, eu estava longe dessa concepção...

[4] Molina-Loza (1992a) e Molina-Loza *et alii* (1987).

TERCEIRA PORTA

Um trem na cabeça

De metáforas e objetos metafóricos, uma história de "fracasso" escolar e sucesso terapêutico

Yo sólo devuelvo las palabras
que mis mayores
me entregaron al nacer.

Con una pequeña diferencia
las he ordenado
a mi manera.

Humberto Ak'abal

A criança, a escola e a família

— Antes de começar a falar da "família do trem", queria que desses duas palavrinhas sobre o fracasso escolar e a rejeição da escola por parte da criança. Este problema tem se tornado motivo de preocupação e queixa para os pais e pedagogos.

— Tens razão. Os terapeutas precisamos entender as causas desse fenômeno. Só assim poderemos "bolar" intervenções que evitem a transformação do sintoma "fracasso escolar" em uma etiqueta indelevelmente colada na pessoa da criança.

Para responder à questão, porém, deverei realizar um pequeno passeio "sociológico".

Uma necessidade de "esfregamento" familiar

Os últimos trinta ou quarenta anos assistiram a uma considerável aceleração-transformação da vida quotidiana. A família sofreu um poderoso impacto. As mulheres — e mães — entraram maciçamente no mundo da produção de bens e serviços. As moradias se distanciaram dos locais de trabalho e isso fez aumentar o tempo perdido no trans-

porte e diminuir o tempo de ficar em casa. Por outro lado, o ritmo de atividades dos membros da família passou a ser cada vez mais diferente e desencontrado, diminuindo as possibilidades de contato entre eles.

— Aquela família que se via no café da manhã, saía ao mesmo tempo para a realização das suas atividades e se reencontrava ao meio-dia para o almoço...

— Pelo menos nas grandes cidades, ela praticamente não existe.

— E quais as conseqüências disso?

— A primeira, como disse antes, é a drástica redução do tempo familiar. Ele ficou limitado a um mínimo que não corresponde às necessidades desse grupo. A segunda diz respeito à qualidade desse tempo-espaço de encontro. Após esse tipo de jornada, os pais estão tão exauridos que a única coisa que pedem na vida é sossego.

— E os filhos?

— Eles querem e necessitam de atenção. O filho "sabe" (e coloco as aspas porque esse saber não é necessariamente consciente) que para seu desenvolvimento como ser humano ele precisa de uma boa dose de "esfregamento" com seus pais.

— Esfregamento?

— Sim, quando digo esfregamento quero dizer todo tipo de contato: atvidades conjuntas, brincadeiras, troca de afeto e até atritos. Aquilo que, de forma tão acertada, Omer (2002) define como presença parental.

Quando a criança ou o jovem percebe que, pelos meios convencionais, não consegue essa proximidade, esse esfregamento... apela para medidas de emergência.

— E quais seriam essas medidas?

— Uma delas, mas não a única, está relacionada com a escola. A criança é perfeitamente consciente da preocupação manifesta pelos pais em relação ao seu desempenho escolar. Ela sabe que esse bem pode ser o calcanhar d'Aquiles deles. Quando sente uma carência no quesito "esfregamento", simplesmente passa a ter um desempenho escolar ruim o bastante para provocar uma atitude diferente da parte dos pais (Molina-Loza, 1996b).

— Espera. Isso não ficou claro. A atenção que os pais soem dar nesses casos não é uma atenção construtiva, por assim dizer. Há muitas chances de que seja constituída muito mais de reclamações, reproches e até de punições, do que de estímulos positivos...

— Tens toda razão, mas o fato de estabelecer um contato direto com os pais, mesmo que seja feito, como dizes, de atritos e castigos, pode ser "melhor" do que a situação de abandono a que se sentiria confinada a criança se não lançasse seu grito de alerta, seu sintoma.

— Então, quando as crianças não conseguem um esfregamento familiar positivo, lutam para consegui-lo de qualquer maneira, mesmo que muito negativa? Haveria outras maneiras negativas de reivindicar essa atenção?

— Sim, claro. Cada época tem sua "moda". De certa forma, as crianças e os jovens recebem da cultura indicações inequívocas de qual deve ser o tipo de comportamento negativo quando se quer provocar uma reação dos pais. Aquilo que Georges Devereux chamava de "normas de inconduta".[1]

— Isso significaria que esses sintomas (problemas escolares, uso de bebidas alcoólicas, consumo de drogas e tomada de atitudes anti-sociais de diversos tipos, no caso dos adolescentes) podem, então, ser interpretados como sinais de alerta, como mensagens dirigidas aos pais?

— Sim, com certeza. Como mensagens desesperadas, de pedido de ajuda. Seriam formas distorcidas de afirmar: precisamos da sua presença, precisamos do seu apoio.

Isto pode ser... espera, não resisto à tentação. Para o ilustrar, vou te contar uma historinha:

Uma tempestade em alto mar

Em certa ocasião, conversava com um cliente sobre os problemas da sua relação com seus filhos. Eles, dois rapazes de dez e onze anos respectivamente, haviam começado a assumir atitudes que o pai não aprovava. Fiz um comentário sobre os filhos e a necessidade de verem seus pais assumindo a responsabilidade pela tomada das decisões determinantes para suas vidas.

Meu cliente ficou pensativo e, depois de um tempo, disse-me: Isso me lembra uma história. (Eu não sei de onde ele a tirou.) E me contou:

Uma vez, muito tempo atrás, no meio do mar, um barco foi pego por uma violenta tempestade. Tudo foi tão repentino que, em instantes, estava instalado o caos. O barco era balançado por ondas gigantescas que, a todo momento, ameaçavam-no de naufragar. Os marinheiros corriam de um lado para outro. Inutilmente tentavam controlar as velas e mal conseguiam evitar que os grandes baús espalhados pelo convés se soltassem e provocassem estragos irreparáveis. Ouviam-se gritos por todos os lados. Se os marinheiros estavam desorientados... imagina os passageiros. Para eles, o fim só podia estar muito próximo. Uns, trancados nos seus camarotes, aferravam-se às camas. Outros, de joelhos, rezavam. Não poucos vomitavam sem parar.

Nessas estavam quando um passageiro, antigo marinheiro e sobrevivente de outras tempestades, observou duas crianças que, sem se incomodarem com a confusão reinante e diante dos adultos desesperados, brincavam aprazivelmente. Curioso e depois de fazer um grande esforço para aproximar-se deles perguntou-lhes:

— Meninos... o que vocês estão fazendo?

Com muita calma, o mais novo respondeu:

— Brincando, senhor.

Surpreso, o homem disse-lhes:

— Mas vocês não percebem essa confusão toda? Não se dão conta? O navio pode afundar a qualquer momento! Todos podemos morrer afogados!

A resposta da criança mais velha não se fez esperar. Sem perder a compostura, ela disse:

— Ah. Não se preocupe senhor, é o papai que está no leme!

— Para a criança o problema começa quando os pais não sabem como agir. Se estes assumem o comando, a responsabilidade, os filhos vivem sua vida, sem problemas.

— Isso significa que a primeira atitude diante do sintoma de uma criança ou de um jovem poderia ser perguntar-se qual o significado desse comportamento? Qual é a mensagem que deseja transmitir? A resposta a essa pergunta poderia contribuir para que os pais e toda a família participassem da busca da solução adequada?

— Exato. Mas está na hora de encerrarmos nosso passeio marítimo. Em uma outra ocasião falaremos mais detalhadamente sobre o

assunto. Agora limitar-me-ei a propor-te que vejas como isso funcionou na "família do trem".

— Então vamos acompanhar o trabalho.

A família do trem...

Você pega o trem azul
O sol na cabeça
O sol pega o trem azul
Você na cabeça
O sol na cabeça

Lô Borges e Ronaldo Bastos
O trem azul

— Este atendimento foi realizado durante um curso de formação, promovido por Cecília Caran, e ministrado por mim na PUC Minas, em Belo Horizonte. Foram quatro módulos mensais de quarenta horas cada um. No final do primeiro módulo, começamos a ver a família do "trem na cabeça". Era uma família de baixa renda, residente na periferia daquela capital, que fora encaminhada pela orientadora de uma escola pública (uma das alunas do curso, que vamos encontrar mais adiante, pois ela participou dos atendimentos comigo).

— Então vocês só viram a família quatro vezes?

— Não, nem isso. Contávamos com um "crédito" de quatro sessões para realizar o trabalho todo... Parece pouco, não é? Mas a terapia se estendeu por três entrevistas. A quarta foi suspensa. A família, ao sentir-se livre dos motivos para buscar terapia, quis realizar apenas os três primeiros encontros. Optamos por um desfecho antecipado.

— Sabes? Eu acho essa questão muito importante. Experiências dessa natureza mexeram muito comigo, levaram-me a rever minhas concepções sobre o tempo na terapia.

— Na minha opinião, o fato de se ter apenas uma sessão por mês e de se saber que só dispúnhamos de quatro encontros, mobilizou o conjunto — a família e os terapeutas — de tal forma que tudo, começo, meio e fim, encaixou-se nesse curto período.

— Pareceria que, no contexto da formação, as ditas demonstrações clínicas têm uma tendência a produzir resultados que vão muito além das expectativas do terapeuta. Como se explicaria esse fenômeno?

— As explicações mais comuns para a eficácia das "demonstrações" únicas são de dois tipos, aquelas relativas aos clientes e aquelas relacionadas com o terapeuta: "O paciente,[2] quando se apresenta como voluntário para uma demonstração clínica, já está preparado, psicologicamente, para a mudança. O paciente confere ao clínico o poder de criar a mudança. O paciente 'deve mudar, dado que ele/ela foi tratado por um clínico cuja eficácia clínica é manifestada pelo contexto do trabalho de formação'." Em relação aos atributos do terapeuta temos que: "O terapeuta, de alguma maneira, comunica ao paciente sua expectativa de que o tratamento daquela única sessão seria suficiente para criar a mudança." (Barber, 1990.)

Eu tenho tendência a pensar que o fundamental é a indução do terapeuta, a "comunicação [de sua] *expectativa" de que a mudança vai ocorrer. Esse seria o fator acelerador.*

Minha experiência nesse território é relativamente rica e extensa. Com certa freqüência, sou convidado a ministrar seminários de formação de terapeutas de família. Muitas vezes, o ponto alto do evento é a intervenção, ao vivo, junto a sistemas terapêuticos que, por um ou outro motivo, deixaram de fazer progressos.

— Por favor, explica melhor...

— Bem, foi isso que fiz, por exemplo, com a "família dos coelhos e das tartarugas" (ver Molina-Loza, 1996a). A terapia havia começado bem. Depois de ter vivenciado alguns avanços, chegou-se a um impasse. Foi nesse momento que me chamaram. A missão seria, aparentemente, muito difícil: atender às necessidades da família (desejosa de continuar seus progressos); dos terapeutas que a acompanhavam (cujo propósito era aprender a sair dos impasses); e dos observado-

res, os demais alunos do curso (que almejavam aprofundar seus conhecimentos e perfazer sua formação).

— E não é realmente muito difícil?

— Não, quando a tarefa é assumida de forma simples e despretensiosa. Meu propósito é sempre passar um bom momento, aprender com a experiência. Afinal, se depois de uma rica entrevista, na qual de fato ocorreram coisas interessantes, eu, por exemplo, falasse: "realmente a situação parece sem saída... Não vejo outra opção a não ser parar com a terapia", ninguém poderia reclamar. Se, pelo contrário, desfazemos os nós e abrimos novas perspectivas... maravilhoso. Aprendemos e temos motivos para comemorar.

— Então a descontração produzida pela falta de obrigação, do famoso "ter de", permite que a intervenção seja, como diz Maturana, uma "brincadeira", cuja tendência seria acabar bem?

— Exato. O fato de não "ter" a tarefa de resolver as coisas e sim o propósito de viver a ação, de estar com a família e ter o prazer de fazer descobertas interessantes, muda tudo. A tarefa, *resolver o conflito, vira* ação, *compartilhar bons momentos com a família e os outros terapeutas. Daí o resultado positivo.*

— Com a família do trem não haveria uma intervenção única mas, mesmo assim, dispunha-se apenas de quatro entrevistas!

— Esse tipo de experiência — podes ver também umas páginas atrás, na segunda porta, em "Se ele não mudá... eu é que vou me mudá!" — tem me levado, como te dizia, a refletir sobre a questão do tempo na terapia de família. O tempo acaba por ser algo totalmente relativo e, em última análise, dependerá do próprio sistema terapêutico: família mais terapeutas. Outro dia voltaremos a esse tema.[3]

— Por outro lado, ao falarmos do número de sessões, também precisamos levar em consideração o fato de se tratar de famílias carentes economicamente. É sabido que o trabalho com famílias desse tipo costuma ser unilateralmente interrompido por elas quando, ao seu ver, acabaram as dificuldades (Molina-Loza, 1988).

— O que não deixa de ser um elemento de complexificação do trabalho.

— De acordo. Vejamos se, ao acompanhar a "família do trem", podemos descobrir quais são os fatores que provocam essa aceleração e conseqüente interrupção do processo.

Agora, poderias dizer como vais estruturar o trabalho?

— Certo. Como já expliquei antes minha concepção e a forma como conduzo a primeira sessão de uma terapia familiar (Molina-Loza, 1996 a), não enfatizarei a questão das características da primeira entrevista. Limitar-me-ei a apresentar o processo.

É importante esclarecer que havia um grupo de observação: eram vinte e dois profissionais que permaneceram dentro da sala de atendimento (não dispúnhamos de sala de observações com espelho falso, nem de circuito fechado de televisão[4]). Ao concluirmos a primeira parte da sessão, a família saía para a sala de espera, eu organizava a conversa em torno do que havia ocorrido e, finalmente, chamávamos a família para o desfecho. Todas as três sessões foram filmadas com o consentimento da família.

— Perfeito. Agora, chamemos a família:

"Psicólogo, jornalista ou... investigador"

(Primeira entrevista, 16 de outubro de 1987)[*]

[A família — três adultos, três crianças e um adolescente — entra na sala.]

Terapeuta: (...) Agora, eu gostaria que vocês se apresentassem. *(Dirige a pergunta a toda a família).* Quem gostaria de apresentar a família?
Valdemar: Eu começo. Eu sou o Valdemar.
Terapeuta: Tu tens quantos anos?
Valdemar. Dezoito.
Terapeuta: Dezoito. Certo. Tu és...?
Valdemar: Como assim? Ah! Eu sou filho...

---

* A transcrição dos vídeos que registraram o processo terapêutico desta família foi feita por Gisele Timbó Aragão.

— Por que fizeste a pergunta aberta e não dirigida especificamente a um dos membros da família.

— O pai ou a mãe, por exemplo?

— Isso.

— Quando a família entrou, fiquei confuso. Não sabia quem era quem. Em um primeiro momento pensei que se tratasse de pai, mãe e um monte de filhos. Valdemar, o adolescente que se propôs como apresentador, parecia ter um papel especial. Os pais ficavam um pouco apagados. Sua atitude confirmou a minha intuição. Esse tipo de "abertura" constitui uma maneira de obter uma informação instantânea "sobre a situação hierárquica" da família. (Haley, 1979, 1985; Madanes, 1982.)

A seguir, continuei e perguntei a todos, um por um. Percebe, não deixo a palavra com Valdemar. Além de saber quem era cada um, quis, desde o começo, deixar claro que ele era filho, e não o pai de todos ali. Estava confuso e demorei a descobrir quem era quem, mas finalmente consegui.

— Queres "modificar a hierarquia", como diriam Haley e Madanes?

— De certa forma sim. O que não me torna um terapeuta (apenas) estratégico. Isso poderá ser um dos resultados da intervenção, mas eu não o definiria assim. Como explicava na primeira porta, ao referir-me à "terapia de múltiplo impacto", e como poderás ver ao longo de todo o trabalho, sem nos darmos conta, de formas diferentes, nossa intervenção favorece ou mesmo provoca mudanças que podem lembrar abordagens definidas e propostas pelos mais diversos autores.

Senhor José: E eu sou o marido dela também. Tenho oitenta anos.
Terapeuta: Oitenta! E o senhor é o pai de todo esse povo?
Senhor José: Pai adotivo daquela *(referindo-se a Consuelo)*, desses dois *(apontando para Mike e Claudemir, filhos de Consuelo)*. Nós que criamos.
Terapeuta: Esses dois aí? *(Apontando para as crianças.)*
Senhor José: É. Eu mais a mulher *(apontando para a esposa)*.

Terapeuta: Como é o nome do Senhor?
Senhor José: José.
Terapeuta: E a senhora?
Dona Dalila: Meu nome é Dalila.
Terapeuta: Dalila?
Dalila: É. Tenho trinta e oito... cinqüenta e oito anos.
Terapeuta: Trinta e oito?
Dalila: Cinqüenta e oito anos. Cinqüenta e três anos.

— *O marido é vinte e sete anos mais velho que a mulher. Os pais parecem avós, os avós exercem função de pais. A mãe (dos netos) funciona como irmã, os tios convivem como irmãos. Os primos também funcionam como irmãos. Um filho assume a voz do pai de todos.*

— *É uma bela confusão. Deve sobrar para alguém.*

— *Vamos esclarecer: seu José e dona Dalila são pais de Consuelo, Valdemar e Norberto. Claudemir e Mike são filhos de Consuelo.*

Terapeuta: Valdemar. Tu estudas?
Valdemar: Estudo.
Terapeuta: O quê?
Valdemar: Tô fazendo o primeiro científico.
Terapeuta: Primeiro científico. E... o que é que queres fazer depois?
Valdemar: Eu tô estudando para passar. Agora, talvez no próximo ano eu estudo pro vestibular.
Terapeuta: Para qual faculdade?
Valdemar: Geografia.
Terapeuta: E... o Norberto, estuda?
Norberto: Estudo.
Terapeuta: Fazes que ano?
Norberto: Sexta série.
Terapeuta: Sexta. E tu, o que queres fazer depois?
Norberto: Fazer o científico e me formar para ser professor.

— *Percebes? Há uma diferença. Parece que Valdemar tem uma importância muito grande na família. Ele vai se formar na Universidade. Norberto vai fazer o normal.*

— Mas isso também revela uma família voltada para o sucesso intelectual. Esse tipo de sucesso será um fator decisivo para a posição de cada um no seio da família.

— A importância do estudo... Se quem estuda é muito importante... o que ocorre com aqueles que não estudaram, que não estudarem? Vejamos como é entre os mais novos.

Uma confusão atrás da outra...

Terapeuta: E esse aqui? *(Aponta para Claudemir.)* Ele estuda? Tu. Que ano fazes?
Claudemir: Terceira.
Terapeuta: Terceira? *(Pergunta a Mike.)* E tu?
Mike: *(Olha para a avó.)* Eu tô na primeira.
Terapeuta: Esse cara! Cada vez que a gente fala contigo, tu olhas para todo mundo. Eles têm de te dar permissão para falares? É assim? *(Mike ri.) (Fala de novo com Mike.)* E essa daí *(aponta para dona Dalila)*, é tua mãe?
Mike: *(Balança a cabeça afirmativamente.)*
Terapeuta: Quer dizer que estes são teus tios? *(Referindo-se às outras crianças).* Esse é teu tio? *(Refere-se a Claudemir.)*
Mike: Quem?

— Olha como misturo as bolas. Pergunto A Mike se sua avó é sua mãe, ele responde afirmativamente. Depois se Claudemir, que é seu irmão, é seu tio.

— Tua confusão pode ser uma boa medida para a confusão da cabeça das crianças.

— Creio que sim.

Terapeuta: Entre esses dois *(Norberto e Claudemir)* não tinha outro não?
Dona Dalila: Tem mais dois.
Terapeuta: Ah, sim. Eles não moram aqui ...?
Dona Dalila: Moram todos comigo.
Terapeuta: E onde eles estão?

Dona Dalila: Estão na aula.
Terapeuta: Na aula?
Dona Dalila: É.
Terapeuta: Sim. O que é que ele estuda.
Dona Dalila: Ele não podia faltar porque tinha prova de matemática. Então, não pode vir.
Terapeuta: Ele faz o quê? Que ano?
Dona Dalila: Ele tá na sétima.
Terapeuta: E o outro?
Dona Dalila: Ah, o outro já é maior, tem vinte e cinco anos.
Terapeuta: E ele? O que é que faz?
Dona Dalila: Faz trabalho braçal.

— Os filhos mais velhos, Consuelo de vinte e oito anos e esse outro de vinte e cinco, não estudaram. É nos mais novos que se concentra o esforço intelectual da família.

— Isso deve ser muito pesado para alguns...

"Isso é fogo na roupa..."

Terapeuta: Ah! E a senhora trabalha?
Dona Dalila: Eu não posso.
Terapeuta: *(Pergunta a Mike.)* Ela não faz nada? Ninguém dá trabalho para ela? *(Dona Dalila ri.)* Tu dás trabalho? *(Pergunta a Claudemir.)* Quem dá mais trabalho? *(Claudemir aponta para Mike).* É esse aí, é o sapeca, o capeta da turma? És tu?
Terapeuta 2: Mike, dá trabalho para sua mãe, para sua vó? *(Mike ri).* Não?
Terapeuta: Não... nem fala, mansinho, *(ironiza),* um anjinho!
Senhor José: Isso é fogo na roupa...
Terapeuta: Quem diria, né? Tão tranqüilo, tão calmo...
Senhor José: É... o repórter é que diz...
Terapeuta: Mas, dá notícia de quê?
Senhor José: Ninguém pode contar nada na frente dele. Diz logo: "não pode, não pode..."

— Agora começa a desenhar-se a queixa em torno de Mike.

— *Mas observa: paralelamente, à medida que essa queixa for desenhada, introduziremos uma série de redefinições positivas da conduta de Mike.*

Terapeuta: Ah, sim. Tu vais ser psicólogo então. Se gostas de fofoca, vais direto ser psicólogo. *(Para o senhor José.)* Ele não tem, assim, uma canetinha e um caderninho para anotar suas fofocas? Ele decora?
Senhor José: É... investigador também. Faz investigações, tem um truque, né?
Terapeuta: Como?
Senhor José: É... diz assim: "é, eu vi, você estava em casa..."
Terapeuta: Ah, ele sabe tudo, tudo que a família está fazendo. Onde andou, com quem, que é que disse, o que é que falou...?
Senhor José: Faz uma coisa. Ó Mike. "Não, não fui eu, não... Foi. "Não, foi não."
Terapeuta 2: Caladinho desse jeito e faz toda traquinagem.
Senhor José: Pois é. A mãe pergunta, como ontem que saíram comigo para passear. Fica cobrando matéria *(inaudível).* Seu pai, como é que foi lá, arranjou mulher...? *(inaudível)*
Terapeuta: Dá todo o relatório ...
Senhor José: É. E ela não pode sentar do lado de homem, não.
Terapeuta: Quer dizer que se senta ao lado de homem, o repórter já dá a informação completa...?
Dona Dalila: Completa.
Terapeuta: *(Fala para dona Dalila.)* Está vigiada. *(Agora dirige-se a Mike.)* Tu podes ser psicólogo, jornalista, e podes ser... o quê...? É... investigador.

— *Toda a descrição que é feita do comportamento de Mike é muito ambígua. Não é?*

— *Sim, no caso do avô, pelo menos. Não é possível saber se faz uma crítica ou um elogio. Fica difícil para a criança situar-se.*

— *Vejamos o ponto de vista do avô. Não parece achar ruim que seu neto vigie sua mulher, a qual, por sinal, é vinte e sete anos mais nova do que ele.*

— *É. Ele fala com orgulho. "Isso é fogo na roupa."*

— Isso também significa que o Mike deve cumprir uma função importante nessa família.

— Resta agora saber qual...

— Mas, antes de chegar à função, gostaria que fosses mais explícito em relação à redefinição proposta: "poderia ser psicólogo, jornalista e... investigador".

— Isso mesmo. Tudo que foi dito sobre ele pode ser visto de um ângulo muito positivo. Revela que ele tem grandes capacidades. Além do mais, disse que o fato de ser fofoqueiro o credenciava para ser psicólogo. Uma forma de diminuir a distância entre o terapeuta e os velhos.

— Não sei se percebes, mas deixamos de lado um aspecto importante da seqüência: essa conversa surge da pergunta feita a dona Dalila sobre seu trabalho. "Eu não posso", é sua resposta. "Ela não trabalha, não faz nada", insistes, mas na continuação mudas o rumo e dizes: "ninguém dá trabalho para ela?" Creio que essa virada cumpre duas funções. A primeira seria a valorização da sua posição na família. A segunda viria a ser a introdução do problema apresentado pela criança como algo carregado de um significado, uma função.

— Bem lembrado.

Dona Dalila: É. Só acho ele com pedaço de papel, fazendo embrulho, prega prego, não fica quieto hora nenhuma.
Terapeuta: Quer dizer que, para ficar quieto, só se fizermos muitas sessões como esta?
Dona Dalila: Só quando sai um pouquinho.
Terapeuta 2: Quer dizer que quando ele sai é um descanso?
Dona Dalila: É.
Terapeuta 2: Em casa, ele só atrapalha?
Dona Dalila: É. Só atrapalha. Só.
Senhor José: Ele não fica quieto dentro de casa. É na rua, é na casa do vizinho, é com um coleguinha. Pega um martelo, pega uma cola, bota azulejo pra...
Dona Dalila: Fica no muro...
Senhor José: Pega uma roda de madeira e fica na rua ...
Terapeuta: É criativo também...

Senhor José: É...

— Aqui quero que faças um comentário sobre a intervenção da estudante. Ela chama a atenção para um aspecto negativo da conduta de Mike e chega, inclusive, a sugerir que ele "só atrapalha". A avó concorda.

— Bem, quando eu faço um trabalho com terapeutas em formação, proponho que um ou dois deles participem da sessão. Eles têm direito de fazer as perguntas ou intervenções que bem entenderem. Meu compromisso com eles consiste em transformar qualquer intervenção, mesmo a mais negativa, no ponto de partida de uma redefinição saudável...

— Sem importar quão descabida possa ser?

— Sem importar quão descabida possa ser. Nesses casos eu utilizo a mesma intervenção, transformando-a. Depois, no trabalho com o grupo, elaboramos o ocorrido. Nesta ocasião, eu simplesmente não dei muita importância, apenas aguardei por uma brecha para introduzir uma conotação positiva da criança.

Terapeuta: Vocês ajudam os sobrinhos nas tarefas?
Norberto: De vez em quando, né? Meu irmão é que faz as tarefas com eles.
Terapeuta: O outro?
Norberto: É. O grandão.
Terapeuta: Parece que esse cara é mesmo muito responsável. Tem aula... e não perde uma aula.
Valdemar: Não. Hoje é porque tinha prova. Ele até queria vir, mas não pode. Mas ele é que dá a maior força para eles *(refere-se aos sobrinhos).*
Terapeuta: Temos de marcar uma outra vez aqui para que talvez ele possa vir. *(Pergunta ao senhor José.)* E o Senhor, qual é o seu trabalho?

— Mudas abruptamente o tema da conversa...

— Sim. Quero introduzir os pais como figuras importantes dessa família. Parece que são os filhos, sobretudo os estudantes, que se so-

bressaem. Como sabes, para mim, a reconstrução, nesse tipo de família, passa pela reconstrução do papel do pai (Molina-Loza, 1992b,c). E, para poder fazer isso, tenho de conhecer o pai. Por definição, parece-me impossível que pais muito ruins possam criar filhos tão legais...

Um pai trabalhador

Senhor José: Trabalho com caminhão, trazendo madeira. Ferragem e madeira, material bruto, depois faz compensado. Depois, ultimamente trabalhei como mergulhador. Trabalhei oito meses.
Terapeuta: Mergulho?
Senhor José: Mergulho. A gente mergulha com uma corda.
Terapeuta: Sem máscara? Sem nada?
Senhor José: Sem nada.
Terapeuta: Só na base do pulmão?
Senhor José: É, na base do pulmão. A gente mergulha seis metros de profundidade com uma corda pra laçar o material. Depois de laçado, puxa uma rede...
Terapeuta: É um trabalho muito ...
Senhor José: *(Interrompe.)* Pesado... é.
Terapeuta: É arriscar a própria vida?!
Senhor José: É...
Terapeuta: Mas o senhor tem hoje uma saúde muito boa, não é?
Senhor José: É, mas ultimamente, de vez em quando, me aparece alguma coisa. Eu já tive um problema de derrame interno *(mostra o braço).* Tudo isso foi derrame interno.
Terapeuta: A senhora não ficava preocupada quando ele ia mergulhar?
Dona Dalila: Eu não conhecia ele nesse tempo...

— Percebes? Seu José falou no presente do indicativo. Falou como se ainda estivesse ativo.

— Sim, como se fosse caminhoneiro na atualidade. Como se ainda fosse mergulhador. De fato, ele está aposentado há muito tempo. É como se tivesse entendido uma mensagem subliminar: o pai

*é que é importante... Ele responde "*sou *caminhoneiro,* sou *mergulhador".*

— A seguir, a questão será outra. Vamos falar sobre a relação deles. Mas de novo a mensagem continuará a mesma: o importante aqui são os pais. Os filhos são apenas conseqüência.

Senhor José: Não, conhecia não...
Terapeuta: E quanto tempo faz que se conhecem?
Dona Dalila: Tá com dezoito anos. Vai fazer dezenove agora em agosto, não é, José? Dezenove anos.
Terapeuta: Quando o senhor falou que ela era filha adotiva... *(pergunta a Consuelo.)* Tu és filha adotiva?
Consuelo: Sou...
Terapeuta: Dos dois...
Consuelo: É ...
Dona Dalila: Eu sou mãe dela.
Terapeuta: Sim. Ela é filha adotiva dele?
Dona Dalila: É. Quando eu conheci ele, o pai dela tinha morrido. Deixou ela com três anos.
Terapeuta: A senhora era viúva?
Dona Dalila: Eu era.

— É uma família complexa. E todo esse esclarecimento será muito útil para nós no trabalho posterior.

— E tens de corrigir o afirmado acima. Consuelo é filha do primeiro casamento de dona Dalila, e não filha do seu José.

— Está corrigido. Mesmo assim, minha confusão ainda é total.

"Sou pai de trinta e dois filhos"

Terapeuta: E o senhor já tinha sido casado?
Senhor José: Eu já ... Eu casei quatro vezes.
Terapeuta: Ah!! *(Rindo.)*
Senhor José: Tá bom? Feliz... hein? *(Os terapeutas e a família riem.)*
Senhor José: Sou pai de trinta e dois filhos.
Terapeuta: Trinta e dois filhos? E como é que foi? Casou a primeira vez ...

Senhor José: Casei a primeira, a esposa morreu. Ela morreu de parto.
Terapeuta: Sim. E quantos filhos?
Senhor José: São oito homens e oito mulheres. Do primeiro casal.
Terapeuta: Sim. Dezesseis. E no último ela morreu?
Senhor José: Sim. Casei, tive três filhos, infelizmente não deu certo porque a pessoa que fica viúvo e tem filho não deve se casar... E ela não gostava de mim. Eu brigão... chamei ela... separamos. Depois, durante um tempo eu tive uma companheira. Um quebra-galho...
Terapeuta: O senhor teve filhos com ela?
Senhor José: É... Depois da segunda, que eu larguei a mulher. Me apareceu dois homens e essa daí sete. *(Aponta para dona Dalila.)*
Terapeuta: Sete? Esses dois mais cinco?
Valdemar: Não. Se são quatro.
Terapeuta: Ah sim. Morreu um?
Senhor José: Não. O outro não deu pra vir.
Dona Dalila: Se tivesse vindo, estava sete.
Terapeuta 2: Quer dizer, que vivo, você tem três?
Dona Dalila: Três filhos.
Valdemar: Eu, esse aqui *(aponta para Norberto)* e mais outro.
Terapeuta: Morreram quatro?
Dona Dalila: Quatro. Se tivesse vivo, era sete.
Senhor José: Se tivesse vivo, tava com sessenta e cinco anos...

— De novo a confusão. Pelas minhas contas eles tinham quatro filhos: o que faz trabalho braçal, o outro que tinha prova e não pode vir, Valdemar e Norberto.

— Aqui eles falam de três. Não tentaste tirar a limpo?

— Não, era tudo muito confuso para mim. Estava perdido. De fato são quatro. O de vinte e cinco, os dois presentes, mais o que está na prova.

Terapeuta: E a senhora, só tinha uma filha?
Dona Dalila: Só tive uma filha desse primeiro casamento.
Terapeuta: A senhora foi casada só duas vezes?
Dona Dalila: Duas vezes.

Terapeuta: Bom, não é? *(Ri.)* E vocês? *(Dirige-se aos outros membros da família.)* Mike, tu casaste quantas vezes? *(Todos riem.) (...) (Fala com Consuelo.)* E tu, és desquitada?

— Ainda não acabamos de desemaranhar as coisas e a conversa com Consuelo traz mais informações. A confusão é maior do que eu supunha. Presta atenção.

Consuelo: Sou amigada...
Terapeuta: E cadê o outro?
Consuelo: Está internado.
Terapeuta: Espera aí. Então os três filhos não estão aqui?
Consuelo: É, o outro ficou com a avó.
Terapeuta: Avó paterna?
Consuelo: É.
Terapeuta: Sim. E o outro está internado. O que é que ele tem?
Consuelo: *(inaudível).*
Terapeuta: E ele normalmente vive com a avó dele.
Consuelo: Não. É porque eu vim para cá.
Terapeuta 2: Quer dizer que você mora com sua sogra?
Consuelo: Moram todos juntos.
Terapeuta: O teu companheiro, mais três filhos e a sogra?
Consuelo: Sim.
Terapeuta 2: E esses dois *(aponta para Mike e Claudemir)* são irmãos daquele? *(Refere-se ao que ficou em casa.)*
Consuelo: Esses dois aqui não são irmãos dos três.
Terapeuta 2: Eles são filhos de outro?
Consuelo: É. Antes eu tive outros. Eles dois é que são irmãos.
Terapeuta: E o pai deles? *(De Claudemir e Mike.)*
Consuelo: Sumiu.
Terapeuta: *(Para Claudemir.)* Faz muito tempo que viste teu pai? *(Ele confirma com a cabeça.)* Muito? Tu te lembras? *(Ele nega com a cabeça.)* E tu, Mike? *(Ele nega com a cabeça.)*

— Ah! Consuelo tem cinco filhos. Claudemir e Mike são filhos de um mesmo pai...

— Que está sumido.

— Que está sumido. Ela mora com sua sogra e com o novo companheiro, com quem tem mais três filhos.

— Claudemir e Mike são criados pelos avós e praticamente não conhecem o pai biológico. É como se, através da sua conduta, Mike quisesse ser "totalmente" filho... Um filho que exige dos seus pais (avós de fato) uma presença permanente. Pode haver um problema relativo aos velhos...

— Muito bem, agora clareou. Pode ser justamente isso... velhos ou simplesmente velho.

— Vejamos, então, se podemos entender porque vieram para a terapia, qual é a queixa. Em seguida pergunto às crianças o motivo da vinda. Elas não sabem responder. Peço que Claudemir pergunte para a avó. Dona Dalila fornece uma explicação:

"O que você faz...
para a gente se entender com o Mike?"

Terapeuta: Não...? É... eu tenho uma dúvida. Uma pergunta: o que foi que os trouxe aqui? Hum... Deixa-me ver. *(Para Claudemir.)* Tu sabes porque vocês vieram aqui? *(Ele responde negativamente com a cabeça.) (...)* Então, pergunta a ela. Por que diacho te convidou para vir até aqui? Pergunta a tua avó. *(Durante alguns segundos a família fica em silêncio.)* Agora, eu quero que tu perguntes a tua avó por que te convidou e por que vocês vieram aqui. *(Silêncio...)* Bom. *(Insiste com Claudemir).* Pergunta...
Senhor José: Pergunta a tua mãe.
Claudemir: *(Dirige-se a dona Dalila.)* Por que a gente veio para cá?
Dona Dalila: Eu falei para você que era pra uma aula para Mike.
Terapeuta: Uma aula?
Dona Dalila: Uma aula sim.
Terapeuta: E onde está o professor? *(A família ri.)* Qual é a preocupação de vocês?
Dona Dalila: A preocupação da gente é que a gente veio porque deu vontade de querer... ver o que é, né?
Terapeuta: Vou fazer a pergunta novamente...
Dona Dalila: A gente veio porque não sabe, né?...

Terapeuta: Não sabe o quê?
Dona Dalila: O que é que você faz pra gente se entender com o Mike?
Terapeuta: Com o Mike?
Dona Dalila: É.
Terapeuta: Eu não vou me entender com ele?
Dona Dalila: É.
Terapeuta: Como? Por quê? Já me entendi. Já conversamos.
Dona Dalila: Já conversou, né?
Terapeuta: Acho ele ótimo.
Dona Dalila: É, né?

— Estou surpreso. Falam como se Mike fosse uma criança muito diferente. Durante toda a sessão tem parecido muito mais uma criança bastante tímida. Vamos precisar ouvir as opiniões dos membros da família sobre Mike.

— A atitude demonstrada por Mike pode ser produto da interação estabelecida na terapia. Ele não foi acolhido como paciente identificado...

— Vade retro!...

— Foi recebido como mais um membro da família. Por outro lado, tua atitude de surpresa tem um impacto positivo na família. Dá uma imagem positiva de Mike.

— E vou insistir nessa atitude.

"Ele tem alguma coisa no coração, no cérebro..."

Terapeuta: Sim. Estamos nos desencontrando. Há alguma coisa que eu não consigo entender aí. *(Fala com o senhor José)* O senhor pode me ajudar? O que é que ocorre com esse menino?
Senhor José: O problema é o seguinte: o Mike levou dois anos pro... Ele tá com a idade hoje de oito anos e tá no primeiro ano. A gente trouxe ele aqui na sua presença pra ver se o senhor pode ajudar.
Terapeuta: Certo. Como é que é? O Mi... o Mike conseguiu trazer todo mundo aqui?

Senhor José: É. Todo mundo. *(O terapeuta faz sinal de positivo para Mike.)* Até a gente deu um trabalho a ela. *(A terapeuta 2, que é coordenadora pedagógica da escola em que Mike estuda.)*
Terapeuta: Então o senhor pensa que o Mike tem um problema...?
Senhor José: Eu penso assim, que ele tem alguma coisa. Não sei se é no coração, no cérebro... eu sei que tem problema.
Terapeuta: Certo. Ele tem um problema.
Senhor José: É. Ele tá com um problema aí, que não se ajeita.

— Pronto. Mike foi definido como problema da família...

— E suas dificuldades são, segundo o avô, de origem orgânica. Cérebro ou coração.

— E, ao mesmo tempo, tu o redefines como responsável por ter trazido toda a família. Se Mike "trouxe", ou seja, se há alguma "intencionalidade" nesse gesto, também pode havê-la no sintoma. Está aberta uma outra janela para novas redefinições.

— Tu acreditas que crianças tão novas possam ter sintomas intencionalmente para provocar movimentos dentro da família? Que possam "planejar" suas dificuldades com um intuito determinado?

— Vou responder com uma fala salomônica de Cloé: "É difícil pensar que uma criança tem a inteligência para planejar tal seqüência. Mas também é difícil pensar que uma criança não *tem essa inteligência. As crianças são inteligentes de formas ainda mais complexas do que esta." (Madanes, 1984, p. 5.).*

Por outro lado, isso está relacionado com algo que veremos mais adiante: a sensibilidade do terapeuta consiste em descobrir algo existente no sistema ou em bolar algo que, por estar tão próximo do sistema, este chegue a incorporá-lo? Aguarda e verás qual é a minha opinião.

"É falta de vitamina..."

Terapeuta: Vamos ver o que pensa a avó.
Dona Dalila: Eu também acho. Que esse problema que o José falou aí, entra falta de alimento e tudo isso, né, falta de vitamina.
Terapeuta: Bom, deixe-me entender. Por falta de alimento... ele teria...

Dona Dalila: ...assim, dificuldade, né?
Terapeuta: Para... dificuldade de quê?
Dona Dalila: De aprender.
Terapeuta: De aprender. Certo. A mãe, o que acha?

— Para a avó o comportamento de Mike é seqüela de uma má alimentação.

— Desnutrição. Segundo ambas as interpretações, as possibilidades da terapia familiar, em relação ao problema, seriam, no mínimo, limitadas. Mas a família está reunida e isso pode significar existência de outras possibilidades. O negócio é explorar.

Consuelo: Eu concordo com o que minha mãe falou. Desde quando ele nasceu, ele nasceu muito murchinho, coitado. Eu acho que ela disse, na hora de comer, eu ficava só pra lá e pra cá, com eles pro colégio. Alguma coisa ele deve ter no cérebro, ele nasceu com problema no coração...
Terapeuta: Qual é o problema no coração?
Consuelo: Ele tem um sopro no coração.
Terapeuta: Vem cá. *(Chama Mike, encosta o ouvido no peito e escuta o coração.)* Ah! É pouquinho, não é? Pequeno?
Consuelo: Não sei.
Terapeuta: É um soprinho. É muito pequeno, não é um sopro, não. É um soprinho. Tu jogas futebol? Tu não fazes esporte? *(Mike nega com a cabeça.)* Por que? As tias não deixam? Estão com medo?
Dona Dalila: A gente tem medo, né? De deixar ele sair, brincar com outros meninos. Os outros meninos não sabe. A gente tem medo. Então, quando ele escapole da casa, eu mando os meninos ou então eu mesmo vou... Não deixo ele sair. Eu tenho medo. Na escola mesmo, eu fui lá. Fui lá e falei, na hora da reunião, que ele chegou lá com a Shirley (...) ele chorou muito. Tava chorando do lado de fora. Parece que ele chutou alguém e bateram nele e ele estava chorando. E aí eu pensei, me deu vontade de ir lá. Mas os meninos falaram: “Não vai lá não, a senhora tá nervosa...” Então eu fui lá no dia da reunião, eu falei que os meninos chutaram ele e os outros meninos não sabe do problema dele.

Consuelo: Ele é levado, mas bater não sabe bater. O que quiserem fazer com ele, ele deixa e corre de um lado e de outro. Ele tem medo de apanhar e não conta nada. Um dia eu cheguei pra lavar roupa. Mike tava com o ouvido doendo e ele tava pingando. Aí, eu puxei assim e fui olhar. Aí ele falou assim: Tá doendo. Aí, quando eu fui olhar, tava com um pedacinho de papel no ouvido, né mãe?
Dona Dalila: Era um pedacinho de papel que um colega lá na aula enrolou bem pequenininho e botou aqui no ouvido.
Consuelo: Ele tinha medo de apanhar...
Terapeuta: Medo de apanhar de quem?
Consuelo: Aí, mãe, fala.
Terapeuta: Medo de apanhar de quem?
Dona Dalila: Da gente e do...

"Eu tenho medo, ele tem medo, nós temos medo..."

Terapeuta: E se ele dá uma de machão e quebra a cara do outro que colocou o papel no ouvido?
Dona Dalila: Ele não bate. Ele fica que nem... ele fica assim olhando pra cara da pessoa e foge, né?
Terapeuta: Por quê?
Consuelo: Ele não bate.
Terapeuta: E se ele se defender? Vocês concordariam?
Dona Dalila: A gente tem que concordar, né?
Terapeuta: E se ele diz: acabou a brincadeira e...
Dona Dalila: Não, ele foge. Se outros quiserem botar coisas no ouvido dele, em qualquer parte, não, esse brinquedo não. Ele tem que reagir porque senão...
Terapeuta: Não. Vamos supor, agora. Se ele disser amanhã: "toma aqui e acabou-se a brincadeira. E quem vier em cima de mim vai levar porrada". Se ele fizer isso?
Dona Dalila: Ah, se ele fizesse isso tava bom, né. (...) Ah, eu não digo né. Se bateu, apanhou também, porque no meu tempo era assim.
Terapeuta: A senhora não se deixava ...
Dona Dalila: *(Interrompe.)* Eu não, eu nunca apanhei na rua, não.
Terapeuta: Mas era de dar?

Dona Dalila: É. Me batia, eu também batia, a mesma coisa. Até com a professora. É... com a professora mesma. Eu nunca apanhei na aula, não e, por isso, eu falo com eles: bateu em vocês, vocês reagem também, bate também.

— Mike é submetido a um fogo cruzado de informações. Se por um lado é tido como capeta, pelo outro, é um palerma, nem se defender sabe.

— Sim. Não pode correr e pular como qualquer criança, porque tem um "problema no coração". Por outro lado, teria de brigar para se defender. Fica paralisado entre as duas mensagens. A seguir, veremos quais são as versões dos outros membros da família em relação ao "problema" de Mike.

— Custei a conseguir uma afirmação: "Mike tem direito de se defender, nós o apoiamos." Sem isso, ele estava preso, amarrado.

— E a confirmação desse direito veio da avó, não como um reles conselho, daqueles dados da boca para fora, saiu da sua própria experiência.

"Ele é bobo, tem dificuldade de aprender"

Terapeuta: Ô Valdemar! Que pensas? Qual seria o problema do Mike?
Valdemar: Bom, problema acho que tem. Só que o problema dele é sério, acho que falta muita coisa. Acho que a gente tem que descobrir.
Terapeuta: Certo. E o Norberto?
Norberto: Eu penso, de vez em quando, assim, que ele deve ter problema porque quando ele vai pra aula, assim, ele é bobo, tem dificuldade pra aprender as coisas assim ...
Dona Dalila: Confunde as letras...
Norberto: Confunde.
Dona Dalila: Se é uma palavra, ele fala que é outra. E quanto mais alto se fala, grita com ele, aí é que ele não faz nada. Tem que ir com ele numa boa.
Terapeuta: Paciência ...
Dona Dalila: É. Paciência. Agora a gente vai com paciência e às vezes perde.

Terapeuta: *(Dirige-se ao Mike, chama-o. Pega papel e lápis para desenho e divide entre Claudemir e Mike. Enquanto dá instruções às crianças, a família observa. Logo depois deixa as crianças e senta-se no local em que Mike estava.)*

— A rodada não foi muito frutífera. Em resumo, ele tem problema no cérebro, no coração, apanha dos outros, é danado, é bobo, confunde as letras.

— Não concordo, colheu-se muita informação. A partir da afirmação "ele é bobo", poder-se-á passar para a busca de alternativas saudáveis.

— É mesmo. Por outro lado, afirmaram que é um problema sério. Isso servirá para manter a mobilização do grupo todo.

— Vamos buscar, então, o lado positivo.

Terapeuta: Ele tem jeito ou não tem jeito?
Consuelo: Não sei. Acho que sim *(fala rindo)*. Deus vai fazer com que ...
Terapeuta: *(Para dona Dalila.)* A senhora acha que ele tem jeito?
Dona Dalila: De escrever?
Terapeuta: Não... se ele tem jeito? *(A avó afirma com cabeça.)* Tem?
Dona Dalila: Tem.
Terapeuta: O senhor acha que ele tem jeito?
Senhor José: Tem.
Terapeuta: Mas... há três posições básicas diferentes na família. Uma é que ele tem um treco no cérebro, um trem no cérebro. Outra é que como tem problema de coração...
Consuelo: *(Interrompendo.)* Ele tem...

— Vejamos o ocorrido aqui. Enquanto falava, ouvi-me e reparei que havia utilizado uma expressão cearense: ele tem um treco *no cérebro. Imediatamente percebi que poderia não ser compreendido e utilizei uma expressão mais adequada: ele tem um* trem *no cérebro.*

— Uma expressão que nenhum mineiro deixaria de entender.

— Sim, essa é a grande vantagem de se aprender a falar a linguagem da família (Haley, 1986). A seguir, verás como essa metáfora é

retomada pela família. Ela será desdobrada, aprofundada e saboreada no decorrer da terapia. Talvez esse tenha sido o momento-chave do processo todo: embarcamos em um trem que, no momento, era o trem *da doença, do transtorno e do sofrimento. Depois subiremos em outro: um* trem *de buscas, crescimento e saúde.*

— É um claro exemplo de como uma metáfora formulada pelo terapeuta pode funcionar. (Molina-Loza, 1996 a)

Terapeuta: Sim. A primeira é: como tem um problema no cérebro, então ele não tem rendimento. Essa é uma opinião. A segunda é: coitadinho, tem problema de coração, não pode fazer isto, não pode fazer aquilo *(ironiza com a voz). (Dona Dalila mostra um papel ao terapeuta. A prova médica dos seus problemas.)* Certo. E há uma outra, que é a do Valdemar: esse cara precisa é da ajuda da gente e alguma coisa ele está querendo com a atitude dele. *(Para Valdemar.)* Tu poderias explicar melhor, trocar em miúdos, essa tua opinião?

— Aguarda um pouco. Antes de continuares quero um esclarecimento sobre esse ponto. Entendo muito bem teu desejo de sair dessa situação aparentemente sem saída. Mas de onde tiraste que a opinião do Valdemar era tão diferente? Não sei se em toda sua fala poderia encontrar-se algo que confirme tua afirmação. Ele apenas disse: "Bem, problema acho que tem. Só que o problema dele é sério, acho que falta muita coisa. Acho que a gente tem que descobrir." E foi tudo.

— Exatamente. Valdemar não fez nenhuma referência a problemas orgânicos, não disse que ele era bobo, como Norberto. Falou "falta muita coisa". Além do mais, ele disse: "Acho que a gente tem que descobrir." *Isso é um gancho. Quando afirmo que ele tem uma opinião diferente, deixo-me guiar pela minha percepção da sua atitude. Ele tem uma atitude positiva. Presta atenção e verás.*

— Não, não resolvas tudo mandando-me prestar atenção! Se nos comprometemos a falar sobre o processo terapêutico, façamo-lo com seriedade. Este é um tema crucial. Durante a sessão pode até bastar que saibas fazer bem essa "cambalhota" redefinitória. Mas aqui, agora, estamos em um nível lógico diferente: o da explicação, o do "como". Como se faz isso? Tens a palavra!

— Tudo bem, não te enfades. Esta seria uma das questões básicas da terapia relacional sistêmica. Se concordares com a afirmação de que uma pergunta pode muito bem ir um pouco além da simples busca de informação, para entrar no terreno da introdução de informação no sistema terapêutico (Boscolo, et alii, *1993), perceberás que a resposta da pessoa à pergunta comporta algo mais do que suas próprias opiniões, anteriores à formulação da mesma.*

— Troca em miúdos.

— Parte da resposta estava incluída na pergunta. A rigor, a resposta a certas perguntas inexiste antes da formulação das mesmas. As perguntas podem ser formuladas de tal forma que criem (ou induzam) suas próprias respostas.

— Nesse caso, quem responde pode, na sua resposta, ir além do que poderia ter sido seu pensamento antes da formulação da pergunta. Se o fizer, apropriar-se-á desse novo pensamento e, melhor, incorporá-lo-á como ação.

— É isso! Vamos ver se podemos fornecer uma imagem gráfica desse processo.

Digamos que uma pessoa pensa: ○

Se ao comentar seu pensamento eu lhe devolvo que eu percebi: ◯

A aceitação da primeira redefinição abre o caminho para outras.

Posso apresentar-lhe uma nova visão daquilo que disse: **○**

Ela poderia responder que era isso que ela queria dizer. Ao continuar nossa conversa, no momento em que ela própria reformula e diz **○**,

eu poderia dizer que percebo que ela, de fato, quis dizer: ⊙ *ou* ◎

ou mesmo que uma coisa não impede a outra, sendo possível entender que ela acha: ⊙ e ◎

Podemos finalizar a conversa concordando que o pensamento dela é, em suma, ♉

Suas ações, a partir desse momento, seriam o produto da visão ♉

— A cada passo, a pessoa pode mudar e escolher *uma nova visão.*

— Tudo porque essa visão, agora, parece-lhe mais conveniente.

— Ou, como sempre insistes em afirmar, mais bela.

— Bem, tens de sair do mundo dou "ou" *e entrar no mundo do* "e"*: não é mais útil* ou *mais bela senão mais útil* e *mais bela.*

— Isto tem uma outra conseqüência não menos relevante. A grande virtude do terapeuta não seria conseguir perceber ou descobrir aquilo que "realmente" quis dizer ou pensa a pessoa, mas sim ter sensibilidade para perceber quais seriam os "acréscimos" que caberiam na concepção da pessoa, de tal forma que os possa assimilar como próprios, incorporá-los à sua forma de pensar e, sobretudo, à sua forma de agir?

— Creio que sim.

— Nesse caso, o terapeuta teria contribuído para criar o pensamento do outro e mesmo sua forma de agir...

— Não! De maneira alguma. Ambos os participantes brincam de criadores, brincam de construtores. O produto final seria uma $(co)^n$strução. *Uma construção na qual o fator cooperação está elevado à potência n* $(co)^n$, *onde* **n** *representa o número de participantes na interação. (Molina-Loza, 1996a, 2002.) Agora espero que esteja tudo claro!*

— Acho que sim. Viste? Não custava nada tomar o tempo para uma pequena digressão. Agora voltemos à família.

"Um pouco de mais atenção..."

Valdemar: Ele precisa de um pouco mais de atenção, isso é lógico. Todo mundo nota. Mas um só fazendo, não adianta. Quer dizer, eu fazendo, o outro fazendo e...

Terapeuta: Certo. Tu pensas então que faltaria uma org... Tu tens em mente o que tens a fazer, que tens que cumprir com as obrigações?

Valdemar: Humhum.

Terapeuta: E que cada um tem coisas a fazer, mas que também existem algumas horas em que poderia dar-se atenção ao Mike? Só que, até agora, não tem havido organização.

Valdemar: Certo.

Terapeuta: Teria de se dizer: a hora do pai, isto é, do avô, de brincar, tal, tal e tal hora, certo? Aí os outros estão em suas ocupações. Depois, "quando eu tiver terminando, vou fazer reforço, sei lá, ajudá-lo nas tarefas". Depois terá a hora dele aqui *(Norberto)*, que não iria fazer reforço, irá brincar, danando-se aí no mundo. Tu pensas que o que falta é organização? *(Valdemar confirma com a cabeça.)* E o que é que ele está pedindo então, alertando é: gente, eu...
Valdemar: *(Interrompendo.)* Um pouco mais de atenção, de carinho.
Terapeuta 2: Mas essa atenção, será que vocês não estão dando demais? Vocês não estão tendo peninha dele, não?
Terapeuta: Não. Porque ele fala de outra atenção. Ele não pede para ter mais pena, coitadinho. Ele afirma justamente o contrário. Porque atenção de piedade ele já tem.
Terapeuta 2: Não estou entendendo isso aí, não.

— Percebe, este é um exemplo de intervenção — negativa — da terapeuta em formação, que é utilizada para reforçar o discurso positivo de um dos membros da família.

— Sua intervenção não provocou nenhum problema, foi corrigida e... serviu para estimular a posição positiva de Valdemar.

— Sim, e em relação à aluna e ao resto do grupo, depois da sessão, aproveitou-se para aprofundar a questão da visão de como se "manipula" a informação para provocar uma intervenção positiva. Ao final, todo mundo aproveita.

"Ele não tem problema, parece que é reprimido"

Valdemar: *(Tenta explicar.)* Não que fosse qualquer outro membro da família...
Terapeuta: *(Para Valdemar)* Para ti, qual seria o problema que justificaria o paparicado, coitadinho? Se sair na rua, por exemplo, a avó vai logo atrás?
Valdemar: Não sei. Ele não tem problema. Parece que é reprimido. Ele não pode fazer nada que o pessoal já fica cismado. Ele tá com um trem na cabeça, não é coisa do outro mundo.

— Pronto. Querias algo mais adequado? A redefinição já foi feita. Daqui para frente tudo será mais fácil. Um membro da família se apropria da metáfora do trem e a utiliza. Só restará ao terapeuta ampliá-la e aprofundá-la. Eles a sentirão como própria.

— E essa redefinição foi feita por um dos membros da família. Ela será facilmente aceita. Só deverás reforçá-la, com muito cuidado.

— Talvez seja importante frisar aqui como isso pode ser feito. A imagem que me vem é... — olha a pretensão, um pouco socrática! — um parto de alto risco: a solução, as alternativas de saúde estão dentro do sistema e têm condições de nascer. Mas se não forem ajudadas — e rápido! — podem morrer, tanto o bebê quanto a mãe. Todas as induções do terapeuta pretendem, tendenciosamente, provocar e facilitar essa passagem, esse parto...

— Isto é, a família tem o potencial mas, por um motivo ou um outro, não conseguia atualizá-lo. Nesse momento, a intervenção do terapeuta torna-se indispensável.

— E, por isso mesmo, dispensável. Se o trabalho for bem feito, eles conseguirão continuar sem necessidade de ajuda.

Terapeuta: Vamos pedir a uma das colegas para vir até aqui. Vamos pedir a ajuda de alguém *(chama uma das participantes).* Vamos perguntar a opinião dela. Essa aqui é uma colega nossa. Ela é médica. *(Dirige-se à colega.)* Nós comentávamos aqui que ele *(Mike)* tem uma história de problema no coração. Será que, se ele sair na rua para danar-se, viria um trem assim e...
Aluna médica: *(Depois de auscultar o Mike.)* Provavelmente não. Acredito que não.
Terapeuta: Ele tem direito de jogar futebol?
Aluna médica: Tem. Essa questão do sopro... é muito comum em criança. Geralmente é um ruído que a gente escuta no coração, mas que não impede que ele tenha uma vida normal, não.
Terapeuta: Quer dizer que tu concordas com o Valdemar, o que ele está pedindo, talvez seja...
Valdemar: *(Interrompe.)* Ter o espaço dele.
Terapeuta: É. Ter o espaço dele.
Aluna médica: Concordo.

Terapeuta: O espaço dele está ocupado agora pelo sopro?
Aluna médica: Exatamente.
Terapeuta: E não ficou espaço para ele.
Valdemar: E não é esse "bicho" que ele tem na cabeça.

— Foi legal haver uma médica na sala.

— Sim. Foi um acaso bem aproveitado. Como gosta de afirmar Elkaïm (1998), o acaso costuma estar no âmago dos processos de mudança. Trata-se de saber aproveitá-lo. No nosso caso, conferiu um peso maior a tudo que dizíamos.

— Foi interessante também constatar como Valdemar continua a redefinição das coisas: Mike precisa é "ter o espaço dele".

— E é a médica quem concorda com ele.

— Agora teremos de trabalhar a avó.

Terapeuta: *(Dirige-se a dona Dalila.)* O que é que a senhora acha?
Dona Dalila: Eu vou falar pr'ocês. Eu não penso que seja isso, por causa do... *(aponta para o senhor José).* Qualquer coisa, eu falo com ele. (...) Não. Eu não estudei.
Terapeuta: Bom, não é uma questão de estudo, não. É de experiência. Eu acho que a senhora dá de dez a zero em muitos diplomados por aí, que não têm nenhuma experiência. Então eu pergunto de novo: o que é que a senhora acha? ... Deixando as opiniões dos outros de lado. Ele *(refere-se a Valdemar)* já deu a opinião dele. O que é que a senhora acha?
Dona Dalila: Acho que esse negócio de... melhor deixar a opinião do Valdemar... ele entende mais do que eu. Ele que estuda, eu não entendo.
Terapeuta 2: Será que o problema é questão só de entender mesmo?
Dona Dalila: Ele tá de corpo mole na vida, senão ...
Terapeuta: Ele é corpo mole?
Dona Dalila: É. Ele só tem mesmo o estudo. Ou seja, como dizem: tem mais estudo que eu, conhece muitas coisa, né? Então eu disse para ele "você é bom de tá lá, se o moço tá lá, você pode responder". É verdade.

— A avó se desqualifica como interlocutora.

— Mas, ao mesmo tempo em que se desqualifica, afirma, ambiguamente, que o filho "tá de corpo mole", isto é, apenas sabe aquilo que estudou.

— Ele, de corpo mole, é quem deve conversar com "o moço". Percebe: junto com sua auto-desqualificação, há uma desqualificação dos corpos moles: o filho que estuda e "o moço" (o terapeuta) com quem se deve falar. Ela só respeita a opinião de quem também a respeita. Indica claramente como quer ser tratada para contribuir.

— Vais conotá-la positivamente?

— De imediato. Ela precisa sair dessa posição de resistência passiva, de auto-desqualificação. Se não obtivermos seu acordo, nada feito. A revalorização dos pais é a chave mestra quando enfrentamos esse tipo de situação (Molina-Loza, et alii, *1987).* Se os filhos não tiverem uma visão positiva dos pais... a terapia estará fadada ao fracasso.[5]

Terapeuta: *(Ri e pergunta para Valdemar.)* Ela acha que ela não é capaz de responder?
Dona Dalila: É.
Valdemar: Ela tem isso, sempre diz isso.
Dona Dalila: É.
Terapeuta: Ah, é? Espere aí. Como é que uma pessoa tão inferior fez meninos tão legais? Como?
Dona Dalila: Aí, eu planejo junto. Planejo junto com eles. Fazer uma coisa boa no mundo, né?

— Caiu na armadilha. Começa a apresentar-se como alguém competente.

— Agora tenho de provocá-la para induzi-la a continuar e mostrar como é competente.

"É ignorante!"

Terapeuta: Ajude-me. Quero que a senhora me ajude a entender uma coisa. A senhora é de Belo Horizonte?
Dona Dalila: Sou não.
Terapeuta: Tá bom. É do interior?

Dona Dalila: Não sei. *(Ri.)*
Terapeuta: Sim, responda-me!
Dona Dalila: Interior? Ah, não sei!
Terapeuta: Não sabe de nada. Não sabe das coisas... Não tem estudo...
Dona Dalila: Não.
Terapeuta: Então, é ignorante!
Dona Dalila: Não, não sou ignorante. Eu não sei conversar com o senhor assim toda astuta, grosseiro, não sei.
Terapeuta: É educada.
Dona Dalila: Sim! Pelo menos o estudo que eu me estudei, eu sei tratar todo mundo bem.

— Não, ignorante ela não é!

— Sabes, eu utilizei essa palavra incorretamente. Ela entendeu no sentido de grossa e mal educada. Eu quis dizer que ignorava, que não sabia de muitas coisas.

— Mas valeu, porque ela se definiu como uma pessoa educada. É diferente.

Terapeuta: Bom, quer dizer que educou muito bem esses dois aí *(Valdemar e Norberto)*. Eles são bem educados. A senhora sabe por quê? Porque foi a senhora quem educou. Então, *(fala para Valdemar)* eu não entendo como uma pessoa que não sabe de nada, conseguiu educar-te da maneira como tu estás educado. Tu entendes a diferença, a contradição? Eu não entendo!
Valdemar: Não tem nada a ver, não! Mas ela fica com essas coisas. Acho que é um pouco de complexo, ficar assim.
Dona Dalila: É. Eu até falei com ele que era pra ele vir, pra dá uma força à gente, porque se você me conhece, você sabe muito bem como é que eu sou.
Terapeuta: Não queria falar comigo, se ele não viesse?
Dona Dalila: *(Rindo.)* Podia ter falado também, mas não igual aqui.
Terapeuta: Ele quase nem falou!
Dona Dalila: Não.
Terapeuta: É a senhora que tem falado mais.
Dona Dalila: É.

— *Quero continuar a redefinir a participação de dona Dalila. É evidente, é ela quem conduz a família. Terá de sair da sua ambigüidade e assumir seu valor.*

— *E ela demonstra gostar do jogo.*

Terapeuta: Quer dizer que para a senhora falar, é preciso que ele vá atrás? *(Aproxima-se de dona Dalila e puxa-lhe o braço).* Eu, não, não. *(A família ri.)* É isso aí que tu fazes *(para Valdemar).*
Valdemar: A gente tem quase a mesma opinião.
Dona Dalila: É, a gente quase tem a mesma opinião.
Valdemar: Se ela me pergunta alguma coisa, eu posso até responder, mas respeito a opinião dela em muitas coisas.
Dona Dalila: Em muitas coisas eu quero opinião. Às vezes eu tomo uma opinião, eu sempre gosto, porque eles têm mais estudo do que eu e conhecem, né?
Terapeuta: Qual é a opinião dela, quando não estás, quando estás na escola?
Valdemar: Quando estou na escola? Eu não sei.
Terapeuta: Qual a opinião da senhora quando ele não está em casa?
Dona Dalila: Fico preocupada demais. Quando tá na aula, fico preocupada demais. Se a hora dele chegar é 9h30, né? Se eu tô dentro de casa, eu vou na rua.
Terapeuta: *(Chama Valdemar, escuta o coração dele. Dona Dalila ri muito.)*
Valdemar: Não tem nada, não. *(Ri.)*
Terapeuta: Tem não... *(Ri.)* Tem um sopro?
Valdemar: Não.
Terapeuta: E por que ela fica toda...? *(Faz um gesto que indica o nervosismo dela).*
Valdemar: É preocupação de mãe.
Terapeuta: Ah, é normal de mãe. Ah! Sim. *(Dona Dalila ri.) (Fala para Norberto.)* Tens sopro?
Norberto: Não.

— Percebe como as coisas ocorrem. É engraçado. Eu estava brincando. Queria dizer que quando Valdemar estava na escola, a coitada de dona Dalila ficava sem opinião.

— E eles levaram para o tema da preocupação...

— Que é outro dos temas relevantes da família e deverá ser abordado.

Terapeuta: Quando ele está na aula, a senhora se preocupa?
Dona Dalila: É. Quando passa da hora de chegar, eu me preocupo.
Terapeuta: Quer dizer que a senhora vive preocupada?
Dona Dalila: Preocupada dentro de casa. Todo dia faço as obrigações, cuido de todos eles, são oito homens...
Terapeuta: *(Interrompe.)* Quem vai ter um "treco" no coração é ela. Com todas essas preocupações!
Dona Dalila: É.
Terapeuta: Está com dor no coração?
Dona Dalila: Deus me livre! Se eu morrer, como é que faz? Só marmanjo, quem vai ajudar lá em casa, hein?
Terapeuta 2: Interessante dona Dalila. Você estava falando se você morresse iria ficar um caos... mas como é, você tem esperança que ele *(Mike)...*
Dona Dalila: *(Interrompe.)* Tenho esperança! Se Deus quiser... Com vida e saúde até lá, eu tenho esperança. Igual que eu fiz com esse aí *(aponta para Valdemar)*, eu quero que esse daqui *(Mike)* vá no mesmo caminho.

— Dona Dalila assume a postura de uma pessoa importante na família. Sai do papel de "complexada", como a definiu Valdemar.

— Ela "é" uma pessoa preocupada. O Mike "é" preocupante. Constituem um par perfeito. São feitos um para o outro.

— Será preciso desatar esse nó.

Consuelo: É muito preocupada ...
Dona Dalila: Sou preocupada demais. Quando ela não aparece... eu falo pro irmão dela: "Consuelo não apareceu, que é que há por lá?"

Terapeuta: Quer dizer... eu já sei de onde o jornalista puxou. *(A família ri.)* É, eu já entendi de onde ele puxou essas antenas de pesquisador.
Dona Dalila: É?
Terapeuta: Anteninhas...
Dona Dalila: Vem do berço.

— *Aqui todos falaram de um problema que Consuelo tem e que preocupa a mãe. Quero saber mais a esse respeito, porque novamente fazem referência a um problema orgânico..*
— *Os problemas orgânicos que justificam tantos comportamentos.*

Terapeuta: Que história é essa de desmaio?
Consuelo: É uma coisa que dá assim na minha cabeça e a minha cabeça cresce, dá um barulho tão ruim. Aí eu não vejo mais nada.
Terapeuta: Vai dar um aqui?
Consuelo: Não sei. Não saberia.
Terapeuta: Ah! Não sabes quando vem?
Consuelo: Eu não sei a hora que vem.
Terapeuta: E ela pensa, o tempo todo: será que ela teve um desmaio?
Consuelo: Não sei.
Terapeuta: Eu acho que... aí eu discordo. O jornalista está provando que a senhora *(dona Dalila)* não é diferente dele. Bom, pelo menos este fato a senhora reconhece.
Dona Dalila: Graças a Deus.
Terapeuta: Certo. O "jornalista" puxou dela e ele, à maneira dele, pede, como tu *(Valdemar)* dizias, uma atenção. Não de pena, não de coitadinho. O "jornalista" também fica em casa. Quando tem uma tarefa, ele cumpre.
Valdemar: Às vezes ele fica.
Dona Dalila: E ele sabe dizer: "Eu não tive uma dor de cabeça." Tirando uma gripe, acabou. Essas consultas que eu lhe mostrei, a médica falou: "Se ele sentir qualquer coisa, a senhora dá o remédio. Agora, se ele não sentir, fica só no papel".
Terapeuta: Quer dizer que a médica não fez grande ameaça quando ele tremeu todo?

Dona Dalila: Falou. Falou que o problema dele tá muito pouquinho, não é coisa de assustar, não.
Terapeuta: Ah, mas parece que a senhora ficou assustada?
Dona Dalila: Eu fiquei, sim.
Terapeuta: *(Para Valdemar.)* Parece mãe. Dobrou, porque é preocupação de avó.
Dona Dalila: Quem é que não fica, né?

— Se quisermos que dona Dalila mude sua atitude, primeiro temos de concordar com ela: ela age pelo bem do neto. Ela nunca aceitaria modificar sua atitude sentindo-se ameaçada...
— Acusada de ser a fonte dos problemas.

"É, ele quer aprender"

Terapeuta: Ele puxou ao senhor José também, na saúde. *(Para Norberto.)* Que é que tu achas da proposta do Valdemar? "Esse cara aqui quer não é... ele não quer ser tratado de coitadinho, ele quer participar como os outros. Danar-se como todo mundo. Ter direito de... E se ele tiver esse apoio, ele brigará na escola com os outros."
Dona Dalila: Quando os meninos estão de má vontade, um tem [alguma] obrigação para fazer, outro também. Ele fica preocupado e fala assim: "Ô mãe, a mãe não quer me ajudar, o outro não quer me ajudar. Eu não tô nem aí, chegar lá vou ficar de castigo."
Terapeuta: Quer dizer que ele quer aprender?
Dona Dalila: É, ele quer aprender. Gosta. Não tem um só dia que ele fala assim: "Ô mãe, eu não vou na aula?" Ele fica só perguntando: "Eu vou agora? Que hora que é, mãe? Já tá na hora?" Aí eu falo: "Não é, não. Ainda tá cedo."
Terapeuta: Quer dizer que ele é interessado, é responsável?
Dona Dalila: Não é? *(Confirma com Valdemar.)*
Valdemar: É.
Terapeuta: Ele vai atrás. Mas, talvez ele faça de propósito, não avançar, para dizer: quando é que esse pessoal aí vai entender que eu quero união?
Dona Dalila: É falta de união.

Terapeuta: Talvez ele esteja fazendo esse sacrifício para que alguém da família diga: "Bom, gente, isso aqui é um time, não é? É um time e se eu chamar, os outros vêm, todos juntos. E para eu estar bem, eu quero todo mundo atrás." *(Depois de um momento de silêncio, dirige-se a dona Dalila)* Bom psicólogo, não é?

— A avó também manifesta uma opinião positiva a respeito de Mike, "ele quer aprender". Concorda que é interessado e responsável. Para onde foi a queixa inicial? A família passa a ver o Mike com outros olhos e o define de forma diferente. Desta maneira, prolonga a intervenção terapêutica mais contundentemente.

— Eles começam a ser seus próprios terapeutas. Não te parece que já está tudo pronto para uma intervenção final?

— De certa forma, não. Para construir a intervenção a partir das suas próprias opiniões preciso de mais elementos.

Terapeuta: *(Para Mike.)* Deixa eu ver os dedos juntos. *(Pega nas mãos)*. És forte, rapaz!
Senhor José: Mostra o braço a ele, que é todo marcado de queda.
Terapeuta: De quê? De tombo?
Senhor José: Ele cai, correndo com os colegas.
Terapeuta: Mas na escola tu corres com os colegas? Tu dás uma de santinho na casa...
Dona Dalila: Dentro de casa também é a mesma coisa. Só anda correndo dentro de casa.
Terapeuta: E a senhora acha errado?
Dona Dalila: Eu acho. Eu não sou assim!
Terapeuta: A senhora tem medo?
Dona Dalila: Eu tenho sim.
Terapeuta: Disse que não tinha!
Dona Dalila: Eu não disse grandes coisas, né? Mas eu acho, assim dentro de casa, mais ou menos, um pouco de gente. Não tem ninguém doido em casa.
Terapeuta: Tem não.
Dona Dalila: Sim. Fica correndo em casa, esbarrando nas coisas, não dá. Até na gente mesmo.
Terapeuta: Correr é de doido? (*Olha para Valdemar.*)

Valdemar: Não.
Terapeuta: É de que?
Valdemar: É de criança.
Dona Dalila: Correria besta. Umas correrias bestas com o outro! A gente fica gritando: "Vocês vão cair, vão machucar!"
Terapeuta: E daí? Se se machucarem?
Dona Dalila: Se se machucam, eles mesmo se cuidam pra lá, não é?

— De novo a atitude contraditória da avó. "Correria besta." Mas, ao final, concorda, não é grave, é coisa de criança. Para dizer a verdade, ela já não deveria lidar com meninos tão novos. Teria mais é de aproveitar sua condição de avó. Não pode porque precisa ser "mãe dos netos".

— Sua tarefa não é fácil.

Terapeuta: Então não faz mal a ninguém. *(Pergunta a Valdemar.)* Tu nunca te machucaste, não?
Dona Dalila: Ele já. Quando era mais pequeno.
Terapeuta: *(Imita a voz de dona Dalila).* E também foi paparicado...
Dona Dalila: Foi a mesma coisa.
Terapeuta: E tu és paparicado desse jeito?
Norberto: Agora não, mas antes era.
Terapeuta: Como tu fizeste pra cortar o barato dela?
Norberto: Ué, ela vivia sempre chamando a atenção: "Pára Norberto, pára Norberto." Aí eu fui crescendo e parei de uma vez, não dou motivos.
Terapeuta: Tu não corres mais?
Norberto: Não. Eu corro, jogo bola, jogo vôlei, faço tudo. Qualquer coisa eu faço.
Terapeuta: Quer dizer que quando cresce, pode jogar futebol, correr no mato, tudo mais e não a tem que agüentar *(refere-se a dona Dalila).* Bom, vamos dar uma paradinha? Vocês aguardam na sala de lá. Nós vamos conversar e chamamos para encerrar, está certo? *(Fala para Mike)* Tu também esperas lá?

— A família saiu da sala e eu fiquei com o grupo para elaborar uma devolução por escrito.

— Como funciona esse método?

— Bem, elaborávamos um texto que, depois de ser lido para a família, era enviado pelo correio.

— Por que enviar pelo correio se ele já foi lido na sessão?

— Ha vários motivos para agir dessa maneira. Se observares o ocorrido durante a sessão, poderás constatar que houve diversos momentos de impacto. Quando a família sai da sala e aguarda durante alguns minutos, cria-se uma certa tensão, uma certa expectativa (durante as primeiras sessões esta sói ser uma expectativa de crítica negativa). Ao voltar para a sala de atendimento, a família depara-se com uma surpresa: não há crítica negativa, vivem um segundo momento de impacto. Mas como o texto é lido em um momento de intensa emoção, cada um faz uma idéia diferente daquilo que ouviu. Dito em outras palavras, cada um dos membros da família interpreta o texto a sua maneira. É muito freqüente que, depois da sessão e da leitura do texto, a família compartilhe seus pontos de vista. Quando isto ocorre, dá-se um "cruzamento" das diferentes versões. O que vai ocorrer nos dias subseqüentes guarda uma estreita relação com essa conversa.

O texto chega, mais ou menos uma semana depois, para gerar um novo impacto e provocar novas conversas e novas trocas.

— Isso já bastaria para justificar o seu envio pelo correio.

— Sim, mas há mais. O texto enviado transporta-nos, um pouco, para dentro da família. Lembra-lhes o nosso interesse e a nossa participação no processo.

— Muito bem, está claro. Agora chamemos a família e vejamos o texto:

Belo Horizonte, 6 de outubro de 1987

À família de Mike,

Queremos agradecer o esforço que vocês fizeram ao virem aqui, deslocandose de tão longe. O senhor José que, apesar de estar sentindo sua perna, fez o sacrifício de acompanhar a família; Consuelo que, apesar da sua preocupação com sua filha caçula internada, veio de tão longe; o Valdemar que, apesar de estar jogando algo tão importante para seu futuro, dispõe-se a adiar os seus compromissos, inclusive aguardar o recebimento de notícias sobre o andamento do seu ano letivo.

Queremos também que vocês saibam da nossa satisfação por termos tido a oportunidade de conhecê-los e compartilhar de momentos tão íntimos com uma família tão legal, que tem tanta preocupação, tanto calor humano e é tão voltada para o crescimento.

Neste sentido, pensamos que todos os esforços, toda a peleja do senhor José e de dona Dalila, foram plenamente justificados: os filhos e netos que vocês têm mostram o quanto vocês souberam e sabem educá-los e guiá-los. Como pais, vocês merecem nota 10 (dez).

Ficamos muito sensibilizados com a lição de democracia que nos deram. Vocês constituem uma família na qual se respeita e se escuta a voz e a opinião de todos: desde os mais velhos até os mais novos. Vocês se permitem o direito de errar, sabendo que os outros estão aí para ajudar com uma opinião diferente.

Pensamos que têm toda a razão de se preocuparem com a saúde e o futuro de Mike. Ele é muito vivo e educado e, se continuar do jeito que está, poderia estragar suas possibilidades de crescimento e de futuro.

Concordamos totalmente com vocês quando dizem que o Mike "tem jeito" e particularmente com o Valdemar quando diz que ele não tem "trem" nenhum na cabeça. Ele gosta tanto de dona Dalila e, sabendo que ela é muito legal e inteligente, quer imitá-la. Como sabe que ela não estudou e nem por isso deixa de ser tão legal, apesar de ir à escola e gostar da mesma, escolhe fracassar nos estudos para ser igual a ela. Mike é muito sabido.

Esta é a maneira que o Mike encontrou de mostrar o seu carinho e sua identificação com dona Dalila.

Enquanto ele sentir que o sacrifício do seu futuro ("levar bomba na escola") é a melhor maneira de expressar seu amor por dona Dalila, ele continuará dando-se mal na escola.

Por outro lado ele, como bom investigador e bom jornalista, usa sua sensibilidade para perceber que a família precisa de união. Por este motivo, resolve ter um "trem" e chega, inclusive, a parecer bobo, sendo que não o é, para provocar este movimento de união de todos.

O Mike tem razão: no momento *ele não pode nem deve mudar.*

Como prescrição (tarefa) pedimos que vocês convoquem uma "Assembléia Geral da Família" para discutirem a melhor maneira de distribuir o tempo. Para que cada um possa ajudar o Mike a ter seu espaço (o espaço do Mike e não o espaço do "sopro"). Por exemplo, o passeio dele com o senhor

José, a aula de reforço com Estevão, as molecagens com Claudemir, alguma atividade com Norberto, visitas a Consuelo, etc.

Valdemar deverá redigir o programa decidido em Assembléia e mandá-lo, por meio do Mike, para nós.

Mais uma vez obrigado pelo momento que nos proporcionaram e voltaremos a nos encontrar no dia 29 de outubro, quinta feita, às 8:30 horas.

A equipe terapêutica,

Carlos Arturo Molina-Loza

P.S. Ficamos torcendo pelo sucesso do Estevão na sua prova de matemática.

— Bem, esta carta merece comentários.

— Eu diria que ela é muito clara, tanto no relacionado ao conteúdo explícito, quanto na sua mensagem... mas como te conheço, farei, sim, algumas observações.

Em primeiro lugar, talvez seja bom lembrar a importância crucial que, para o processo terapêutico como um todo, tem a visão positiva que somos capazes de devolver-lhes. Por meio de suas próprias palavras, bem como dos fatos relatados, transformamos a experiência da família em algo positivo.

— Não te parece que o dito por vocês pode soar um pouco exagerado?

— De maneira alguma. Nenhuma das nossas afirmações constitui um "elogio" forçado. Todas se sustentam naquilo que a família nos trouxe e nos mostrou. Só teremos a prova dessa "realidade" na próxima sessão, quando os reencontraremos. Através da sua atitude poderemos conferir se apenas douramos a pílula da família ou se estávamos "certos".

— Tenho ainda uma outra questão. Não te parece que a forma como defines a atitude de Mike — identificação com sua avó-mãe — poderia perfeitamente ser assimilada à proposta de Boszormenyi-Nagy & Spark (1983) de uma "lealdade invisível" familiar?

— Muito obrigado por essa questão! Era disso que falávamos pouco tempo atrás. Pode existir um grande "parentesco" entre diversas abordagens. Claro, concordo. Aqui abordamos algo referente a

lealdades. A pequena diferença consiste em que, para nós, essa não será necessariamente a questão central, em torno da qual deverá girar todo o processo. Como te dizia antes, (ver páginas 31a 35 e 39 a 44) esse é um problema deles (os terapeutas), que eles resolvem colocar para a família, porque, como alavanca, pode estimulá-la para a busca do crescimento. Nossa abordagem, se analisada do ponto de vista das lealdades invisíveis de Boszormenyi-Nagy e Spark, seria muito pobre. Do ponto de vista da nossa própria concepção... não.

— Entendi. Agora vamos despedir-nos e, a seguir, ver como eles voltaram.

Terapeuta: Por favor, digam ao Estevão e ao outro irmão ... como é o nome dele?
Valdemar: José.
Terapeuta: José? É... nossas saudações. Ficamos aqui torcendo para que o Estevão tenha se dado bem na sua prova. Então fica combinado.
Senhor José: Muitas felicidades e saúde para o senhor e sua família.
Terapeuta: Obrigado.
Dona Dalila: Pra todos eles Deus dê muita luz e saúde.

— Agora, para encerrar esta conversa, quero insistir em uma questão. Não te parece que as transcrições das sessões são muito extensas, que poderias fazer mais cortes e deixar apenas o essencial?

— Não imaginas o quanto me custa tomar a decisão de cortar ou deixar uma seqüência de intercâmbios. Eu creio que a mudança provocada pela terapia não é o produto direto das intervenções mais brilhantes ou evidentes. Essas intervenções (quando ocorrem) surgem em um contexto que permite ou facilita sua eficácia.

Se expurgarmos o texto de tudo aquilo que parece não ter maior relevância e deixarmos somente os momentos mais importantes ou marcantes do processo, formaremos, necessariamente, uma imagem falsa do que foi a terapia. Como sabes, muitas vezes existe uma grande "diferença entre aquilo que os terapeutas dizem que fazem e o que realmente fazem", para não falar da "diferença entre aquilo sobre o qual os terapeutas não estão escrevendo, mas que realmente faz com que o tratamento seja bem sucedido". (Bergman, 1990.)

— Tu achas que uma apresentação mais exaustiva permite uma aproximação maior entre aquilo que realmente se fez e o que conta, entre o que se escreve e o que foi eficaz?[6]

— Exato. Esse é meu propósito, porque mesmo que eu não consiga atingir esse ponto, um leitor atento pode fazê-lo. Agora, desculpa, precisamos passar para a outra sessão.

"A gente faz igual que o moço diz..."

(Segunda entrevista, 30 de novembro de 1987)

— Mais uma vez poderás observar como a segunda sessão é menos intensa. Parece que, ao se perder a angústia provocada pelo problema, perde-se também aquele combustível impulsionador da família e o investimento passa a ser muito menor.

— Não podes deixar de frisar que isso só se dá quando a mudança ocorrida depois da primeira entrevista foi profunda e consistente. De outra forma, pareceria que desejas enunciar uma lei geral: segundas entrevistas são sempre menos intensas... etc.

— O que realmente não seria verdade. Se não houver um processo de transformação profunda, com sua conseqüente diminuição da angústia, a família provavelmente voltará com a mesma energia da primeira vez.

— De acordo.

— E isso ver-se-á refletido na minha atitude em relação às transcrições das falas da sessão. Serei mais liberal nos cortes e suprimirei muitas das conversas que se resumiram a uma troca de amenidades. Está claro?

— Está sim. Agora, como já sei que tens pressa por voltar e abordar a segunda sessão, gostaria que, antes de fazê-lo, me respondesses a uma pergunta que dá voltas na minha cabeça desde a primeira sessão. A abordagem do problema de Mike, pelo fato de reunir exclusivamente os membros da sua família, não poderia induzir à idéia de que a família seria a fonte dos seus problemas? Como se ele não participasse de outros sistemas dos quais também poderia ser o emergente?

— Muito bem. Essa é uma preocupação muito interessante. Ignorar a participação do indivíduo em uma série de outros sistemas — além do sistema familiar — pode efetivamente significar que, de fato, convidamos e reintroduzimos a velha concepção linear e apontamos a família como responsável pelos problemas da criança. Eu próprio tenho refletido a esse respeito e chamado a atenção para a necessidade de se levar em consideração os outros sistemas de pertencimento (Molina-Loza, 1992a, 1996b). Mas, neste caso, minha impressão é de que esqueces algo: nossa intervenção também atinge a escola...

— Não vejo como.

— A colega que me acompanha no atendimento é coordenadora na escola do Mike. Todas as intervenções referentes a sua conduta estão também dirigidas a ela. Na medida em que mude sua concepção, mudará sua atitude na escola com Mike. Está claro? Bem, agora recebamos a família.

Terapeuta: Temos novidade, hein? *(Refere-se a uma das crianças que não esteve presente na primeira sessão.)* Tu és o professor que dá reforço? *(Estevão nega com a cabeça.)* Tu não és professor?
Estevão: Sim.
Terapeuta: Certo. Da outra vez tu tinhas provas, não é? E nós ficamos aqui, torcendo enquanto tu estavas fazendo tua prova. Como foi a tua prova?
Estevão: Não foi das boas.
Terapeuta: Mais ou menos?
Estevão: É.

— Desta vez, alguns dos participantes mudaram: vieram Estevão, Sidney, Bruninha, Raimunda.

— Faltaram Valdemar, Consuelo e o senhor José. Vamos ver quais são as notícias dos presentes.

— Há ausências mas, de uma forma ou outra, continua a mobilização familiar e isso é importante.

Terapeuta: Bom, o que é que a senhora nos conta? Como está esse rapaz?

Dona Dalila: Daquele dia em diante parece que ele melhorou bem, né?
Terapeuta: Melhorou como?

"Não é porque a gente foi na casa daquele moço que... você vai dá essa trabalheira..."

Dona Dalila: Assim... leitura, né? Comportou-se mais, escreve melhor, parece que está mais ativo, né, mais solto.
Terapeuta: *(Para Mike.)* Tu estás melhor? *(Mike acena positivamente e ri.)*
Dona Dalila: Eu acho, né?
Terapeuta: *(Para Raimunda.)* E a senhora?
Raimunda: Melhorou muito. No estudo, nas brincadeiras, mudou muito, ele se soltou mais.
Terapeuta: *(Para Ivan)* E fala mais agora?
Ivan: Fala.
Terapeuta: Fala demais?
Ivan: Um pouco...

— Esta interação com a família contém todos os elementos necessários para uma reflexão profunda. Que ocorreu?! Como explicar uma mudança tão radical e tão rápida?

— Se respondermos a essa questão... responderemos à pergunta dos dez milhões!

— Vamos tentar. O exame cuidadoso de toda a primeira sessão não permitiria encontrar nada que possa ser qualificado de "intervenção espetacular", um fator explicativo da mudança.

— Muito pelo contrário. Foi uma sessão simples e também não muito profunda.

— Talvez esteja aí o segredo. Profundo tem de ser o impacto, não necessariamente a sessão. Qual foi nossa atitude? Ouvimos *a família, aceitamos sua demanda e utilizamos suas próprias palavras para redefinir algumas situações e atitudes. Creio que esse é o "grande" segredo. Nada do que foi dito ou feito pareceu à família algo agregado desde fora. Foi-lhe fácil digeri-lo. Mesmo sendo portadora de*

mudança, a mensagem foi reconhecida pelos membros da família como própria. Mais na frente quero voltar a esse ponto.

— Bem, deixa-me aproveitar para dar uma opinião: um outro fator de mudança pode ser a maneira como a família participou da interação. Ela parecia totalmente envolvida no processo.

— Tens razão. Um dos objetivos do terapeuta deve ser levar a família a ser e sentir-se co-autora desse processo.[7] *Caso contrário...*

— Não haveria terapia!

— Vamos continuar e ver o que ocorreu?

— Eu preferiria aprofundar agora um ponto: qual o segredo dessa maior reatividade das famílias carentes economicamente?

— Não pretendo dar uma resposta definitiva mas, para mim, elas aceitam com mais facilidade a proposta da terapia relacional: não racionalizam nem questionam "cerebralmente" o processo. Ao se sentirem *aceitas tendem a responder com uma aceitação equivalente — tanto dos terapeutas, quanto de suas propostas —, realizam as tarefas e mudam, na prática, o funcionamento do sistema. A seguir, mudam mais facilmente sua forma de ver as coisas. Na minha opinião é por aí.*

— Mas isso também seria o que pretendes com qualquer família...

— Certamente com qualquer família. Só quero afirmar que com as famílias carentes economicamente parece mais fácil.

— Isso tudo estaria relacionado com a criação da atmosfera amorosa da qual falavas no começo?

— Sem dúvida. Mataste a charada.

Terapeuta: Aprendeu a brigar com os colegas? *(Aqui todos falam ao mesmo tempo e a conversa torna-se inaudível.)*
Dona Dalila: Ele tá danado, estava de castigo.
Terapeuta: Ah ,é?
Dona Dalila: Eu falei com ele assim: "Vai porque a gente foi lá, pra casa daquele moço, falar aquelas coisas, não era pra você dá uma trabalheira dessas não..." *(Todos riem).*
Terapeuta: Bom, se ele está fazendo tudo isso é bom. E o senhor José?

Dona Dalila: O José tá viajando. É... hoje ele tá lá pra Goiânia, tá com dois dias ...

— Mudas de tema abruptamente...

— Para inibir uma atitude muito racional.

— Agora deixa-me dizer: foi muito bonito como ela falou da "casa daquele moço". Que significa isso? Ela se sentiu recebida "em casa".

— Receber! Não estaria concentrada nessa palavra boa parte da arte do ser terapêutico? Eu acho que sim. A família se sente recebida, isto é, aceita, respeitada, valorizada, amada. Por isso pode abrir-se e confiar, tanto nos terapeutas quanto nela própria. Por isso pode também mudar. Por outro lado, quando ela me chama de "moço", também se refere a mim como pessoa, e não apenas a um profissional, a um "alguém" distante, dono de um "suposto saber"...

"Toda criança deve ter um trem"

Terapeuta: Ei, Mike! Vem cá. Onde está o trem? Tu te lembras que tinhas um trem na cabeça? Onde está o trem? Onde está o teu trem? Não tem trem na cabeça? *(Para dona Dalila.)* Ele não tem trem na cabeça?
Dona Dalila: É. Eu acho que não ...
Terapeuta: E esse daí não tem trem na cabeça? *(Refere-se a uma das outras crianças.)*
Ivan: Não, ele não tem.
Estevão: Então o trem saiu.
Ivan: Nunca teve trem, não.
Terapeuta: Nunca teve?
Ivan: Nunca teve. Era porque ele era muito desligado, mas acabou-se.

— Eis aqui um exemplo de outro dos fatores fundamentais do processo de mudança. Mudou a definição dos membros da família: "Não tem trem, nunca teve, se teve... saiu!"

— Seria inútil insistir na pergunta sobre o que ocorreu primeiro: foi a mudança da definição da criança que mudou a criança, ou foi a mudança da criança que mudou a definição dada pela família?

— *O ovo ou a galinha?*

— *Sim. Observa. É interessante, quem fala é Ivan:* "Nunca teve trem, não. Era porque ele era muito desligado, mas acabou-se." *Ele nem esteve da primeira vez. No entanto, está totalmente a par do teor da nossa conversa.*

— *Sua mudança se deu como produto da influência familiar.*

— *E já participa de uma forma terapêutica.*

Terapeuta: Bem, agora está mais ligado. Ele está sendo um bom aluno?
Estevão: Pelo jeito que eu tenho observado em casa, no colégio, que a gente vê, o que as professoras falam, sim.
Terapeuta: Mas tu também achas que ele melhorou?
Estevão: Tá...
Terapeuta: Ele está fazendo as tarefas? *(Todos confirmam.)*
Mike: São fáceis.
Terapeuta: É? *(Fala para Mike.)* Fáceis?
Mike: Fácil.
Terapeuta: Fácil. Sabes que como nós achamos que se tu não tens um trem, deves ter um, porque toda criança deveria ter um trem. Então, pensamos que deverias ter um trem... E como tu não tens trem, nós vamos te dar um trem. *(Vai buscar um trem de brinquedo e mostra às crianças:)* Isso é que é um trem. Tens um trem destes na cabeça? Que é que tu vais fazer com esse trem?
Mike: Brincar.
Terapeuta: Tu sabes brincar?
Mike: Sei.
Terapeuta: Tua mãe me disse que tu não sabias... ?! Então, vais brincar de quê?
Mike: De trem...
Terapeuta: Com quem?
Mike: Com meu irmão...

— *Quero uma explicação sobre essa história de trem.*

— *Bem. Na época eu morava em Fortaleza. Durante uma das minhas vindas para Belo Horizonte fui ao mercado central e comprei um trenzinho artesanal feito de lata. Era uma lembrança mineira.*

Quando, na terapia, falamos em trem, lembrei-me do trenzinho. Aí resolvi utilizá-lo no processo como objeto metafórico. Tiraríamos um trem da sua cabeça e lhe daríamos um trem de brinquedo.

— Objeto metafórico?

— Bem, não farei aqui um longo desenvolvimento sobre a metáfora e sua utilização. (Não perderias a viagem se consultasses Chaves para uma terapoética da família, *Molina-Loza, 1998 e SDa). Quero, porém, dar uma destrinchada rápida na questão do objeto metafórico. Ele não passa de uma metáfora vertida em um objeto. É um objeto que — da mesma forma como fazemos com as palavras — pode ser portador de mensagens e carregado de diversos sentidos.*

— Seria a versão material de uma metáfora?

— É exatamente assim que o define Nicolò (1987): "Amiúde o objeto metafórico é a explicação material, fornecida durante a sessão pelo terapeuta, de uma metáfora verbal. Consiste em um objeto concreto escolhido durante a sessão para representar, de maneira visível e concreta, relações, regras, comportamentos da família ou de seus membros." [98] Definição bastante semelhante à de Angelo (1987): "O objeto metafórico é um objeto de comunicação que veicula, enquanto tal, inúmeras mensagens vinculadas às características de sua estrutura e, de forma mais ampla ainda, às significações que lhe são atribuídas, aos poucos, pela família e o terapeuta." [107][8]

Como surge? De mil maneiras. Nesse contexto... por acaso. Não foi uma criação original (genial!) do terapeuta, mas um reles acaso que, a seguir, foi aproveitado e desenvolvido. A idéia não brotou da minha inteligência, ela apareceu no grupo e se impôs... Percebe, eu só me dei conta de como o trem poderia ser interpretado como metáfora de união, movimento, trabalho em equipe, cooperação, etc., depois de haver proposto a brincadeira da construção.

— Porque foi isso que ele acabou sendo: uma metáfora de união, de ligação, de cooperação, de força. Tu não havias percebido tudo isso?

— De maneira alguma. Como te dizia, era uma brincadeira muito mais simples. Quando percebi, aos poucos, ampliei a metáfora. Resolvi então propor a todos os membros do grupo que, para a próxima entrevista, trouxessem sucata para confeccionar, junto com a família,

um outro trem. Minha percepção veio depois. O mérito estaria apenas no fato de ter sabido aproveitá-la.

— Podes também dizer que isso é o próprio do pensamento sistêmico. Se pensares sistemicamente, é lógico que atues dessa maneira.[9]

Terapeuta: E ele sabe brincar de trem? Quer dizer que quem tinha razão era o Valdemar? O trem não estava na cabeça, e agora está na mão?
Dona Dalila: *(Para o Mike.)* Não olha pra mim. Responde a ele... *(A família ri.)*

— Percebe a mudança. Agora é a própria avó quem realiza a intervenção e propõe uma distância salutar entre ambos. Subliminarmente lhe diz: "Responda por você mesmo, não fique aí a esperar que eu responda por você. Assuma suas opiniões."

— Ela é terapêutica. A intervenção do "terapeuta oficial" tornase supérflua.

Terapeuta: Ele ainda obedece à senhora? Vamos colocar algo aqui que te impeça de ver tua avó. *(Aponta para a senhora que está com um bebê no braço).* Bom, e o que é que tu aprendeste na escola?
Mike: A ler.
Terapeuta: Sim... e tu sabias ler? E o que mais?
Mike: Dever.
Terapeuta: Como? Dever? Que outras coisas? O que mais aprendeste a fazer?
Terapeuta 2: Você não aprendeu nenhuma palavrinha? Não sabe nenhuma palavrinha? A tia não deu nenhuma palavrinha para escrever? Fala as palavrinhas.
Mike: A - E - I - O – U.
Terapeuta 2: Aquele pedacinho pra juntar... Qual é? Como é que são os pedacinhos, qual o nome deles?
Mike: A - E - I - O - U.
Terapeuta 2: E os pedacinhos? Não tem pedacinhos não? Claro que tem pedacinhos, tem não? Tu não lembras?
Mike: Ba - Be - Bi - Bo - Bu.

Terapeuta: Ah! Ba - Be - Bi - Bo – Bu. Certo. Já começaste a falar o do C? Já sabes? Qual é?
Mike: Sa - Se - Si - So - Su.
Terapeuta: Sa - Se - Si - So - Su. Está... realmente... (...) Bom, tu te lembras quando a gente, da outra vez, pegou uma doutora para a auscultação do coração? Nós vamos pegar agora uma outra. Nós temos aqui uma professora que é muito boa pra ensinar essas letrinhas, tá bom? Então vamos pedir para que ela te ensine umas letrinhas. Tu queres aprender? *(A criança afirma com a cabeça.) (O terapeuta chama a professora.)* É essa aí.

E vocês sabem fazer um trem? *(Dirige-se primeiro a todo o grupo familiar.)* Tu sabes. *(Depois ao Mike.)* Nós pensamos que toda a... , como é que se chama? (...) Nós temos aqui uma pessoa que é muito boa para fazer trens e ele pensou em fazer um trem pra gente. Só que não tivemos tempo para acabar um trem que tivesse um vagão, para que teus primos possam brincar contigo. *(Pergunta ao outro aluno que construiu o trem).* Tu queres mostrar o trem? Vamos ver como ele está fazendo o vagão... é para que vocês possam brincar de trem. Ele *(refere-se ao construtor do trem)* passou toda a noite em uma oficina, construindo o trem. Olha aqui *(mostra o trem).* Ele faz isto *(coloca o vagão atrás do trem)* e isto aqui são buracos para as rodas. Eu quero fazer uma proposta: enquanto esses dois irão estudar *(refere-se a Mike e a pedagoga)* nós tiraremos as cadeiras e iremos fazer um trem. Todos juntos. Vocês não topam? *(A família concorda.)* Bom, então vamos levantar-nos. *(Aponta para Mike e à pedagoga e diz:)* vocês vão trabalhar ali. Tiramos as cadeiras daqui... *(a família toda mobiliza-se e ajeita a sala)*

— Aqui, novamente, fazes uma misturada, passas de um tema para outro... Esclarece um pouco essa história. Estou perdido.

— A construção desse trem transformou-se em uma metáfora da colaboração dos membros da família na superação dos problemas. Todo mundo participava, todo mundo contribuía com suas capacidades. Falamos de cooperação, de construção, de aprendizagem, de muitas coisas importantes. Todos estávamos envolvidos e todos pudemos participar e contribuir. Terapeutas e membros da família,

sentados no chão, colaborávamos descontraidamente. Descobrimos habilidades, demos e recebemos ajuda.

— E a família captou a mensagem?

— Racionalmente... não sei. Na prática, perfeitamente. Todos nos misturamos e elaboramos... trens.

— Podes até pensar que continuo com a mania de puxar conversas que poderiam ser deixadas para uma outra ocasião, mas se deixarmos tudo para depois... fica difícil. Faz tempo quero fazer-te uma pergunta sobre tua insistência em agradecer às pessoas, aos membros da família, por aquilo que fazem. Mesmo quando é evidente que suas realizações — seus progressos e descobertas, seu crescimento e o aumento da sua capacidade de cooperar, de amar, de comunicar — são algo cujo benefício para eles é inegável. Por outro lado, várias vezes tenho te visto insistir no fato de que o terapeuta talvez receba mais do que dá. Podes explicar-me isso?

— É curioso... ou pelo menos eu achó curioso que isso te soe estranho. Parece-me tão óbvio!

— Não me venhas com esse tipo de resposta, pois isso não responde nada! Quero compreender e, afinal, ver se isso faz sentido, se é importante ou não.

— Bem, ambas as questões são objeto de um trabalho atualmente em preparação: "Questões urgentes sobre a resiliência." Nele eu explico, de forma ampla e clara, como o agradecimento pela experiência vivida com a família e o reconhecimento de que os terapeutas foram os primeiros a se beneficiar, constituem um dos elementos centrais do processo de transformação e crescimento terapêuticos. Quando agradecemos aos nossos clientes, reconhecemos a importância que eles têm como "outros significativos na convivência" (Maturana 1990). Isto contribui para uma afirmação da sua auto-imagem, da sua auto-estima.

— Aqui falamos de relação, de relação terapêutica. E agora que o dizes, vejo que também se trata do estabelecimento de uma mutualidade: uma relação na qual não há diferenças hierárquicas. Quando a família faz algo ("a gente faz igual o moço diz...", para citar a fala de dona Dalila, mais adiante) é porque decidiu fazê-lo.

— *Porque gostou da proposta. Se a incorpora é porque gosta dela, não porque lhe foi imposta ou porque necessariamente compreendeu o seu sentido. O terapeuta faz um convite amoroso para que eles participem, amorosamente, do processo. É nessa emoção que se vive a sessão.*[10]

Terapeuta: *(Coloca o material de confecção do trem no chão.)* Bom, aqui nós nos sentamos no chão. *(Todos se sentam e começam os trabalhos para a construção do trem).* Ô, Claudemir, tu sabes fazer um boneco? *(Ele nega com a cabeça).* Tu não sabes? Essa caixa aqui *(mostra-a à família)* é para a gente fazer um boneco. A cabeça. Depois tu fazes o corpo. E essa daqui *(referindo-se à outra caixa)* pode até ser o maquinista. *(Para Claudemir.)* Tu não achas que é importante ter um maquinista no trem? Como é que nós podemos fazer? Eu aceito palpites.
Dona Dalila: Eu mesmo não sei, né?
Terapeuta: *(Ironicamente.)* O Valdemar é que sabe?
Dona Dalila: É, talvez.
Terapeuta: A roda. Como a gente faz uma roda? *(A família empenha-se na construção do brinquedo.)* A gente pode fazer um trem, ônibus, caminhão, qualquer coisa, hein? Bom, se tu me disseres como eu tenho de cortar, eu faço. É assim? *(Pergunta a uma das crianças). [Enquanto Mike e a pedagoga estudam as palavras e suas "famílias", a outra equipe constrói o trem. Cada um dos membros dá a sua opinião. Aos poucos o brinquedo é construído.]*
Dona Dalila: No meu tempo não existia essas coisas, aí eu não sei fazer nada. Eu não sei desenhar, eu não sei pintar.
Terapeuta: Bom, a avó vai ter de nos ajudar. Coloca a cola ... *(um dos netos entrega um papel para a avó colar.) (Dirige-se a Sidney.)* E tu? Não estás fazendo nada? *(A equipe movimenta-se para realizar a tarefa. O terapeuta dirige-se à avó, que está com a netinha recém-nascida nos braços.)* Dê-me o bebê... *(Dona Dalila entrega-lhe o bebê. O terapeuta senta-se no chão e convida a avó para sentar-se perto dele. Os dois, terapeuta e avó, conversam sobre as mudanças ocorridas com Mike, seu quotidiano, atividades escolares, brincadeiras, passeios. Dona Dalila mostra-lhe um desenho de Mike. (Ver figura 1).*

Terapeuta: Mike! Esse desenho é teu? Quando o fizeste? Na escola? Onde? Em casa? E trouxeste para a gente? *(Mike confirma todas as perguntas com a cabeça).* Obrigado. *(Para dona Dalila)* A família toda está ajudando o Mike?[11]

Dona Dalila: É.

Terapeuta: A senhora acha que ele vai continuar progredindo no colégio?

Dona Dalila: Acho.

Figura 1

"A gente faz igual que o moço diz..."

Terapeuta: A senhora acha que ele melhorou muito, pouco ou mais ou menos?
Dona Dalila: Ele está, assim, bem melhor, eu nunca pensei...
Terapeuta: E como está o coração de Mike?
Dona Dalila: O coração está sadio.
Terapeuta: E a senhora tem estado toda preocupada?
Dona Dalila: Não...
Terapeuta: Deveria... O senhor José não está lá pra Goiânia?
Dona Dalila: Não, ele tá calmo, não teve mais...
Terapeuta: Ah, é? Desconheço a senhora! Conheci a senhora muito preocupada.
Dona Dalila: Não... mas agora eu tô tranqüila... Não sou assim como o Valdemar pensa.
Terapeuta: E o que é que a senhora fez para esfriar um pouco?
Dona Dalila: É... a gente faz assim igual que o moço diz. Igual que o moço diz à gente, sempre estar mais calmo.

— *Está aí! Esse é o tipo de afirmação que sempre me surpreenderá... Ao tentar justificar as mudanças e as melhoras, a avó diz:* "É... a gente faz assim, igual que o moço diz."

— *E o moço sabe perfeitamente que não disse!*

— *Exato. O moço aqui, quando a ouviu dizer isso, imediatamente se perguntou: "Que foi que eu disse?" Não encontrei resposta para essa pergunta. Por mais que releia a transcrição (ou reveja a fita da primeira sessão), não encontro nada que porte a evidência de uma mensagem explícita de mudança.*

— *Mas reconheces que o moço disse...*

— *De certa forma sim. Eu disse tudo que eles disseram, com algumas modificações.*

— *Talvez tão mínimas que eles não tiveram problema em reconhecê-las como próprias.*[12]

— *E há também o outro lado. Muitas das coisas que fizeram provavelmente tenham sido feitas "acusando" o moço de havê-las dito. Mudavam com a tranqüilidade do respaldo do moço.*

— Posto que falas de fazer, insistamos: tanto a primeira sessão quanto esta segunda foram prazerosas. Em um clima de profundo respeito, vocês viveram momentos de prazer. [13]

Terapeuta: *(Levanta-se e fala com a equipe que está construindo o trem. Entrega o bebê para dona Dalila e vai conversar com Mike sobre o que ele fez. Percebe que Mike fez alguns desenhos, no primeiro escreveu trem, no segundo cobra.)*

Figura 2

— Minha reação, neste momento, foi de incredulidade. Imaginei que Mike tinha decorado essa palavra e que queria mostrar-se. Sentei-me ao seu lado e fiz, eu próprio, um desenho para ver se ele também escreveria algo embaixo. Eis o que ele fez:

Terapeuta: Que desenho é esse?
Mike: Um porco *(fala muito baixo).*
Terapeuta: Um quê?
Mike: Um porco. *(Responde e escreve várias vezes até acertar a palavra.)*

Figura 3

— *Parece que não estavas disposto a acreditar nos progressos do Mike!*

— *Escuta, não é bem isso. Não é que não quisesse acreditar. Ele nos chegou como um retardado incapaz de aprender... um mês depois, estava aí e esbanjava erudição caligráfica! Eu apenas queria certificar-me. Mas, confesso, sim, custei a acreditar.*[14]

Terapeuta: Certo. *(Desenha e pergunta para Mike, mostrando-lhe a folha.)* O que é isso?
Mike: *(Escreve abaixo do desenho e diz:)* Sapo.

— Fiz um outro desenho e ele escreveu o meu nome.

Figura 5

— Se alguém tivesse me dito que os avanços seriam dessa natureza, eu não teria acreditado. Para concluir, vai o testemunho gráfico (que não me deixará mentir). A partir do modelo da pedagoga, ele fez a seguinte tarefa:

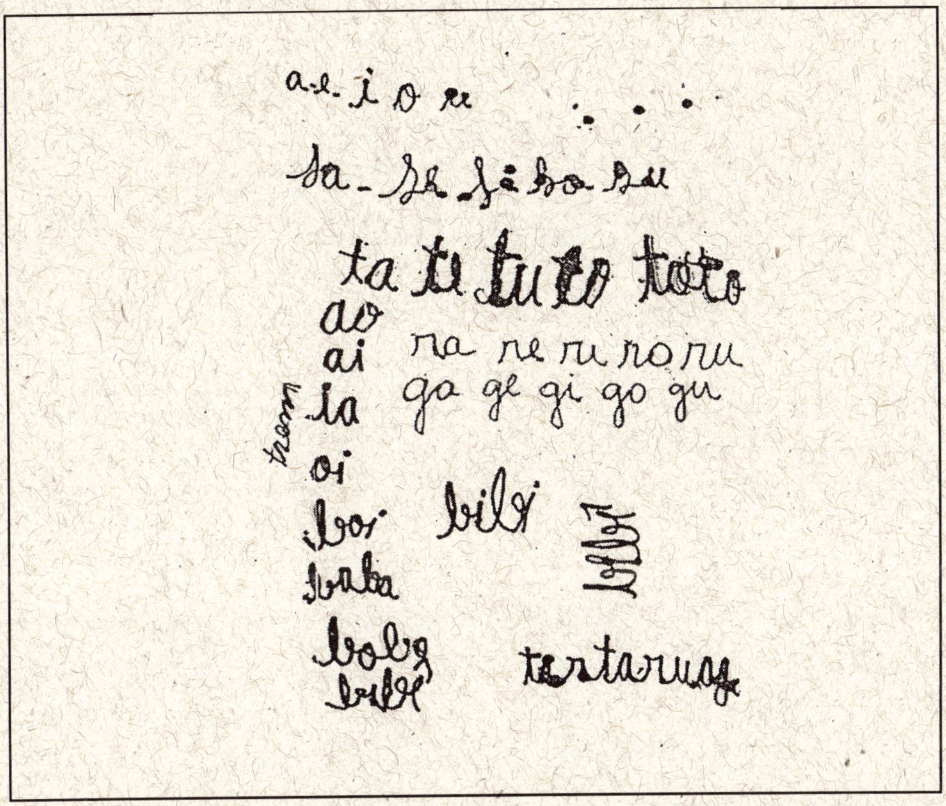

Figura 6

Terapeuta: Mike, vamos ver... *(O terapeuta e Mike interagem, falam dos desenhos e das atividades desenvolvidas naquele instante. Depois de conversar com a equipe que constrói o trem, junta-se novamente a Mike e simula uma "briga" com ele. Mike reage e defende-se do "rival". Depois de alguns segundos, dirige-se a dona Dalila e diz:)* Agora nós vamos sair para conversar outra vez e voltamos para encerrar, certo?

Dona Dalila: Tá.

[Os terapeutas saem, enquanto a família fica na sala, construindo o trem. Após alguns minutos, a equipe de terapeutas volta.]

— Antes de receber a família de volta, quero que faças um comentário. Que ocorreu?

— Creio que ao mudar o olhar dos membros da família sobre Mike... ele teve o direito de mudar. Por outro lado, fica claro que mudaram as relações. Aí devo abrir um parágrafo especial para a mãe (isto é, para quem desempenha o papel de mãe: dona Dalila). Dada a definição do Mike como problema, na relação com ele havia praticamente desaparecido a possibilidade do gesto em si.

—Que queres dizer com isso?

—Mike não era visto como uma pessoa, mas sim como um problema. A partir do momento em que ele passa a ser visto como uma pessoa, tem a possibilidade de desabrochar como tal.[15]

Terapeuta: *(Dirigindo-se à família)* Bom, vamos mostrar a carta e conversar. Eu estou com a carta e vou lê-la aqui para vocês e, como da outra vez, a enviaremos pelo correio.

Belo Horizonte, 30 de outubro de 1987

À família de Mike,

Gente, foi um barato reencontrá-los e ver que vocês estão tão bem. Embora lamentemos as ausências, ficamos contentes de saber que seu José melhorou da perna e pode viajar e, como disse dona Dalila, com o coração ele esteve conosco.

É bom saber que Valdemar está perto de conseguir o que deseja. Estamos torcendo por ele.

É bom saber, também, que a filhinha de Consuelo está melhor.

Por outro lado, ficamos felizes por conhecer os outros membros da família.

Concordamos com vocês, houve uma grande melhora. Para nós, isso confirma duas coisas:

1) a inteligência e a capacidade do Mike e

2) as enormes potencialidades de solidariedade desta família. Sempre que um está em apuros, os outros estão dispostos a ajudar.

Em um primeiro momento, a afirmação de que os progressos foram poucos deixou-nos surpresos. Porque realmente aconteceram muitas mudanças, não só do Mike, mas também de dona Dalila e de todos os outros. Depois compreendemos que vocês, sabendo das suas grandes capacidades e potencialidades, têm tendência a julgar como pequeno qualquer progresso, mesmo os mais espetaculares. Faz parte dessa atitude que dona Dalila se julgue pouco inteligente. Mas agora ela aceitou, um pouquinho, sua capacidade e isso permitiu ao Mike continuar identificando-se com ela, agora de maneira inteligente.

A nossa preocupação agora é que o Mike, sendo sensível e atento como é, e sabendo da necessidade de união dessa família, possa interromper seus progressos para provocar um novo elo, um novo motivo de união.

Como prescrição, pedimos que o Mike organize a hora de estudos dos irmãos e tios (Estevão, Norberto, Claudemir e o dele próprio) e que nos mandem uma carta, contando como anda o "trem" dos estudos da família. Veremo-nos daqui a um mês.

Um grande abraço.

A equipe terapêutica.

Carlos Arturo Molina-Loza

Terapeuta: Vamos mandar-lhes duas cópias da carta, para que vocês mandem uma cópia para o senhor José, em Goiânia. Então, muito obrigado e até a próxima vez. *(Despede-se da família).*
Dona Dalila: Obrigado a vocês e desculpem qualquer coisa.

— *Antes de sair, a família entrega-nos uma carta com o "relatório" tarefa proposta. Vamos lê-lo.*

Betim, 28 de outubro de 1987

Atividades de Mike,

Para começar, venho dizer que o Mike começou a obter melhores rendimentos (embora pequenos) nas suas atividades e, principalmente, na escola.

Com relação ao seu dia a dia, trago-lhes agora:

● De segunda a sexta-feira no período de manhã (7:00 às 10:00 hs.), ele se diverte com seu irmão, Claudemir, e com seus colegas. No período da tarde, após chegar da escola, ele faz suas atividades escolares, sendo auxiliado ora por Estevão, ora por Norberto; depois de terminadas as tarefas escolares, o Mike assiste um pouco de televisão até a hora de dormir.

Obs: às vezes ele faz seus deveres de manhã e se diverte à tarde.

● Aos sábados, algumas vezes, o Mike vai para a casa da sua mãe, onde permanece até segunda-feira de manhã. E quando o Mike não vai para a casa da sua mãe, ele permanece em casa com seus primos, irmãos, tios e colegas que moram próximos.

Atenciosamente:

A família

— É muito interessante constatar como a família segue o modelo da carta enviada pelos terapeutas.

— Mas não só seguiram o modelo da carta. Suas interações mostram que também seguiram o modelo de relacionamento experienciado no decorrer da sessão. Isto é o que eu chamo de processo de modelização.

Este seria um dos elementos daquilo que, no contexto da modelação, os teóricos comportamentais chamam de aprendizagem vicariante.[16]

— E a carta também mostra bem toda a reorganização realizada pela família em torno da figura do Mike.

— Sim. Porém, não há de faltar alguém para afirmar que o trabalho se limitou a atender à questão da queixa — as dificuldades escolares do Mike — e que após esta ser resolvida, não se fez mais nada?

— Sim, faltar nunca faltará. Resta saber se isso tem mmmuuuiiiittta *importância. Creio que a mobilização da energia e criatividade mostrada pela família a credenciam para que se confie na sua capacidade de continuar resolvendo os seus problemas. Eles decidem, eles falam e quando falam, podem sempre dizer: "O moço falou." E está falado. Vão continuar a mudar e a crescer. Se for para escolher entre acreditar na capacidade das famílias e das pessoas de crescer, de viver livremente, e na necessidade de se fazer trabalhos* profundos, *que*

provoquem a faxina definitiva... eu prefiro a primeira opção. Aqui cabe lembrar: houve uma mudança na tarefa do terapeuta **T** *(Mike tem um trem na cabeça, é deficiente, o que fazer para falar com ele?) para* **t**: *vamos construir o trem da solidariedade familiar.*

— O qual conduziu ao resgate da auto-estima (em vários níveis) dos membros da família (a começar pela figura da avó).

— E constitui um acúmulo e desdobramento do fator (α+) *familiar, que se traduziria por um "nós podemos!"*

— E pelo "é fácil!" do Mike.

— Há também uma outra questão... a da seriedade. Se olharmos criticamente, esta sessão não foi muito séria.

— E o que queres dizer com isso?

— Que mais pareceu uma brincadeira. Não se fez muita coisa que, a rigor, possa ser chamada de trabalho...

— Ótimo que coloques essa objeção. Apesar de já termos falado disso umas linhas atrás, vamos, com a ajuda de Maturana... deitar e rolar. Quanto mais séria for uma atividade, mais divertida tem de ser para quem a executa. Nossa entrevista foi, tens razão, uma verdadeira festa e é justamente por isso que pode ter sido eficaz.[17]

"Ah! Esse trem lá em casa ficou famoso..."

(Terceira entrevista, 13 de novembro de 1987)

— A seqüência de excertos desta sessão será ainda mais curta que a da anterior. Como já dissemos antes, quando os problemas se resolvem, o intercâmbio não é tão intenso nem tão importante. Nesta entrevista contamos com pessoas novas e com novas ausências.

— Então, suprimamos todas essas apresentações e passemos ao essencial; as notícias.

Terapeuta: Vocês receberam a carta?
Dona Dalila: Recebi.
Terapeuta: Bem, e como é que ele está na escola?
Ivan: Tá bom.

Terapeuta: Bom. *(Para Mike)* E tu és muito amigo daquele pessoal? Tás dando duro?
Mike: Um-hum.
Terapeuta: Ele cumpriu com o combinado? Quem trouxe o relatório? *(Dona Dalila mostra um papel.)* Posso ler para todo mundo?
Dona Dalila: Claro.
Terapeuta: *(Lê a carta transcrita a seguir)*

Betim, 28 de novembro de 1987

Em primeiro lugar nossas saudações a vocês. Quanto ao horário de estudo nosso é o seguinte:

- Valdemar ⇒ tem seu horário marcado no período das 9:00 às 11:00 horas.
- Mike ⇒ seu horário de estudo varia na faixa de 5:00 às 6:00 horas, onde mais o ajudamos.
- Norberto ⇒ estuda no período da tarde ou à noite
- Estevão ⇒ eu estudo de 7:00 às 9:00 horas, pois em outros horários eu estou ocupado devido ao meu curso (Guarda-Mirim)

Este é o nosso horário de estudo que passamos a vocês para que fiquem sabendo.

Assin: *Estevão* e família.

Terapeuta: Estão cumprindo? Como ficou essa história das aulas?
Dona Dalila: Eles vão (...) Eles três, né? Cada um tem que ficar com o queijo, né?
Terapeuta: Os quatro?
Dona Dalila: É, os quatro, né? Tem que soltar um pouco, né?
Terapeuta: E o Valdemar, que é que ele acha dos horários? Ficou bom?
Dona Dalila: Ficou.
Terapeuta: E a senhora? Como os deixou lá? Eles continuam melhorando?
Dona Dalila: Já tá bem melhor, né?
Terapeuta: Na escola?

Dona Dalila: É. Vamos ver se ele passa de ano, aí no ano que vem é que a gente sabe, né?
Terapeuta 2: Que é que você acha das brincadeiras dele? Tá diferente, tá a mesma coisa, tá mais amigo, como é que é?
Dona Dalila: Tá mais amigo, né?
Terapeuta 2: As brincadeiras são as mesmas? Ele se relaciona mais com os amigos? Conversa mais?
Dona Dalila: Conversa. Conversa, briga, tudo, né?
Terapeuta 2: Tá brigando muito? Bate? Bate também?
Dona Dalila: Bate. Teimosia! Tem que tomar uns cascudos. *(A seguir, ela conversa com o terapeuta e conta das novas atitudes de Mike e dos outros meninos, da sua luta para os manter dentro de casa.)* Não pára dentro de casa, quando ele pergunta: "O que é que é, mãe, pra que tá me chamando?" Digo assim: "Tô chamando." "Prá quê?" "Pra ficar aí dentro. Dentro de casa."

"Estão ótimos. Estão bem melhor"

Terapeuta: Quer dizer que as crianças continuam brincando?
Dona Dalila: É. Estão ótimos. Estão ótimos. Estão bem melhor.
Terapeuta: E aqueles que estavam fracos na escola?
Dona Dalila: Tão bem melhor.
Terapeuta: Melhoraram?
Dona Dalila: Melhorou.
Terapeuta: Vocês acham que irão passar de ano? Ou não?
Dona Dalila: Dá pra passar. A gente espera. A gente espera que... a gente foi chamada lá e falaram que as provas dele tava fraca, ainda passaram não sei quantos pra eles. Eu sei que é bem provável que ele já chegou no terceiro, né?

— Parece que tudo continua funcionando bem.

— Sim, insistir na pergunta seria... bobagem. Vamos mudar de tema.

Terapeuta: Ah, sim! Tu mostraste o trem para os teus amigos?

Dona Dalila: Ah, esse trem lá em casa ficou famoso. Quando chegou, chamou os meninos lá para casa, para brincar.
Terapeuta: Eles te perguntaram onde tinhas conseguido o trem? Que contaste para eles? *(Chama Mike e o coloca no colo.)* Conta aqui para mim. O que é que contaste para eles?
Mike: Ganhei.
Terapeuta: Sim. O que é que eles acharam do trem?
Mike: Bonito.
Terapeuta: Brincaram muito? E esse aí *(aponta para Sidney)*? Esse daí gostou muito? O nosso trem também levamos para casa. Tu te lembras que vocês também fizeram um trem para a gente? *(Para Mike.)* Como tá o coração? Tá bom? Ainda dói?
Mike: Não.

— *Não quero deixar passar isso em branco. Talvez seja o mais importante. Sabes o que significa? Que o ocorrido entre nós — família e terapeutas — foi, de fato, uma troca. Nada mais que uma troca. Nós estamos felizes porque crescemos graças ao contato com eles. Eles, porque cresceram graças ao contato conosco. E, de novo, a metáfora do trem: eles nos trouxeram um trem (aquele da cabeça do Mike), nós lhes demos um trem (de brinquedo), eles construíram dois trens (um de sucata, que deixaram conosco e um outro de união e solidariedade, que levaram consigo). Uma troca em que todos ganhamos, em que todos crescemos.*

— *Sim, e como pode constatar-se pelo relatório da família, o trem da ajuda mútua, da solidariedade, continuou a funcionar.*

Terapeuta: Ah! Tudo tem melhorado. *(Silêncio.)* Tu és bobo ou inteligente?
Mike: Inteligente.
Terapeuta: Inteligente. *(Aqui a conversa é inaudível. O terapeuta conversa com Mike sobre as suas capacidades e com sua prima, quase da mesma idade, sobre a força de Mike. Conversa com as outras crianças sobre o cotidiano delas.)* Quem faz mais bagunça?
Claudemir: Ele *(aponta para Mike)*.
Terapeuta: Tu concordas?
Mike: Sim.

Terapeuta: É um diabo!
Sidney: A diaba ... *(risos).*
Terapeuta: A avó?
Sidney: Não.
Terapeuta: Ah! Aquela ali *(refere-se a Sâmia).* Se essa família tem diabinhos, quer dizer que a senhora também é, não é? *(Para dona Dalila).* A senhora já foi diabinho?
Dona Dalila: Humm-hummm. Eles têm a quem puxar ...
Terapeuta: *(Para dona Dalila.)* Quer dizer que a senhora tem razões para estar satisfeita com a família?
Dona Dalila: Graças a Deus, né?
Terapeuta: O povo continuou progredindo ...
Dona Dalila: Hummm - hummmmm.
Terapeuta: Daquele tempo até agora.
Dona Dalila: O que posso fazer para eles é alguma coisa para eles ficarem bem, né?
Terapeuta: Bom, agora vocês saem por alguns minutos, aguardam, nós conversamos e depois os chamaremos.

[A família retira-se. A equipe conversa. Depois de alguns minutos a família volta.]

— Antes do retorno... que forma de fechar! "És bobo ou inteligente?" Inteligente!

— Mike se auto-define de uma outra maneira. Assume sua inteligência. Mas afinal, antes ele não tinha inteligência?

— Não, antes não havia tido a possibilidade de fazê-la desabrochar.

Belo Horizonte, 12 de novembro de 1987

À família do Mike,

Ficamos muito felizes ao constatarmos que a família continuou com os progressos feitos com a participação de todos. A única notícia triste que nos trouxeram é a relacionada com o estado de saúde do senhor José. Felizmente também puderam contar-nos que ele melhorou. A dificuldade já passou e o senhor José já se recuperou bem. Pedimos que lhe transmitam nosso abraço e nossos votos de pronta recuperação.

Hoje nós confirmamos aquela sensação que tivemos nas sessões anteriores: a extraordinária capacidade da família para resolver as suas dificuldades e para encontrar novas saídas para a saúde.

Dona Dalila e o senhor José têm muitas razões para se sentirem muito satisfeitos pela família que têm. Por outro lado, queremos felicitar muito particularmente aos jovens e às crianças por terem realizado, com tanta dedicação, as tarefas que lhes encomendamos. Temos certeza que se vocês continuarem assim, sempre terão condições de superar quaisquer dificuldades que no futuro venham a enfrentar.

Apesar de todas as melhoras e dos esforços que a família fez, sabemos que novas e graves dificuldades poderão vir a acontecer. Temos, porém, certeza de que com a união de todos, a ajuda de uns para com os outros, saberão vencê-las.

Para finalizar, queremos dizer-lhes que eu, pessoalmente, e todos da equipe, queremos agradecer-lhes a oportunidade que nos deram de conhecer sua família. Vocês nos deram uma lição e nos ensinaram como uma família pode ser capaz de partir das suas dificuldades para superá-las e encontrar novos caminhos para o crescimento.

Por favor, transmitam um abraço para o senhor José, para Consuelo e para Waldemar.

A equipe terapêutica

Carlos Arturo Molina-Loza

Dona Dalila: Você me perguntou se eu tava muito preocupada com a saída do José. Por isso eu trouxe *(mostra uma carta do senhor José)*. O senhor tinha razão. Essa daí foi a última que ele mandou para mim.

Terapeuta: *(Lê a carta.)* Essa carta chegou antes da senhora saber, não é?

Dona Dalila: É.

Terapeuta: Ele também fica muito ligado à família, não é?

Dona Dalila: Chorou demais.

Terapeuta: Aqui ele pede para Valdemar, Norberto que cuidem bem da senhora. *(guarda a carta.)* Dê um abraço nele também. *(Mike leva um projeto para fazer um vagão do trem. A família levanta-se, os terapeutas despendem-se. Antes de sair, dona Dalila pergunta sobre a saúde do terapeuta etc.)*

Dona Dalila: *(Dirige-se ao grupo que acompanhou o trabalho.)* Todo mundo com Deus aí, gente. Muito obrigado.

— *Assim concluiu-se essa bela viagem...*

— *Mas nós ainda não acabamos, quero conversar mais um pouco, quero tua opinião sobre o processo no seu conjunto.*

— *Esta reflexão, sobretudo se levarmos em conta que ela é feita 15 anos após a realização da terapia, assume ares de reflexão sobre minha maneira de ver o processo terapêutico como um todo. Que poderia dizer? Aqui estão concentrados, de forma* miscelânica, *a concepção da terapia como declaração amorosa, como brincadeira; a utilização da metáfora e dos objetos metafóricos; as tarefas para casa; o envio de cartas terapêuticas.*

— *É preciso frisar o papel central do amor nas trocas com a família.*

— *Justo. Vou insistir. Quando uma família nos procura, ela nos faz uma declaração de amor: "Sabe, nossa família tem uma história que já foi muito bonita, nós sabemos ser felizes. Só que, de um tempo para cá, essa história nos dói. E o pior é que quanto mais tentamos mudar, mais pioramos as coisas. Foi por isso que, dentre todos os possíveis, nos o escolhemos para, diante de você, abrir nossos corações. Queremos sua ajuda para, assim, reescrevermos nossa história."*

— *E a resposta do terapeuta também...*

— *É amorosa, claro. Eis o que eu acho que o terapeuta responde diante dessa demanda: "Faz muito tempo que me dedico à busca de novos caminhos, que tento me melhorar como pessoa. O tempo todo faço cursos, leio novos livros, participo de congressos, tudo para me sentir mais apto para, chegado o momento, estar disponível e poder dizer: podem entrar, eu também estou disponível para abrir meu coração e, ao servir de testemunha do seu crescimento, crescer junto com vocês."*

— *Sim, ambas são declarações de amor.*

— *Fica, entre nós, o agradecimento e o reconhecimento mútuos.*

— *Na correria da vida, as pessoas parecem ter esquecido a importância do amor.*

— *E a terapia é isso, a possibilidade do reencontro amoroso.*[18]

— *Isso é poético...*

— *Poética é a vida, mas só quando a sabemos viver. Não vou resistir à tentação de citar Edgar Morin: "Reconhecemos o amor como o ápice mais perfeito da loucura e da sabedoria, ou seja, que no amor, sabedoria e loucura não apenas são inseparáveis, mas se interpenetram mutuamente. Reconhecemos a poesia não apenas como modo de expressão literária, mas como um estado segundo do ser que advém* da participação, do fervor, da admiração, da comunhão, da embriaguez, da exaltação e, obviamente, do amor, *que contém em si todas as expressões desse estado segundo. A poesia é liberada do mito e da razão, mas contém em si sua união. O estado poético nos transporta através da loucura e da sabedoria e para além delas."* [9] (Morin, 1998.)

— *Sim, entendido assim, o trabalho com a família do trem foi poético. E é provável que eles tenham levado essa experiência para longe nas suas vidas.*

— *Cabe a nós continuar com a poesia das nossas.*

— *Mais histórias do baú?*

Histórias do baú III

— Agora quero que contes uma dessas histórias que não inventas na hora. Uma das que já existem e que resolves contar, porque achas que pode ser útil para o processo.

*— Contarei, então, uma história da minha avó**. *Depois explico como e quando a utilizo. Chama-se:*

Os canários da minha avó

Um dia minha avó — que na época não podia ser avó de ninguém, porque seus filhos ainda eram crianças — estava muito angustiada. A situação era a seguinte: a despensa estava vazia, não havia dinheiro para comprar nem um quilo de feijão e, o que era pior, eram quatro anjinhos para alimentar. Ela sentia chegar a hora em que não haveria o que servir à mesa. Por mais que pensasse, não encontrava uma saída. Dinheiro daquele que, no futuro, viria a ser meu avô... nem pensar. Ele passava por uma situação crítica. Havia-se metido em dívidas por conta de uma reforma na barbearia da qual era proprietário e todo o dinheiro dos clientes ia diretamente para as mãos dos seus credores. Minha futura avó tinha que sair da situação sozinha. Os minutos passavam e a ansiedade crescia. O que fazer?

Nessas estava quando, de repente, bateram à porta. Automaticamente ela disse algo que sempre a ouvi dizer quando, sem que estivesse esperando por alguém, batiam à sua porta: "A estas horas... quem será?" Com a pergunta ainda nos lábios, foi abrir. Deparou-se, no umbral da sua porta, com um desconhecido, elegantemente vestido, que parecia ser o proprietário de reluzente Ford zero quilômetro (1925) estacionado defronte à casa. Este, sem apresentar-se, lançou-

* Esta historinha foi contada em meu último livro: *Nuestras abuelitas ya lo sabían. Las historias y los cuentos pueden curar dolores del alma.*

lhe a seguinte pergunta: "Por favor, fica aqui a criação de canários? A senhora tem canários para vender?" A resposta: "Não, o senhor está enganado, eu não vendo canários", que minha futura avó iria dar, ficou presa na sua garganta. Imediatamente pensou: "Eu crio canários, sim..." Mas ela nunca tinha chamado isso de "criação de canários". Os canarinhos eram dela e nunca pensaria em vendê-los! Mas, naquele dia, logo naquele dia, aquele cavalheiro ali diante dela, ao fazer-lhe a pergunta, dava uma dimensão diferente à situação. Depois de refletir um pouco e de dizer para os seus botões: "nunca vendi um dos meus canarinhos, mas nada me impede que eu o faça", sem hesitar respondeu: "Pois não, entre por favor".

Ele entrou e ambos chegaram até onde estavam alinhadas as gaiolas. Depois de alguns segundos, o homem disse: "Está bem, gostei desse amarelo ali. Mas quero formar um casalzinho. Pode dar-me uma fêmea da mesma cor?" O coração da minha futura avó parou... "Ele tinha que escolher logo esse canário! Esse amarelo, exatamente esse, o mais arisco e que nunca se deixava pegar?" A minha futura avó fechou os olhos, suspirou fundo e enfiou a mão na grande gaiola para iniciar a batalha da captura do canarinho arisco. Qual não foi sua surpresa ao constatar que, naquele dia, pela primeira vez, o animalzinho baixou a cabecinha e, muito mansinho, deixou-se pegar! Ela não acreditava nos seus olhos. "Parece um milagre", pensou. Enquanto pensava, colocava os canarinhos na pequena gaiola em que seriam levados.

Seu improvisado freguês tirou-a das suas meditações com a seguinte pergunta: "Quanto é, por favor?" Esta outra questão a colocou em uma situação difícil — esse dia, definitivamente, haveria de trazer-lhe muitas situações complicadas — quem disse que a pobre mulher saberia o preço de um casal de canários? O quê fazer? Poucos minutos antes da providencial chegada do desconhecido, que agora esperava por sua resposta, sua cabeça estava ocupada com a questão da comida para seus quatro filhos. Agora ela precisava responder ao seu "freguês". Antes de fazê-lo, rapidamente passou pela sua mente a imagem do carrão estacionado na frente da casa, olhou para o homem que aguardava e viu que estava muito bem vestido. Respirou fundo e, pensando que se tratava de um homem rico, decidiu-se a falar. Tentando aparentar firmeza, disse: "São três quetzales!" (Devemos lembrar que naquela época três quetzales era muito dinheiro.)

O cavalheiro pegou sua carteira e tirou um punhado de notas. Uma a uma, ele as foi contando. "Um, dois, três, quatro, cinco e... seis." Por pouco minha futura avó não o interrompeu para dizer: "Não, o senhor não entendeu, são três quetzales pelo casalzinho." Conteve-se a tempo. Afinal o homem era rico e ela não tinha criação nem vendia canários. Recebeu o seu pagamento com toda a cerimônia do mundo.

Nesse dia, todos almoçaram como reis.

— Ela continuou vendendo canários?

— Não, nunca mais apareceu ninguém para perguntar pela criação de canários. E, a seguir, a situação do meu futuro avô melhorou. Acabaram-se as crises bravas e os dias de angústia em que não se tinha nada para o almoço.

— A história é linda, mas não entendo como podes utilizá-la em uma terapia.

— É simples. Aquele dia, depois de contar-lhe a historinha, falei para Andréia, minha cliente: "Bom, o tempo acabou. Na próxima vez conversamos." Despedimo-nos e aguardei a seguinte entrevista.

Ao retornar, a primeira coisa que ela me disse foi: "Eu tenho canários!" Depois me contou como, a partir da história dos canários da minha avó, ela havia refletido sobre seus próprios recursos, sobre como, muitas vezes, enfatizava aquilo que não tinha e não aquilo que tinha. Estava muito satisfeita e falou de si e de sua situação de forma diferente. Os problemas, claro, não haviam acabado, mas ela podia vê-los de outra perspectiva.

Muitas vezes, depois de ouvir as queixas das pessoas, percebo que de tanto se preocuparem com aquilo que lhes falta, deixam de levar em consideração tudo aquilo que têm. Fica claro que a simples mobilização dos seus recursos — muitas vezes ignorados — impulsionaria uma atitude diferente, de crescimento e de ruptura com a frustração atual. Depois de contar a história é só perguntar-lhes: "E tu... tens canários?"

— Tu crês que as pessoas se identificam com a história, relacionando os canários da tua avó com os seus recursos pessoais não utilizados?

— Nem mais, nem menos. Tem sido muito gostoso quando, depois de quinze dias, voltam e a primeira coisa que me dizem é: "Eu tenho canários, sim!" A seguir, é só ouvir o relato das suas descobertas.

— É tudo?

— Não, a partir daí trabalhamos em prol da atualização dessas potencialidades.

— E, mais uma vez, consegues que a pessoa se sinta a autora principal do processo. Ao final, tu apenas contaste uma historinha familiar...

— Essa é a chave!

—E a terapia continuou?

Um retorno de canário

— Sim, algum tempo depois contei para minha cliente que havia escrito um pequeno texto contando a história dos canários e que queria que o lesse, porque, ao final de contas, ela era a protagonista principal. Passados uns dias recebi o seguinte bilhetinho:

Molina,
Quando li, no "Canários da minha avó", que o cavalheiro, ao fazer a pergunta, dava uma dimensão diferente à situação, senti imediatamente que você é esse cavalheiro na minha vida. Não somente pela pergunta específica sobre os canários, mas por cada uma das sessões das quais saio renovada.

Agradeço a Deus por esse barco que me mandou (sempre acho que aquele encontro no sacolão tem algo de Providência Divina).

Um abraço da ***Andréia***

— Não compreendi esse assunto de barco e de encontro.

— A explicação é simples. É que quando redigi o texto, pensei que deveria enviá-lo a um dos seus protagonistas (minha mãe). Queria saber se ela se lembrava do fato e se eu o tinha registrado "corretamente" na minha memória.

— E ela te respondeu?

— Imediatamente. Gostou muito que eu me lembrasse dessas coisas e, mais ainda, que pudesse utilizá-las no meu trabalho terapêutico. No final, como quem não quer nada, disse que ia me contar uma outra história, em que uma pessoa não percebe os recursos e possibilidades que estão ao seu alcance. O curioso do caso é que, no dia seguinte à chegada da sua carta, atendemos a uma família na qual a história que minha mãe me contara encaixava-se perfeitamente A história foi contada para a família. Depois, como muitas vezes faço quando creio que algo pode servir para o processo de uma pessoa, eu a contei para Andréa. Como no relato aparecem umas barcas (as oportunidades que não são aproveitadas), ela fez referência a isso.

— E o que ela fala do encontro?

— Isso foi porque, uns dias antes de começar sua terapia, em que ela estava muito angustiada, topou comigo em um sacolão. Por ter estado presente a algumas conferências que ministrei, ela me conhecia e aproveitou para pedir meu cartão. No dia seguinte ligou para marcar uma consulta e, pouco tempo depois, estávamos envolvidos em um intenso processo terapêutico. Foi isso.

Intervencinhas II

A vida (do casal) por um fio

— Quando o casal passa por um período de crise, não raro, surgem diversos motivos de disputa. Motivos freqüentemente tão mesquinhos que chegam a ser ridículos, mas que nem por isso deixam de ser desgastantes e nocivos.

A cada novo atrito o casal se aproxima mais da exasperação e ambos os parceiros aumentam as alusões à porta de saída: a ameaça da separação.

— Quer dizer que mesmo que durante a terapia se abordem as grandes questões do casal, seria também preciso intervir para enfrentar esses "pequenos" pontos de atrito?

— Exato. Além da intervenção de conjunto, será preciso que sejam feitas diversas intervencinhas, para utilizar tua expressão.

—E vais nos dar um exemplo de intervencinha em uma terapia de casal?

—É para já. Em certa ocasião, durante uma sessão de casal, a mulher se queixou da falta de cuidado do marido em relação à limpeza da casa. Ele era, segundo ela, descuidado e bagunceiro.

—E ele?

—Defendeu-se com firmeza. Acusou-a de ser injusta e de falar por falar. Quando eu pedi à mulher que desse um exemplo para que pudéssemos ver o que se podia fazer, ela imediatamente disse: "É simples. Tem um negócio que me irrita demais. O Fraco vive deixando fios dentais pela casa toda. Não entendo como alguém pode fazer isso! Que custa! Usou... jogou no lixo. Mas não, tem de jogar em qualquer lugar. Mas o que mais me irrita é que ele não reconhece. Tenho nojo, sou eu quem tenho de apanhar e jogar fora!"

O marido negou, com veemência, é claro. Definitivamente não era ele. Essa era uma acusação injustificada e irritante.

— A intervencinha foi sobre o fio dental? Estou curioso, quero saber.

— Foi simples. Fiz uma proposta que eles, de imediato, aceitaram. A mulher deveria comprar uma caixinha de fio dental canela (aquele vermelho). A partir do dia em que o marido tivesse o seu fio canela (que ele usaria com exclusividade), ela deveria assumir a seguinte atitude: quando descobrisse um fio dental vermelho usado e jogado em qualquer lugar, ela deveria pegar uma caixinha, procurar o marido e, sem dizer uma palavra, segurá-lo pelo braço e conduzi-lo até o local do crime. Ele, também, sem abrir a boca (obviamente era proibido recusar-se ou reclamar) deveria pegar o fio e colocá-lo na caixinha.

— Que pretendias com isso?

— Espera, ainda não acabou. A segunda vez que ela encontrasse um fio vermelho, teria que fazer a mesma coisa, só que o marido teria que unir os dois pedaços de fio com um nozinho. Isso deveria repetir-se quantas vezes fosse necessário. Aí, quando o fio atingisse um metro e cinqüenta, o marido teria que levá-la a um Shopping, onde ela pode-

ria escolher o presente que quisesse. Presente que, claro, seria financiado por ele.

— Ela ganhou o presente?

— De jeito nenhum. Um mês depois de ter proposto a tarefa, contaram-me que a caixinha só tinha um fio vermelho. Depois, nunca mais. Quando me contaram isso, deixaram transparecer que o fato havia provocado diversas traquinagens entre ambos, mas nenhuma discussão ou briga.

— O motivo dos atritos, passou a ser um fator de brincadeiras. Imagino que, em vez de querer que o marido parasse de deixar os fios em toda parte, ela passou a querer que ele o fizesse. Assim, além de poder mostrar que o errado era ele, ela ganharia um presente.

— E, do seu lado, ele não queria nem saber de ser apanhado em flagrante.

— É isso. O fato de acabar com esse atrito — e dessa maneira bem humorada — contribuiu para que tivessem uma atitude melhor, mais positiva, ao enfrentar todas as outras dificuldades. A terapia, centrada nas "grandes coisas", também evoluiu bem.

—Gostei.

— Agora vamos ficar por aqui. O livro tem de ir para a gráfica. A conversa só continuará depois da sua publicação.

— Com a participação do leitor.

— Com tua participação, caro leitor.

—Ah! Quase esquecia... e teu problema?

— Qual problema? Eu tenho muitos!

—Aquele que colocas às famílias.

— Isso será abordado e aprofundado em outro livro. Mas para que não fiques com a dúvida darei um antecipo. Creio que a minha mensagem aos meus clientes seria: "Só me disporei a abrir meu coração com vocês se tiver a sensação de que vocês também estão dispostos a fazer a mesma coisa. Só aceito entrar nas suas vidas, e deixá-los entrar na minha, se for para correr o risco de uma reconstrução amorosa."

Notas da terceira porta

[1]Devereux, Georges (1980).

[2] Apesar de não utilizar a palavra paciente para me referir aos clientes da terapia, sejam estes meus ou de outros terapeutas, mantenho-a quando se trata da transcrição de uma citação de algum outro autor. Eu prefiro *cliente*.

[3] Para mais exemplos desse tipo ver "De coelhos e tartarugas", in Molina-Loza (1996); Macacos verdes fritos. Visões familiares e revisões terapêuticas (manuscrito inédito SD); Uma ch*ave* livre do ch voa... A vida depois da morte... de um ser muito querido. Ou uso da linguagem metafórica na terapia familiar. (Manuscrito inédito SD.)

[4] É provável que isso tenha a ver com a minha mania em relação à utilização de certas palavras, mas eu não concordo em chamá-lo de espelho unidirecional. Se fosse vidro unidirecional, eu concordaria.

[5] Muitos poderiam ser os exemplos, tirados da literatura etnográfica, para ilustrar a convicção de que o respeito dos filhos pelos pais é a base de uma boa educação. Aqui, limitar-me-ei a reproduzir uma citação em que Malaurie fala da educação das crianças inuk:

"Os jogos das crianças são elementares e de espírito prático: um chicote, um filhote de cão e ursinhos para os garotos; bonecas de pele e miniaturas de iglus para as garotas. A partir de oito ou dez anos, os garotos acompanham seu pai na caça. A educação do jovem caçador é, essencialmente, silenciosa. Está totalmente constituída por exemplos, remete a um tipo de homem Inuk, isto é, aquele que pode não depender de ninguém e é leal perante o grupo. *Esta educação comporta sempre um total respeito pelo pai, que durante toda sua vida, faça o que fizer, nunca será julgado.* Ao dirigir-se a ele e falar, o filho olha para baixo ou para um lado. Lembro-me de um pai alcoolista. Nos seus piores momentos, as crianças que estavam ao seu lado comportavam-se como se não percebessem nada." [190] (Malaurie, 1989) [O sublinhado é meu.]

[6] Recentemente, li uma observação que frisa o mesmo ponto: "Os terapeutas breves/estratégicos também não têm sido muito eficientes ao demonstrar ao paciente o trabalho de base meticuloso e às vezes exaustivo que, muitas vezes, precede as intervenções "brilhantes", nem os muitos casos em que o trabalho constante e competente — mais que os "fogos de artifício" dramáti-

cos — tem realizado mudanças significativas." [Cade & O'Hanlon (1993). *A brief guide to brief therapy*. New York: Norton. Citado por Nichols & Schwartz (1998) [pp. 365-6]

[7] "Se — com a indiferença ou a complacência do terapeuta — o paciente não se tornar, desde o início, o co-autor ativo da sua própria psicoterapia, podemos estar seguros de um fracasso ou uma prolongação indevida da psicoterapia iniciada." [60] (Berta, Benoit, 2000)

[8] Poderemos encontrar mil justificativas para o uso da metáfora em terapia. A mais contundente talvez fosse: uso-a porque gosto! Isso já seria o bastante. Mas poderia não ser convincente o suficiente. Quem sabe, e é por isso que agrego outras explicações do uso da metáfora, das suas características e do porquê funciona. Talvez também seja porque gosto de fazê-lo. Assim, vai uma de Boris Cyrulnik:

"Entre o fluxo aéreo de uma substância olfativa, de um toque, existem outros meios de transportar informação entre dois organismos porosos. As imagens visuais e as imagens sonoras realizam excelentes performances quando se trata de captar a atenção do outro. A partir do momento em que pode sugerir-se uma imagem visual ou auditiva, muda-se de nível: capta-se a atenção e desencadeia-se uma representação. *A visão é a arte de ver coisas invisíveis, sempre e quando se saiba evocar imagens. A audição permite, também, que se vejam coisas invisíveis, sempre e quando se saiba articular as palavras que permitem que estas sejam vistas.*" [99] (Cyrulnik, 1997.)

[9] "Pode-se dizer que o pensamento analógico sistêmico é indutivo, enquanto a partir dele tudo aquilo que é semelhante é igual, de um ponto de vista configuracional no âmbito do parecido, de modo que se entendo um, entendo o outro. No pensar analógico sistêmico, a ação surge como um ato criativo, a partir das relações que faz o observador. Chamo este método de ver e pensar, *ver e pensar poético*. Mais ainda, acho que enquanto este modo de pensar e, em ultima análise, este modo de perceber, revela relações que vão além das circunstâncias particulares que se vive a cada momento, constitui, por isto mesmo, o fundamento da compreensão enquanto olhar que vê o local em relação ao contexto geral a que pertence sistemicamente. O pensar poético não se detém nas relações locais. Conecta e é, portanto, essencialmente compreensivo. Isso explica tanto seu caráter metafórico, convidativo da outra parte, que se parece mas que não é o mesmo; como seu caráter isofórico,

que convida ao mesmo, a outro caso igual, mas que ocorre de outra maneira." [126] (Maturana, 1997).

[10] Novamente a proposta de Humberto Maturana pode vir em nossa ajuda. Se trocarmos educação por terapia, o seguinte excerto seria aplicável à nossa situação:

"Pensamos que a educação se produz como um processo de transformação das crianças no seu viver junto como os professores e que isto se produz de tal modo que os professores constituem com seu viver o domínio de coerências relacionais em relação com as quais as crianças se transformam no processo de crescimento como seres humanos. (...) O que é central no processo de educação é que a relação professor-criança modula o emocionar da criança de uma maneira que determina, momento a momento, o emocionar que a criança aprende como um modo inconsciente de ver, ouvir, reflexionar, compreender, aceitar, raciocinar e fazer. Por outro lado, é também central no processo de educação que se saiba que o modo de emocionar aprendido por uma criança na escola, vai constituir sua maneira de relacionar-se consigo mesma e outros durante toda sua vida, a não ser que seu modo de emocionar mude porque ele ou ela estejam conscientes disso e que não gostem disso. Finalmente, também é central, no processo de educação, que os professores saibam que seus estudantes chegam a fazer tudo o que chegam a fazer através da sua aprendizagem com eles." [63] (Maturana, 1999)

[11] Todos os desenhos que ilustram este texto são cópias dos originais feitos por mim e pela criança durante a sessão.

[12] Para uma elaboração mais acurada desta idéia ver Molina-Loza (2000b).

[13] Outra observação de Maturana pode ser aplicada ao contexto da nossa entrevista terapêutica:

"Todas as atividades realizadas constituíram domínios operacionais nos quais as crianças apareceram legitimadas e não negadas no seu ser. Isto ampliou o espaço condutual das crianças nas condutas de auto-respeito e respeito pelo outro. Ao mesmo tempo, todas as atividades realizadas no contexto do trabalho, rompiam as conversações de auto-depreciação do outro e abriam espaços para as conversações de operação, mútuo respeito e confiança mútua, em um âmbito de aceitação recíproca. Neste processo, as crianças viveram uma recuperação operacional de sua dignidade. A dignidade, como fenômeno da convivência consiste em que não é necessário justificar seu ser diante do outro, e não é preciso buscar fora de si os elementos que justifiquem ou definam sua individualidade. Na aprendizagem operacional do auto respeito e do respeito pelo outro, a criança aprende a mover-se desde si, sem justificar seu ser em qualquer circunstância. E, com isto, cria um viver que constitui um âmbito relacional no qual se reforça o auto-respeito pelo simples fato de vivê-lo. *Por isto, observa-se que a criança pode voltar ao âmbito escolar normal sem retroceder na sua recuperada capacidade de dignidade. O problema das crianças não era um problema de aprendizagem, mas de negação da sua dignidade na contínua correção do seu ser, na qual se encontravam envolvidos na sua relação com o professor ou a professora e seus colegas.* Tampouco era um problema de afeto, tratava-se de uma dinâmica sistêmica de negação e auto-negação recursiva." [164 165] (Maturana, 1999) [O sublinhado é meu.]

[14] "Creio que a diferença dos seres humanos não reside na inteligência, na capacidade de consenso, mas sim nas emoções, nas paixões, naquilo do qual gostamos, naquilo que desfrutamos e com o qual nos sentimos bem e, ao mesmo tempo, é aí onde nos parecemos, na realização e eleição dos nossos prazeres, quando coincidimos com eles. De tal sorte que eu não temo a limitação da inteligência, porque esta não existe. *Mas sim, sei que o medo restringe a inteligência.* Sei que ambição e competição restringem a inteligência. E nós ensinamos aos nossos filhos a temer, a competir, a ambicionar e, por conseguinte, a restringir sua inteligência. A verdade é que só o amor amplia a inteligência. Vocês podem comprová-lo a qualquer momento." [140, 141] (Maturana, 1999) [O sublinhado é meu.]

[15] "Mais ainda, devido a esta falta de confiança, vemos as dificuldades que encontramos no nosso empenho por controlar a natureza, como expressões de um controle insuficiente, e insistimos na nossa conduta controladora. Isto pode ocorrer na relação materno-infantil quando a mãe, nas suas interações com a criança, presta atenção ao seu futuro e as usa para a educar. Preparando-a precisamente para atingir dito futuro. Quando esta dinâmica intencional se estabelece na relação mãe-criança, a mãe deixa de vê-la como indivíduo particular e restringe seus encontros com ela enquanto tal. Na medida em que esta restrição ocorre, um abraço deixa de ser um abraço, isto é, uma ação de plena aceitação do ser particular da criança que se abraça e se transforma em uma pressão em determinada direção. Da mesma forma, uma mão que ajuda deixa de ser um apoio para a identidade individual da criança e se transforma em um guia externo que nega sua identidade." [87] E umas páginas mais adiante: "O desenvolvimento de uma criança, tanto como ser bioló-

gico quanto ser social, necessita do contato recorrente com a mãe em um contexto de aceitação total no presente. Mas uma mãe não pode encontrar o seu filho ou sua filha no contato corporal de total aceitação se ela, como resultado de uma atitude produtiva, está orientada às conseqüências de suas interações com a criança e não para ele ou ela como criança que existe no presente do encontro." [88] (Maturana, Verden-Zöeller, 1994)

16 "Aprendizagem vicariante observacional envolve a aprendizagem de um novo comportamento. Quando um observador vê um modelo emitir um comportamento que ele nunca fez antes, o observador pode aprender a imitalo meramente olhando-o. Uma criança vê uma mãe plantando o jardim, toma a ferramenta e faz os mesmos movimentos que a mãe faz. (...) Isso não significa que a criança se torna proficiente em plantar um jardim após a primeira exposição a um modelo. (...) Pode ser necessária muita modelação, modelagem, (sic) facilitadores ou regras no polimento do comportamento do observador." (Baldwin & Baldwin, 1986).

17 "E que relação é esta? Uma relação de jogo. E qual é a relação de jogo? Uma relação na qual a atenção dos participantes está na relação, está no que está ocorrendo na relação, está no fazer o que se faz, não nas conseqüências, não no futuro, não no que vá ocorrer depois." [203] (Maturana, 1999.)

18 "A linguagem, como domínio de condutas consensuais recursivas, é secundária à consensualidade e requer da plasticidade estrutural que a torna possível. Além do mais, a plasticidade estrutural requerida para viver na linguagem, como vivemos os seres humanos modernos, vive como resultado de nossa história evolutiva cultural e biológica, é tão enorme que todos os seres humanos, enquanto não tenham sofrido uma lesão cerebral, desnutrição ou alguma anomalia em seu desenvolvimento, são igualmente inteligentes ou capazes de conduta igualmente inteligente. Contudo, a conduta inteligente pode tornar-se restringida ou expandida no fluxo emocional da pessoa. Assim, o temor, a inveja, rivalidade, ambição, ao reduzir o domínio relacional em que a gente se move, ao restringir o domínio de possível consensualidade, restringem a conduta inteligente. Só o amor expande a conduta inteligente, ao ampliar o domínio relacional em que a gente opera, expandindo a esfera de possível conduta consensual." [52,53] (Maturana, 1999)

Referências bibliográficas

ACKERMANS, Alain, ANDOLFI, Maurizio (1987). *La création du système thérapeutique, l'ecole de thérapie familiale de Rome*, Les Editions ESF, Paris, [Original italiano, SD.]

ANDOLFI, Maurizio (1985.) *Terapia familiar, um enfoque interaccional*. Buenos Aires: Paidós. [Original italiano, Astrolábio, 1977.]

_______________ (1996.) *A linguagem do encontro terapêutico*, Porto Alegre: Artes Médicas. [Original italiano, Accademia de Psicoterapia della Famiglia, 1994.]

ANDOLFI, Maurizio, ANGELO, Claudio (1989). *Tempo e mito em psicoterapia familiar*. Porto Alegre: Artes médicas. [Original italiano, Editore Boringhieri, 1987.]

ANDOLFI, Maurízio, MENGHI (1987). Paolo La supervision provocatrice, *in* ACKERMANS, A. & ANDOLFI, M. (1987).

ANDOLFI, Maurizio, ANGELO, Claudio, MENGHI, Paolo, NICOLÒ-CORIGLIANO, Anna Maria (1985). *Detrás de la máscara familiar, La família rígida. Um modelo de psicoterapia relacional*. Buenos Aires: Amorrortu. [Original italiano, 1982.]

ANDOLFI, Maurizio, NICOLÒ-CORIGLIANO, Anna Maria, MENGHI, Paolo, SACCU, Carmine (1985). Sistemas flexibles y sistemas rígidos, un modelo de intervención: la formulación de una estrategia, *in* ANDOLFI, Maurizio, ZWERLING, Israel, (Compiladores.) (1985).

ANDOLFI, Maurizio, ZWERLING, Israel (Compiladores.) (1985). *Dimensiones de la terapia familiar*. Buenos Aires: Paidós. [Original inglês, The Guilford Press, 1980.]

ANGELO, Claudio (1987). L'émploi de l'objet métaphorique en thérapie familale, *in* ACKERMANS, Alain et ANDOLFI, Maurizio (sous la direction de), (1987).

BALDWIN, J.D. & BALDWIN, J.L. (1986). *Behavior principles in everyday life*, Santa Bárbara: University of California. [*Princípios do comportamento na vida diária*: tradução portuguesa não publicada]

BARBER, Joseph (1990). Miracle Cures? Therapeutic Consequences of Clinical Demonstrations, *in* ZEIG, Jeffrey & GILLIGAN, Stephen, (Eds.) (1990).

BECK, Aaron T., RUSH, A. John, SHAW, Brian F., EMERY, Gary (1997). *Terapia cognitiva da depressão*. Porto Alegre: Artes Médicas. [Original inglês, Guilford Press, 1979.]

BENOIT, Jean-Claude, MALAREWICZ, Jacques-Antoine, BEAUJAN, Jacques, COLAS, Yves, KANNAS, Serge (1988). Échec thérapeutique, in *Dictionnaire cliniquedes thérapies familiales systémiques*, ESF, Paris, (1988).

BERGMAN, Joel (1986). *Pescando barracudas, pragmática de la terapia sistémica breve*. Buenos Aires: Paidós. [Original inglês, W.W. NORTON, 1985.]

________________ (1990). Clinical Road Maps for Prescibing Rituals, *in* ZEIG, Jeffrey & GILLIGAN, Stephen, (Eds.) (1990).

BERTA, Mario, BENOIT, Jean-Claude (2000). *Imágenes que curan. El "ensueño dirigido" de Robert Desoille*. Montevideo: El toboso.

BETTELHEIM, Bruno (1972). *Le coeur conscient*. Paris: Laffont. [Original inglês, The Free Press, 1960.]

BIBRING, E. (1953). The mecanism of depression, *in* GRENACE (Ed.), (1953). *Afective disorders*, New York: International Universities Press. Pp. 13-48, *Apud* SELIGMAN, Martin, (1977).

BOSCOLO, L., CECCHIN, G., HOFFMAN, L, PENN, P. (1993). *A terapia familiar sistêmica de Milão, conversações sobre teoria e prática*. Porto Alegre: Artes Médicas. [Original inglês, Basic Books, New York.]

BOSCOLO, Luigi, BERTRANDO (1996). *Terapia sistemica individuale.* Milano: Raffaello Cortina Editore.

BOSZORMENYI-NAGY, Ivan, SPARK, Geraldine M. (1983). *Lealtades invisíveis*. Buenos Aires: Amorrortu. [Original inglês.]

BUARQUE DE HOLANDA FERREIRA, Aurélio (SD). *Novo dicionário da língua portuguesa*, 1ª. edição, (15ª. reimpressão). Rio de Janeiro: Nova Fronteira,.

BURGUESS, E.P. (1968). The modification of depressive behaviors, *in* RUBIN, R.D., & FRANKS, C.M., (Eds.), (1968). Pp. 193-199. *Apud* SELIGMAN, Martin, (1977).

CADE. B, & O'HANLON, W. (1993). *A brief Guide to Brief Therapy*. New York: Norton.

CECCHIN, Gianfranco, LANE, Gerry, RAY, Wendel (1993). A. *Irriverenza. Una strategia di supravvivenza per i terapeuti*. Milano: Franco Angeli.

CYRULNICK, Boris (1997). *L'ensorcellement du monde*. Paris: Odile Jacob.

________________ (1999). Un merveilleux maleur. Paris: Odile Jacob.

________________ (2001). *Les vilains petits canards*. Paris: Odile Jacob.

DAWKINS, Richard (1979). *O gene egoísta*. Belo Horizonte: Itatiaia.

DECI, Edward L. & FLASTE, Richard (1998). *Por que fazemos o que fazemos, entendendo a automotivação.* São Paulo: Negócio Editora. [Original inglês, 1995.]

DE SAZHER, Steve (1986 a). *Terapia familiar breve.* São Paulo: Summus. [Original inglês, The Gilford Press, 1982.]

________________ (1986 b). *Claves para una solución en terapia breve.* Buenos Aires: Paidós., [Original inglês, Norton and Company, 1985.]

________________ (1996). Palestra realizada na Brief Therapy Conference. Conferência internacional em psicoterapia breve, São Paulo junho de 1996.

DEVEREUX, Georges (1980). *Essais d'étnopsychiatrie générale*, troisième édition. Paris: Gallimard.

ELKAÏM, Mony (Org.) (1998). Duplo vínculo e singularidades numa situação de formação em terapia familiar. *In Formações e práticas em terapia familiar.* Porto Alegre: Artes Médicas.

ESTEVES DE VASCONCELOS, Maria José (SD). Comunicação pessoal.

FOUTS, Roger (com Stephen Tukel Mills) (1998). *O parente mais próximo. O que os chimpanzés me ensinaram sobre quem somos.* 2ª. Edição. Rio de Janeiro: Objetiva.

FRANKL, Vitor (SD). *Um psicólogo no campo de concentração.* Lisboa: Áster.

GRATCH, Alon (2001). *Se os homens falassem... Como compreender as atitudes masculinas.* 4ª. Edição. Rio de Janeiro: Campus.

HALEY, Jay (1979.) *Psicoterapia familiar, um enfoque centrado no problema.* Belo Horizonte: Interlivros. [Original inglês, Jossey-Bass, 1976.]

________________ (1972). *Tácticas de poder de Jesuscristo y otros ensayos.* Buenos Aires: Tiempo contemporáneo. [Original inglés, Grossman Publishers, 1969.]

________________ (1985). *Transtornos de la emancipación juvenil y terapia familiar.* Buenos Aires: Amorrortu. [Original inglês, McGraw-Hill Book Company, N.Y., 1980.]

________________ (1986). *Terapia no convencional, las técnicas psiquiátricas de Milton Erickson.* Buenos Aires: Amorrortu. [Original inglês, W.W. Norton, N.Y., 1973.]

HERSKOVITS, M. J. (1995). *El hombre y sus obras. La ciencia de la antropología cultural.* Undécima impresión. México: Fondo de cultura económica.

MADANES, Cloé (1982). *Terapia familiar estratégica.* Buenos Aires: Amorrortu. [Original inglês, 1982.]

_______________ (1984.) *Behind the one-way Mirror, Advances in the Practice of Strategic Therapy*. San Franciso: Jossey-Bass Publishers. [Há versão em português: (1997). *A família além do espelho, avanços na prática da psicoterapia estratégica.* Campinas: Editorial Psy.]

MADANES, Cloé, KEIM, James P., SMELSER, Dinah (1997). *Violencia masculina*, Barcelona: Juán Garnica,. [Original inglês, Jossey Bass, 1995.]

MALAURIE, Jean (1989). *Les derniers rois de thulé. Avec les esquimaux polaires, face a leur destin.* 5ª. Edición. Paris: Plon.

MATURANA, Humberto (1990). *Biología de la cognición y epistemología.* Temuco, Chile: Universidad de la frontera.

_______________ (1992). *El sentido de lo humano.* 3ª edición, Santiago: Hachette.

_______________ (1997). *La objetividad. Un argumento para obligar.* Santiago: Dolmen.

_______________ (SD). Comunicação pessoal.

MATURANA, Humberto, BLOCH, Susana (1998). *Biología del emocionar y Alba Emoting: respiración y emoción.* Santiago: Dolmen.

MATURANA, H., VERDEN-ZÖLLER, Gerda (1994). *Amor y juego. Fundamentos olvidados de lo humano. Desde el patriarcado a la democracia.* Segunda Edición. Santiago: Instituto de Terapia Cognitiva.

MATURANA, Humberto R. (con la colaboración de NISIS, Sima) (1999). *Transformación en la convivencia.* Santiago: Dólmen.

MOLINA-LOZA, Carlos Arturo (1988). Espíritos malignos e terapia familiar: uma intervenção de emergência em uma família com dois casos de possessão (encosto), *Família*, temas de terapia familiar e ciências sociais*, Vol. III - N 1/2.

_______________ (1991). A magia da mudança, reflexões em torno da intervenção terapêutica, *Família*, temas de terapia familiar e ciências sociais*, ano 4, vol. 1, nº. 4.

_______________ (1992 a). Un frasquito de lágrimas, o cuando o "doble mensaje" es intersistémico, *Encuentro*, Nº 5.

_______________ (1992 b). El uso del tercer terapeuta en el trabajo clínico con niños autísticos, *Encuentro*, No. 6, Bruxelas.

_______________ (1992 c). A terapia familiar diante do desafio da pobreza, *Família*, temas de terapia familiar e ciências sociais*, ano 5, vol. 1, n 5.

_______________ (1995). "Uma tarefa maior que o terapeuta ou uma ação?", palestra realizada em The Brazilian Conference. Desenvolvimentos em psicoterapia familiar. Novos paradigmas em psicoterapia. São Paulo 29 de junho a d2 de julho de 1995.Conferencia .

________________ (1996 a). *Destino familiar, desatino terapêutico. Experiências si-cibernéticas em terapia familiar sistêmica breve*. Belo Horizonte: ArteSã.

________________ (1996 b). "A teoria da tarefa", palestra realizada no III Congresso Brasileiro de Terapeutas de Família, Gramado, RS, julho/agosto.

________________ (1996 c). As relações família/escola e professor/aluno e suas implicações patológicas, *in* SUKIENIK, P. Berél, (org.), (1996).

________________ (1998). *Chaves para uma terapoética da família*. Belo Horizonte: ArteSã.

________________ (2000 a). *Histórias contadas com amor para mudar e crescer. Narrativas Terapêuticas I*. Belo Horizonte: ArteSã.

________________ (2000 b). *Eu não sabia, mas Clio me contou. Narrativas Terapêuticas II*. Belo Horizonte: ArteSã.

________________ (2002). O mundo encantado do conto terapêutico, *Revista de psiquiatria & psicanálise com crianças e adolescentes,* Vol. 3, n. 9.

________________ (2003a). La narrativa terapêutica y los dramas infantiles. Trabalho apresentado no III Encuentro chileno de investigación empírica em psicoterapia. Society for Psychotherapy Research. Reñaca, Chile 7-10 de agosto de 2003.

________________ (2003b). Trabalho apresentado na VI Conferência internacional de filosofia, psiquiatria e psicologia, Brasília, 2-5 julho 2003.

________________ (SDa). Uma chave livre do ch voa... A vida depois da morte de um ser muito querido. Manuscrito inédito.

________________ (SDb). Macacos verdes fritos. Visões familiares e revisões terapêuticas. Manuscrito inédito.

________________ (SDc). *Entre a dor e a esperança. A resiliência: um novo olhar sobre a tragédia humana. Manuscrito em preparação.*

MOLINA-LOZA, C.A , G. CALIXTO, M.L., F. OLIVEIRA, N. (1987). O drama de "Canudos": À escola não vou!, Terapia familiar no Lagamar, uma favela de Fortaleza, Estudos de Psicologia, Vol. 4, No. 1.

MOLINA LOZA *et alii* (1987). Louco ou mal educado? Uma questão de pontuação, *Família*, Temas de terapia familiar e ciências sociais*, Ano 2, vol. 2, No. 2.

MINUCHIN, Salvador (1982). *Famílias, funcionamento & tratamento,* Porto Alegre: Artes Médicas. [Original inglês, Harvard, 1980.]

MINUCHIN, Salvador, NICHOLS, Michael P. (1995). *A cura da família, histórias de esperança e renovação contadas pela terapia familiar*. Porto Alegre: Artes Médicas. [Original inglês, 1993.]

MORIN, Edgar (1998). *Amor poesia sabedoria*. Rio de Janeiro: Bertrand Brasil.

NICHOLS, Michael & SCHWARTS Richard, (1998). *Terapia familiar. Conceitos e métodos*. Porto Alegre: Artmed. [Original inglês, 1995.]

NICOLÒ-CORIGLIANO, Anna Maria, (1987.) L'emploi de la métaphore en thérapie familiale, *in* ACKERMANS, Alain et ANDOLFI, Maurizio (sous la direction de) (1987.).

NEIL, John R., KNISKERN, David P. (1990.) *Da psique ao sistema, a evolução da terapia de Carl Whitaker*. Porto Alegre: Artes Médicas. [Original inglês, Guilford Press.]

OMER, Haim (1997). Comunicação pessoal.

________________ (2002). *Autoridade sem violência. O resgate da voz dos pais*. Belo Horizonte: ArteSã.

ORSBORN, Carol, (1997). *The Art of Resilience. 100 Paths to Wisdom and Strength in an Uncertain World.* Mew York: The Rivers Press.

PAPP, Peggy (1992). *O processo de mudança, uma abordagem prática à terapia sistêmica da família*. Porto Alegre: Artes Médicas. [Original inglês, Guilford Press, SD.]

RUBIN, R.D., & FRANKS, C.M. (Eds.), (1968). *Advances in behavior therapy*, New York: Academic Press.

ROSSI, Ernest L. (1994). *A psicobiologia da cura mente-corpo, novos conceitos de hipnose terapêutica*. Campinas: Psy II. [Original inglês, 1993.]

SELIGMAN, Martin E.P. (1977). *Desamparo, sobre depressão, desenvolvimento e morte.* São Paulo: Hucitec. [Original inglês, Freeman and Company, 1975.]

SELVINI-PALAZZOLI, Mara, PRATA, Giuliana (1983). Les embuches de la thérapie familiale, *in* YVELINE, Rey (org.), (1983).

SOLOMON, Robert, FLORES, Fernando (2002). *Construa confiança.* Rio de Janeiro: Record.

SUKIENIK, P., (org.) (1996). *O aluno problema, transtornos emocionais de crianças e adolescentes*, Porto Alegre: Mercado Aberto.

THILMANS-OSTYN, Edith (SD). Comunicação pessoal.

THILMANS-OSTYN, Edith, MEYNKENS-FOUREZ Muriel, (sous la direction de) (1999). Les resources de la fratrie. Saint-Aigne, Ramonville. France: Éditions Érès. (Há uma edição brasileira pela Editora ArteSã: *Os recursos da fratria.*)

TULLIO-ALTAN, Carlo. (1996). *Antropologia*. 6ª ed. Milano: Feltrinelli.

________________ (1996). *Antropologia, Storia e problemi*, Sesta edizione, Milano: Fletrinelli.

WHITAKER, Carl (1992). *Meditaciones nocturnas de un terapeuta*, Buenos Aires: Paidós. [Original inglés, W.W. NORTON, New York, 1989.]

WHITAKER, Carl BUMBERRY, William (1990). *Dançando com a família, uma abordagem simbólico-experiencial*, Porto Alegre: Artes Médicas. [Original inglês, Brandler Brunner/Maziel, 1988.]

WRIGHT, Robert (1996). *O animal moral. Por que somos como somos: a nova ciência da psicología evolucionista.* 4ª. Edição. Rio de Janeiro: Campus.

YVELINE, Rey (org.) (1983). *La thérapie familiale telle quelle... de la théorie à la pratique*. Paris: ESF. [Original italiano, Feltrinelli, 1975.]

ZEIG, Jeffrey & GILLIGAN, Stephen (Eds.) (1990). *Brief Therapy, Myths, Methods, and Metaphors.* New York: Brunner/Mazel.

Índice remissivo

ArteSã

Títulos publicados

De Carlos Arturo Molina-Loza

Coleção tartaruga

- *Destino familiar, desatino terapêutico.*
Experiências si-cibernéticas em terapia familiar sistêmica breve (esgotado)
- *Chaves para uma terapoética da família*
Conhecer e compreender a família brasileira
- *Histórias contadas, com amor, para mudar e crescer*
Narrativas terapêuticas I
- *Eu não sabia... mas Clio me contou*
Narrativas terapêuticas II
- *Nós familiares*
A terapia como ela é

En español

- *Nuestras abuelitas ya lo sabían*
Las historias y los cuentos pueden curar dolores del alma

Coleção Poucas palavras

- *Casal... que bicho é esse?*
Passos para uma compreensão ecoetológica da incompreensão na relação homem-mulher

De outros autores

Coleção Urso branco

• *Os recursos da fratria*
Edith Tilmans-Ostyn & Muriel Meynckens-Fourez
(Organizadoras)

• *Autoridade sem violência*
O resgate da voz dos pais
Haim Omer

Coleção Canguru

• *Intercambio... interno*
Anna Emília Souza Leite Gaetani
Maria Luiza Souza Leite

• Maria Cristina Friedrichs Manfro
Conectados na alma
Histórias de dores e amores

Este livro foi composto em Times New Roman corpo 12
e impresso em offset pela Lastro Editora
sobre papel reciclado 90 g/m2 da companhia Suzano.
Foram produzidos 1200 exemplares
para a Editora ArteSã em junho de 2004.